TRAITÉ
DE
PHYSIOGNOMONIE

COLLECTION DES UNIVERSITÉS DE FRANCE
publiée sous le patronage de l'ASSOCIATION GUILLAUME BUDÉ

TRAITÉ DE PHYSIOGNOMONIE

TEXTE ÉTABLI, TRADUIT ET COMMENTÉ
PAR

JACQUES ANDRÉ
Directeur d'études à l'École des Hautes Études

Deuxième tirage

PARIS
LES BELLES LETTRES
2003

Conformément aux statuts de l'Association Guillaume Budé, ce volume a été soumis à l'approbation de la commission technique, qui a chargé M. Pierre Langlois d'en faire la révision et d'en surveiller la correction en collaboration avec M. Jacques André.

95 boulevard Raspail, 75006 Paris
www.lesbelleslettres.com

Première édition 1981

ISBN : 2-251-01295-8
ISSN : 0184-7155

INTRODUCTION

La physiognomonie, cette pseudo-science très anciennement constituée, a longtemps été considérée comme une science véritable. Elle eut, dans la vie sociale, la littérature et l'art de l'antiquité classique une importance que les traités conservés ne laissent pas assez soupçonner et que les écrivains avouent rarement. Avec des effacements et des retours de faveur, elle s'est prolongée jusqu'à nos jours en changeant de nom à l'époque moderne, comme si celui que lui avaient donné les anciens était entaché d'une tare : morphopsychologie est sans doute d'apparence plus scientifique, et 'structure du corps et du caractère' plus intelligible à première vue, mais il s'agit toujours de la même chose[1].

Définition. Le nom grec, φυσιογνωμονία, littéralement « art de juger quelqu'un d'après son apparence physique », apparaît dans le traité hippocratique *Des épidémies*, 2, 5, et dans le titre du traité du Pseudo-Aristote (avec φυσιογνωμονέω et φυσιογνώμων). Cette science était définie comme la connaissance du caractère humain par l'examen des formes et des attitudes, et spécialement des traits du visage[2]. Ps.-Aristote, *Physiogn.*, 6-7 : « La physiognomonie,

1. On trouvera deux bons exposés généraux sur la physiognomonie dans l'antiquité dans Johanna Schmidt, *R. E.*, XX, 1 (1941), art. *Physiognomik*, col. 1064-1074, et E. C. Evans, *Physiognomics in the ancient World*, in *Transactions of the American Philosophical Society*, 59, 5 (1969), 101 p.

2. Sur la définition et le contenu de la physiognomonie, cf. entre autres, R. Foerster, *Die Physiognomik der Griechen*, Kiel, 1884 ;

comme son nom l'indique, s'intéresse aux manifestations physiques des dispositions de l'âme et aux caractères acquis venant modifier les signes conjecturés d'après la physionomie... On déduit le caractère des mouvements, des poses, des couleurs, des expressions du visage, des cheveux, de la finesse de la peau, de la voix, de la chair, des parties du corps ainsi que de son ensemble »[1]; Anonyme latin, 2, *Profitetur* (sc. *physiognomonia*) *itaque ex qualitate corporis qualitatem se animi considerare atque perspicere*[2]. En sens inverse, tout changement dans les sentiments ou le caractère entraîne une modification dans l'aspect du corps. Cette interaction est soulignée par le Ps.-Aristote, *Physiogn.*, 35 : « Le corps et l'âme, à mon avis, réagissent l'un sur l'autre. Une modification de l'état de l'âme modifie en même temps l'aspect du corps; en sens inverse, une modification de l'aspect du corps modifie en même temps l'état de l'âme »[3].

Comme tout jugement risque d'être subjectif, il convient d'établir des règles fixes écartant les erreurs possibles et permettant des interprétations sûres. C'est le rôle des σημεῖα, *indicia*, *signa*, les signes, qui sont la manifestation concrète d'une pensée ou d'un sentiment, et qui font l'objet d'un enseignement dans les traités.

J. Schmidt, *R. E.*, *loc. cit.*; Rolf Megow, *Antike Physiognomielehre*, in *Das Altertum*, 9 (1963), p. 218 sq.

1. Ἡ μὲν οὖν φυσιογνωμονία ἐστί, καθάπερ καὶ τοὔνομα αὐτῆς λέγει, περὶ τὰ φυσικὰ παθήματα τῶν ἐν τῇ διανοίᾳ, καὶ τῶν ἐπικτήτων ὅσα παραγινόμενα μεθίστησι τῶν σημείων τῶν φυσιογνωμονουμένων... Ἔκ τε γὰρ τῶν κινήσεων φυσιογνωμονοῦσι καὶ ἐκ τῶν σχημάτων καὶ ἐκ τῶν χρωμάτων καὶ ἐκ τῶν ἤθων τῶν ἐπὶ τοῦ προσώπου ἐμφαινομένων καὶ ἐκ τῶν τριχωμάτων καὶ ἐκ τῆς λειότητος καὶ ἐκ τῆς φωνῆς καὶ ἐκ τῆς σαρκὸς καὶ ἐκ τῶν μερῶν καὶ ἐκ τοῦ τύπου ὅλου τοῦ σώματος. Cf. Adamantius, II, 1, p. 348, 3 sq.

2. Nous désignerons par *Anonyme latin* ou plus simplement *Anonyme* le traité qui fait l'objet de la présente édition.

3. Ps.-Arist., 35 : Δοκεῖ δέ μοι ἡ ψυχή τε καὶ τὸ σῶμα συμπαθεῖν ἀλλήλοις· καὶ ἡ τῆς ψυχῆς ἕξις ἀλλοιουμένη συναλλοιοῖ τὴν τοῦ σώματος μορφὴ ἀλλοιουμένη συναλλοιοῖ τὴν τῆς ψυχῆς ἕξιν.

Origines. On a longtemps attribué les fondements de cette science aux Grecs : ainsi faisait R. Foerster dans l'Introduction de sa remarquable édition des *Scriptores Physiognomonici Graeci et Latini*[1], et il avait sans doute raison, s'il songeait à une science constituée qui, au delà des indications superficielles ou fragmentaires, cherche à s'élever à des principes et à des règles générales : principe du juste milieu, distinction des types masculin et féminin (avec le problème de la dominance de l'un ou de l'autre), influence du climat, etc., pour aboutir à une véritable typologie des caractères fondée sur l'aspect physique. L'invention en était attribuée, selon les uns, à Pythagore et, selon Galien, à Hippocrate (IV, 797, Kühn). Il est du moins certain que Pythagore n'admettait ses disciples qu'après leur avoir fait subir un examen physiognomonique, comme le rapporte Aulu-Gelle : « Tout d'abord il étudiait par la physiognomonie les jeunes gens qui s'étaient présentés à lui pour suivre son enseignement. Le terme signifie que l'on s'informe sur la nature et le caractère des personnes par des déductions tirées de l'aspect des traits de leur visage, des lignes et de la structure de l'ensemble du corps »[2].

Il ne faut pas cependant sous-estimer l'importance de l'apport oriental, que nous connaissons par les recueils de présages babyloniens, dont certains remontent à la première moitié du IIe millénaire : « Les vieux Mésopotamiens, au regard de qui à peu près tous les phénomènes du monde avaient valeur divinatoire, ont développé une ample et sourcilleuse étude de cette « physiognomonie » mantique, et ils en ont consigné les résultats, notamment, dans un gros « Traité » dont il nous est resté

1. Leipzig, Teubner, 1893, I, p. VII.

2. *N. A.*, 1, 2, *Iam a principio adulescentes qui sese ad discendum obtulerant* ἐφυσιογνωμόνει. *Id uerbum significat mores naturasque hominum coniectatione quadam de oris et uultus ingenio deque totius corporis filo atque habitu sciscitari.*

des fragments assez copieux, avec de bien grandes lacunes. La première partie — au moins dix ou onze tablettes, comportant chacune aux alentours de 150 oracles — concernait le corps humain, son aspect et sa constitution ; une autre, probablement plus courte, traitait des marques de naissance ; on passait ensuite au comportement physique des individus parmi les diverses circonstances de la vie ; enfin, à leur tenue « morale », aux vertus et aux défauts manifestés par leur conduite : chacune de ces données toujours considérée, cela va sans dire, comme révélant quelque chose de l'*avenir* de l'intéressé »[1]. Leur caractère irrationnel, du moins d'une logique différente de la nôtre, est manifeste dans certains présages « physiognomoniques » du type mésopotamien, comme : « Si un homme a le poil de son thorax bouclé et recourbé vers le haut, il deviendra esclave »[2]. Dans un cas semblable, un grec et un latin ne présageront pas des faits — sauf exception rarissime —, mais établiront l'état moral correspondant : Anonyme, § 73, *Cum solum pectus capillos praefert, calidum et animosum significat.* Mais la contribution de l'Orient à la constitution de cette pseudo-science ne peut être récusée : c'est un mage venu de Syrie à Athènes qui, au dire d'Aristote, prédit à Socrate qu'il périrait de mort violente[3].

Nous sommes insuffisamment renseignés sur les diverses tendances et sur l'extension de la physiognomonie grecque. Cependant, le médecin Loxos, au début du IVe siècle a. C., pensait qu'elle permettait de prévoir l'avenir ; Polémon, au IIe siècle p. C., était de cet avis[4], et Artémidore, à la même époque, la rangeait parmi les

1. J. Bottero, *Annuaire 1968/1969 de la 4e section de l'École pratique des Hautes Études*, p. 79-83 ; voir la bibliographie citée p. 79, en particulier, F. R. Kraus, *Die physiognomonischen Omina der Babylonier*, Leipzig, 1935 ; *Texte zur babylonischen Physiognomatik*, Berlin, 1939.

2. Cité par J. Bottero, *ibid.*, p. 81.

3. Diogène Laërce, 2, 5, 45.

4. Cf. Anonyme, § 133.

procédés divinatoires[1]. Les traités qui nous sont parvenus, et qui semblent bien représenter la doctrine des physiognomonistes « scientifiques », trahissent à l'occasion le développement pris par ce genre de divination et de prophétie. Pline l'Ancien reproche à Aristote d'avoir cru « qu'il y a dans le corps même des signes présageant la durée de la vie » — et davantage encore de l'avoir écrit[2] —, non seulement chez les animaux, mais chez l'homme, en liaison, par exemple, avec d'autres procédés, dont la chiromancie : « La partie interne de la main est la paume : elle est charnue et divisée par des plis ; chez ceux qui doivent vivre longtemps, un ou deux de ces plis traversent toute la paume ; chez ceux dont la vie doit être courte, deux plis qui ne se prolongent pas »[3]. La physiognomonie devait même permettre de deviner les projets : aux yeux tantôt tournant dans un sens, puis dans un autre, et tantôt s'arrêtant, l'Anonyme (§ 21) reconnaît l'intention de perpétrer un crime horrible, sans que la date en soit fixée ; et, s'il s'y ajoute une sorte d'obscurité enveloppant les sourcils, ces personnes sont menacées d'un terrible destin : *hi graui perurgentur fato*[4]. De même, à Rome, les classes dirigeantes elles-mêmes recouraient aux *metoposcopi* (μετωποσκόποι), littéralement « ceux qui lisent sur le visage ». Sous le règne de Claude, Narcisse consulta l'un d'entre eux, qui, après avoir étudié le visage de Britannicus, affirma qu'il n'avait aucune chance de devenir empereur, mais que Titus, alors à ses côtés, le serait certainement[5]. Au Ier siècle p. C. encore, le grammairien Apion citait le cas d'un autre *metoposcopos* qui prétendait, d'après les portraits peints

1. Cf. R. A. Pack, *Artemidorus and the Physiognomists*, in *American Philological Assoc., Trans. and Proc.*, 72 (1941), p. 321-324.
2. *H. N.*, 11, 273-274.
3. Aristote, *H. A.*, 493 b 32 sq. ; cf. *Probl.*, 896 a 38 ; 964 a 33.
4. Cette indication, qui ne se retrouve ni dans le Ps.-Aristote ni dans Polémon (version arabe et épitomés grecs), semble en conséquence pouvoir être attribuée soit à Loxos, soit à l'Anonyme lui-même.
5. Suétone, *Titus*, 2, 1.

par Apelle, donner l'âge des modèles et le nombre d'années qu'il leur restait à vivre[1]. La charlatanerie ne manqua donc pas de s'emparer de cette science pour en tirer profit. Il n'est pas jusqu'à une suivante (*ancilla*) qui, dans le *Satiricon*, la préfère aux autres procédés divinatoires : « Telle que tu me vois, je n'entends rien aux augures, je me moque des calculs des astrologues ; mais je déduis le caractère des gens d'après leur visage et, à voir marcher quelqu'un, je connais sa pensée »[2].

Méthodes. Les auteurs anciens accordent à la physiognomonie trois méthodes : l'anatomique, la zoologique et l'ethnologique[3].

La méthode *anatomique* tire les indices du caractère à la fois de l'apparence physique et des manifestations reconnues des sentiments correspondants. On constate, par exemple, que la colère, la jalousie, etc., se manifestent par tel ou tel geste, tel ou tel aspect de la physionomie. On en conclura qu'une personne présentant les mêmes indices doit être considérée comme irascible, jalouse, etc. Ce point est un des fondements des traités de physiognomonie[4]. Les écrivains, de leur côté, insistent sur l'importance du visage et surtout des yeux. Ainsi Cicéron, *Leg.*, 26 : « Car, tandis que la nature a rejeté vers leur pâture les autres animaux, l'homme est le seul dont elle ait dressé la taille et qu'elle ait appelé à regarder

1. Pline, *H. N.*, 35, 88, *Imagines adeo similitudinis indiscretae pinxit ut — incredibile dictu — Apio grammaticus scriptum reliquerit quemdam ex facie hominum diuinantem, quos metoposcopos uocant, ex iis dixisse aut futurae mortis annos aut praeteritae uitae.*

2. Pétrone, *Sat.*, 126, 3, *Vides me : nec auguria noui nec mathematicorum caelum curare soleo ; ex uultibus tamen hominum mores colligo et, cum spatiantem uidi, quid cogites scio.*

3. Cf. A. MacC. Armstrong, *The Methods of the Greek Physiognomists*, in *Greece and Rome*, 5, 1 (1958), p. 52-56, et l'exposé très clair de B. P. Reardon, *Courants littéraires grecs des IIe et IIIe siècles après J.-C.*, Paris, Belles Lettres, 1971, p. 245-246.

4. Cf. Ps.-Arist., 2 ; Anonyme, § 9.

le ciel, comme vers le lieu de sa parenté et de son premier règne, et elle a tracé de telle sorte les lignes de sa physionomie qu'elle y a empreint les tendances secrètes de son caractère. 27. Car les yeux extrêmement expressifs disent les émotions qui s'emparent de notre âme, et ce qu'on appelle « le visage », dont l'analogue ne peut exister chez aucun être vivant autre que l'homme, dénote le caractère » ; *De orat.*, 3, 221 : « C'est l'âme, en effet, qui anime toute l'action, et le miroir de l'âme, c'est la physionomie, comme son truchement, ce sont les yeux »[1].

L'ampleur du développement sur les signes des yeux dans l'Anonyme le confirme : il forme un peu plus du cinquième du texte (§§ 20-44). Mais si, pour les observateurs modernes, ils sont aussi parmi les signes les plus déterminants, les physiognomonistes anciens faisaient appel à bien d'autres indices anatomiques : près du tiers du texte (§§ 14-19 et 45-79) est consacré au système pileux et aux membres, dans une systématisation assez étonnante : avant-bras, genoux, mollets, orteils y donnent des indications « précieuses » pour l'établissement d'un jugement. Admettons que des cheveux blonds puissent dénoter un bon caractère, un front étroit une intelligence bornée, une lèvre molle le manque d'énergie[2], comment les physiognomonistes ont-ils pu associer aussi catégoriquement un nez droit à l'intempérance de langage, un nez épaté au courage, un avant-bras charnu à l'ignorance, la netteté des articulations du pied à un esprit noble et viril[3], sans aboutir à des

1. Cic., *Leg.*, 26, *Nam cum ceteras animantes abiecisset ad pastum* (sc. *natura*), *solum hominem erexit et ad caeli quasi cognationis domiciliique pristini conspectum excitauit, tum speciem ita formauit oris, ut in ea penitus reconditos mores effingeret. 27. Nam et oculi nimis argute quemadmodum affecti simus loquuntur et is qui appellatur uultus, qui nullo in animante esse praeter hominem potest, indicat mores...* ; *De orat.*, 3, 221, *Animi est enim omnis actio et imago animi uultus, indices oculi.*

2. Cf. §§ 14, 17, 48.

3. Cf. §§ 51, 59, 72.

difficultés et des contradictions? Comment un individu au nez épaté et au ventre creux peut-il être à la fois courageux (pour son nez) et pusillanime (pour son ventre)? C'est pourquoi les physiognomonistes ont été amenés à établir une hiérarchie des signes (*dignitates signorum*), dont fait état le § 11 de l'Anonyme.

La méthode *zoologique* établit un parallèle entre l'homme et les différents types du genre animal[1]. Une ressemblance physique impliquant une ressemblance de caractère, un homme ressemblant à un lion aura le caractère de cet animal; c'est le troisième principe de l'Anonyme, § 9, *Tertium accessit ut ad similitudinem animalium de animis hominum pronuntiaretur*. Méthode qui présente deux avantages. Tandis que le caractère de l'homme peut être modifié (par l'âge, les circonstances, etc.), celui de l'animal est fixé une fois pour toutes comme un type unique et permanent. D'autre part, l'animal ne dissimule pas, alors que l'homme s'efforce de cacher ses défauts en modifiant son attitude[2]. Il semble même que certains physiognomonistes aient considéré cette méthode comme plus aisée et par là même plus sûre[3].

L'Anonyme institue ainsi toute une série de similitudes entre l'homme et des animaux très divers et inattendus : aigle, âne, bœuf, bouc, cerf, chèvre, chouette, corbeau, épervier, grenouille, ichneumon, lièvre, loup, monstres marins, mouton, oie, ourse, paon, perdrix, pie, renard, sanglier, serpent, tortue, et principalement cheval, chien, lion, porc et singe[4].

1. Cf. Ps.-Arist., 39 sq.; Anonyme, § 118 sq.

2. Ainsi l'inverti qui, en se donnant une allure virile, pense écarter tout soupçon, cf. § 74.

3. Cf. § 9, *Et certior ac facilior haec uia uisa est nec tamen omissae sunt priores*.

4. Si les ressemblances entre hommes et animaux ont souvent servi de thème aux écrivains dans la première moitié du XIXe siècle, en particulier à Balzac, c'est très certainement sous l'influence des travaux anciens et récents des physiognomonistes. Cf. G. Sand,

La méthode *ethnologique* ne diffère de la précédente qu'en ce qu'elle substitue aux animaux les races humaines et les peuples. Une fois reconnus les défauts et les qualités d'un peuple, toute personne présentant une ressemblance dans son aspect ou son comportement avec un Égyptien, un Celte, un Germain ou un Syrien, par exemple, aura aussi les mêmes traits de caractère. Le raisonnement prend la forme d'un syllogisme : un tel ressemble à un Thrace ; or, les Thraces sont injustes, paresseux et ivrognes ; donc un tel est injuste[1]... Les plus anciens géographes grecs, Onésicrite, Poseidonios, etc., ont cautionné cette méthode en notant l'influence du climat sur les hommes, principalement sur le physique, mais aussi sur les facultés intellectuelles[2], affirmation développée dans le traité hippocratique *Des airs, des eaux et des lieux* (éd. Kuehlewein, p. 67 sq.) et reprise par Cicéron, *Nat. deorum*, 2, 42 : « Il est en effet loisible de voir que les facultés des gens qui habitent les terres où l'air est pur et léger sont plus aiguës et plus aptes à comprendre que celles de ceux qui subissent un ciel épais et compact »[3].

Histoire de ma vie, Pléiade, I, p. 17 : « C'est peut-être que tous les types, départis chacun spécialement à chaque race d'animaux, se retrouvent dans l'homme. Les physionomistes ont constaté des ressemblances physiques : qui peut nier les ressemblances morales? N'y a-t-il pas parmi nous des renards, des loups, des lions, des aigles, des hannetons, des mouches? »

1. Cf. Ps.-Arist., *Physiogn.*, 2 ; Anonyme, 9.

2. Cf. G. Aujac, *Strabon et la science de son temps*, Paris, Belles Lettres, 1966, p. 270-273 ; A. Philippson, *Das Klima Griechenlands*, Bonn, Dümmler, 1948, p. 203 sq.

3. La même doctrine est affirmée dans nombre de textes grecs et latins, cf. Platon, *Timée*, 24 c, pour le climat d'Athènes ; Cic., *De fato*, 7 ; *De diu.*, 2, 84 ; 89 ; Vitruve, 6, 1, 3 ; 6, 1, 9-11 ; Tert., *De anima*, 20 ; 25. Apulée, en revanche, s'insurge contre la généralisation qui attribue obligatoirement à chacun des individus les caractères reconnus comme étant ceux de l'ensemble de sa race : *Apol.*, 24 « N'a-t-on pas vu à toute époque toutes les races produire des génies divers, encore que certaines d'entre elles paraissent se distinguer davantage par la sottise ou par l'intelligence? C'est chez les Scythes, gens épais, qu'est né le sage Anacharsis ; chez les Athéniens avisés, Mélétidès l'idiot. »

La physiognomonie et les autres sciences.

La physiognomonie est liée à la médecine dès son origine et en est restée inséparable. Hippocrate passait pour l'avoir codifiée et il avait institué des types caractérologiques dans deux de ses traités, *De l'air, des eaux et des lieux*, et *Des épidémies*[1]. Ces deux disciplines sont très proches méthodologiquement, puisqu'elles établissent des listes de signes ou de symptômes d'où elles infèrent une interprétation de l'état de l'esprit ou du corps[2], et les tempéraments, comme les humeurs, varient avec les climats. La théorie du juste milieu, c'est-à-dire la moyenne entre les extrêmes, leur est commune : le traité *Du régime* repose tout entier, au plan médical, sur l'idée de la perfection de l'équilibre entre les dépenses et les recettes de l'organisme, et ce sera aussi la doctrine de l'Anonyme[3].

Des médecins, c'est Galien qui semble avoir prêté le plus d'intérêt à la physiognomonie[4]. Si son jeune âge ne lui a pas permis de fréquenter Polémon à Smyrne, il peut avoir connu son manuel alors qu'il y pratiquait la médecine[5], bien qu'il ne s'y réfère pas dans ses traités.

C'est qu'Apulée est Africain ; or, dans la physiognomonie ethnographique, les Africains ont mauvaise réputation ; cf. Firm. Mat., *Math.*, 1, 1, *Afri subdoli... Afrorum malitiosa commenta* ; 1, 4, *Aforumque subdolas mentes* ; Servius, *ad Aen.*, 6, 724, *Afros uersipelles.*

1. Cf. H. L. Dittmer, *Konstitutionstypen im Corpus Hippocraticum* (Diss. Jena, 1939), Würzburg, Triltsch, 1940, 109 p. ; R. Megow, *Antike Physiognomielehre*, p. 220.

2. Cf. A. MacC. Armstrong, *The Methods of the Greek Physiognomists*, p. 52 sq.

3. Cf. Anonyme, 116, *Multis locis dictum est nimietates esse uitiosas et optimam esse medietatem.*

4. Sur Galien et la physiognomonie, cf. le très important travail de C. E. Evans, *Galen the Physician as Physiognomist*, in *Amer. Philol. Assoc., Trans. and Proc.*, 76 (1945), p. 287-298 ; *Physiognomics in the Roman Empire*, in *Class. Journal*, 45 (1950), p. 277-282, spécialement p. 280 ; B. P. Reardon, *Courants littéraires grecs des IIe et IIIe siècles après J.-C.*, p. 246-247.

5. Quand Polémon partit en Italie, en 143, Galien, né en 129, n'avait que quatorze ans.

La base de son approche réside dans la théorie des humeurs, auxquelles sont liées les facultés intellectuelles, et il admet la similitude physique et mentale de l'homme et des animaux.

L'Anonyme, qui compile et amalgame les traités du Ps.-Aristote, de Loxos et de Polémon, présente maintes remarques sur les symptômes, fournis par les yeux (§§ 29, 31, 41, etc.) ou par le cou (§ 53), de la folie (*insania*), dérèglement de l'esprit et du corps qui est du ressort de la médecine[1]; également sur les symptômes oculaires de l'épilepsie (§ 29) et de l'apoplexie (§§ 23 et 39). Deux indications proviennent du médecin Loxos au § 82 : des oreilles velues présagent la surdité, et les paupières épaisses sont indices de mauvaise santé.

L'onirocritie, qui n'est pas non plus sans lien avec la médecine, repose en partie sur la physiognomonie. L'interprétation d'un songe dépend en certains cas de l'aspect du personnage apparu ou de l'animal dont on a rêvé : rêver d'un singe présage la rencontre d'un méchant homme : πίθηκος δὲ ἄνδρα πανοῦργον... σήμαινει (Artémidore, 2, 12); or, la *malignitas* est la caractéristique du singe dans l'Anonyme[2].

La physiognomonie et la vie sociale. La physiognomonie, d'après les traités du moins dont nous disposons, et il semble que ce soit une règle générale, ne s'adresse qu'aux hommes[3]. Les signes sont bien répartis entre les types masculin et féminin (§§ 5-7), mais l'Anonyme prend soin de préciser (§ 3) que la distinction établie entre

1. Cf. Celse, 3, 18 ; Cael. Aurél., *Acut.*, 1, 183, etc.

2. Cf. §§ 68, 87, 124, 132. La vue d'un singe, en sortant de chez soi au matin, était un mauvais présage, cf. Lucien, *Pseudol.*, 17. Sur les similitudes de la physiognomonie et de l'onirocritie, cf. R. A. Pack, *Artemidorus and the Physiognomists*, p. 329 sq. ; B. P. Reardon, *Courants littéraires grecs...*, p. 248-249.

3. Même la formule *quibus mamillae dependent* du § 61, comme le précise la suite du texte ; cf. Adamantius, II, 15 (362, 8 sq.).

masculinum genus et *femininum genus* ne doit pas s'entendre de la distinction naturelle entre les deux sexes, et qu'on trouve du masculin dans le type féminin et inversement. Il n'en reste pas moins que le masculin a toutes les qualités, tandis que le féminin est bourré de défauts (§ 4) : *femininus animus est sollers, ad iracundiam pronus, tenax odii, idem immisericors atque inuidus, laboris impatiens, docilis, subdolus, amarus, praeceps, timidus.* Il n'est question des femmes que par rapport aux hommes : γυνή ne figure dans le Ps.-Aristote que dans des phrases du genre : « Les hommes au teint blanc sont très pusillanimes : cela se rapporte au type des femmes »[1], et on peut ainsi découvrir indirectement quelques indices propres au sexe féminin, sans que l'auteur se soit proposé de les signaler comme tels. L'Anonyme se conforme à cette règle : les *feminae* ou *mulieres* y interviennent à titre de comparaison pour signaler le comportement efféminé d'un homme : § 39, *At hi potius feminae quam uiri sunt*; 74, *mulierum loco se ipsos constituunt*; 85, *qui feminis proximos habent uultus*; 98, *qui inter uirum est et feminam*; 115, *qui mouent corpus ut mulieres.* Leur mention permet aussi de préciser le signalement des débauchés et des adultères : 28, *cum mulieribus conuenientem*; 29, *furiosos in mulieribus*; 86, *mulieribus esse deditos*; 110, *mulieribus dediti.* Mais jamais il n'est inversement question de femmes présentant des signes du type masculin et, si on rencontre la formule *femineus animus* pour un homme (§ 14, etc.), jamais on ne trouve *masculinus animus* rapporté à une femme.

Deux fois seulement, dans l'énumération des signes au § 85, sont mises en parallèle l'inconduite des hommes

1. Ps.-Arist., 67, οἱ δὲ λευκοὶ ἄγαν δειλοί· ἀναφέρεται ἐπὶ τὰς γυναῖκας ; ainsi encore pour la poitrine lisse (§ 69) ; pour les pieds tournés en marchant (§ 70) ; pour le regard amolli et langoureux (§ 70) ; pour la voix aiguë et molle (§ 71).

et celle des femmes : les personnes à la peau lentilleuse, quel que soit leur sexe, les invertis et les lesbiennes.

Il est toutefois deux esquisses, peu flatteuses, de caractères du seul sexe féminin, dans les similitudes des animaux et de l'homme : à propos de la tortue (§ 127), la femme de ce type est stupide, inefficace et déplaisante ; de la chouette (§ 129) : infidèle, dépensière, incapable et bavarde. La femme n'est ainsi évoquée que pour ses défauts. Son absence quasi générale paraît un témoignage du peu d'importance qu'elle avait dans la société.

La physiognomonie, l'art et la littérature.

Les masques scéniques relèvent de la physiognomonie dans la mesure où ils représentent des sentiments et des caractères. La symbolique des différentes parties du visage suivant le sexe, l'âge, la condition, et la combinaison de ces diverses symboliques sont attestées par les 44 masques énumérés par Pollux (4, 143-154) dans la Comédie nouvelle : 2 de vieillards, l'un indulgent, l'autre sévère et bourru ; puis ceux des pères traditionnels, chacun avec son caractère ; 11 de jeunes gens, du fils de famille bien élevé au rustre ; 7 de serviteurs mâles. Le sexe féminin y est, par nécessité, mieux représenté que dans les traités de physiognomonie, avec 17 masques de types divers : de la bonne grand'mère à la maquerelle, de l'épouse bavarde à la jeune fille et à la courtisane. L'Anonyme (§ 72), d'après un passage perdu d'Aristote, mentionne les sourcils arqués des fourbes et des masques comiques de vieillards. L'esquisse des caractères d'après l'apparence physique du Ps.-Aristote, 13-34 et de l'Anonyme, §§ 90-115, permet assez souvent de deviner quel devait être l'aspect du masque correspondant ; ainsi l'homme acariâtre, § 99 : pâle, grimaçant, paupières bombées, yeux secs, front plissé ; l'irascible, § 108 : teint rougeaud, front bombé, cheveux et sourcils dressés, nez camus.

Aux révélations apportées sur le caractère par les

traits du visage figés sur les masques s'ajoutaient le maintien et le geste de l'acteur, dont les modalités sont réglées aussi dans les traités de physiognomonie : on consultera les chapitres de l'Anonyme (§§ 74-76) sur les mouvements du corps et sur la voix pour les comparer aux instructions données par les théoriciens de l'art oratoire, Cicéron et Quintilien. Le rôle en était encore plus important dans la pantomime : « On admire chez les pantomimes, disait Sénèque[1], la promptitude du geste à figurer dans toutes ses nuances une situation, une passion ». Cassiodore[2] définissait cet art comme « parlant la bouche close avec les mains et faisant comprendre par des gestes ce dont la parole ou l'écriture ont peine à donner connaissance »[3].

Nous ne savons pas dans quelle mesure les règles posées par les physiognomonistes ont pu trouver place dans les arts plastiques[4], peut-être seulement parce que des recherches n'ont pas été faites en ce sens. C'est en littérature qu'elles trouvent leur application la plus évidente dans les biographies et dans les portraits, c'est-à-dire essentiellement chez les historiens, les orateurs et les romanciers. D'assez nombreuses et bonnes études dispensent de reprendre la question dans le détail[5].

1. *Epist.*, 121, 6.

2. *Var.*, 1, 20, 5.

3. Sur la symbolique du geste au théâtre et dans la pantomime, cf. entre autres travaux, C. Sittl, *Die Gebärden der Griechen und Römer*, Leipzig, Teubner, 1890 ; B. Warnecke, *Die Gebärden und Mimik der römischen Schauspieler*, in *Neue Jahrb. f. kl. Altertum*, 13 (1910), p. 580-594 ; O. Weinreich, *Epigrammstudien*, I. *Epigramm und Pantomimus*, Heidelberg, Winter, 1948 ; V. Rotolo, *Il Pantomimo, Studi e texti*, Palerme, Presso l'Accademia, 1957, p. 6-10.

4. Cf. toutefois l'influence de la physiognomonie sur l'art chrétien dans H. W. Haussig, *Der Einfluss der hellenistischen Physiognomik auf die frühchristliche Bildgestaltung*, in *Atti VI Congr. intern. Archeol. crist., Ravenna 23-30 sett. 1962* (Città del Vaticano, 1965), p. 199-205, selon qui le type du Christ d'Antioche (vers 250) suit la tradition des effigies des souverains iraniens, qui tenaient compte des théories des physiognomonistes des débuts de l'époque impériale.

5. Pour la Grèce, cf. A. Niceforo, *I caratteri descrittivi della fisio-*

Il n'existe pas, en dehors de l'Anonyme, de traités de physiognomonie latins, et les auteurs n'en font pas mention. Cela ne signifie pas que les Romains s'en soient désintéressés, bien au contraire. Les Naturalistes se sont inspirés des traités d'Aristote consacrés aux animaux. Trogue Pompée, sous Auguste, dans son *De animalibus* aujourd'hui perdu, en présentait un abrégé : « Un grand front dénote un esprit paresseux ; petit, un esprit vif ; rond, un coléreux, comme s'il gardait la marque du gonflement de la colère. Les sourcils étendus en ligne droite indiquent la mollesse ; inclinés vers le nez, l'austérité ; descendant vers les tempes, la moquerie ; abaissés en totalité, la malveillance et l'envie. Des yeux allongés indiquent toujours un caractère malfaisant ; des yeux dont l'angle nasal est charnu sont signe de méchanceté. Le blanc de l'œil étendu marque l'impudence ; le clignotement fréquent indique l'inconstance. La grandeur des oreilles dénote le verbiage et la sottise »[1]. Pline l'Ancien paraissait moins convaincu du sérieux

nomia umana e loro trattazione statistica, Turin, Bocca, 1917, 61 p., présentant des réflexions intéressantes sur Homère et les romans grecs et étudiant les épithètes caractérisant les traits du visage ; J. Schmidt, *R. E.*, XX, 1, art. *Physiognomik*, col. 1070 ; E. C. Evans, *Study of Physiognomy in the second Century A. D.*, in *Amer. Philol. Ass., Trans. and Proc.*, 72 (1941), p. 101-102, pour Dion Cassius et Lucien. R. Asmus, *Vergessene Physiognomonika*, in *Rh. Mus.*, 65 (1906), p. 410-424, a réuni quelques textes se rapportant à l'empereur Julien, dont les textes grecs de physiognomonie expliquent les écrits ou éclairent la personnalité.

1. *Ap.* Pline, *H. N.*, 11, 275-276 = *De animalibus*, frag. 10 a *ap.* O. Seel, *Pompei Trogi fragmenta*, Leipzig, Teubner, 1956, p. 12-13 : « *Frons ubi est magna segnem animum subesse significat ; quibus parua, mobilem ; quibus rotunda, iracundum, uelut hoc uestigio tumoris apparente. Supercilia quibus porriguntur in rectum, molles significant, quibus iuxta nasum flexa sunt, austeros ; quibus iuxta tempora inflexa, derisores ; quibus in totum demissa, maliuolos et inuidos. Oculi quibuscumque sunt longi, malificos moribus esse indicant ; qui carnosos a naribus angulos habent, malitiae notam praebent ; candida pars extenta notam impudentiae habet ; qui identidem operiri solent, inconstantiae. Oricularum magnitudo loquacitatis et stultitiae nota est* ». *Hactenus Trogus.*

de cette science. Il en jugeait les conclusions « frivoles » (*friuola*) et, rompant des lances avec Aristote, s'étonnait qu'un écrivain aussi sérieux que Trogue-Pompée (*et ipse auctor e seuerissimis*) ait pu y adhérer : « Je m'étonne, pour ma part, qu'Aristote, non seulement ait cru qu'il y a dans le corps même des signes présageant la durée de la vie, mais encore qu'il l'ait écrit. Bien que je considère ces indices comme sans fondement et ne devant pas être divulgués sans réserve, de peur que chacun ne recherche anxieusement sur soi ces signes prémonitoires, j'en dirai cependant quelques mots, puisqu'un si grand homme ne les a pas dédaignés dans ses enseignements. Voici donc ce qu'il donne comme signes d'une vie courte : des dents écartées, des doigts très longs, un teint plombé et, dans la main, des lignes nombreuses et interrompues. Par contre, sont indices d'une longue vie : des épaules voûtées, dans la main, une ou deux longues lignes, plus de trente-deux dents et de grandes oreilles. Et non content d'observations générales, il fait des remarques sur chaque signe, remarques frivoles, à mon avis, mais qu'on répète partout »[1].

Ce sont surtout les écrivains romains de l'Empire qui donnèrent une grande importance à la description physique d'un personnage pour en déterminer le caractère, influencés par les manuels de physiognomonie[2].

1. *H. N.*, 11, 273-274 : *Miror equidem Aristotelem non modo credidisse praescita uitae esse aliqua in corporibus ipsis, uerum etiam prodidisse. Quae quamquam uana existimo nec sine cunctatione proferenda, ne in se quisque ea auguria anxie quaerat, attingam tamen, quia tantus uir in doctrinis non spreuit. Igitur uitae breuis signa ponit raros dentes, praelongos digitos, plumbeum colorem pluresque in manu incisuras nec perpetuas. Contra longae esse uitae incuruos umeris et in manu unam aut duas incisuras longas habentes et plures quam XXXII dentes, auribus amplis. Nec uniuersa haec,* [*ut arbitror*], *sed singula obseruat, friuola, ut reor, et uulgo tamen narrata.*

2. Le problème a été longuement et minutieusement traité par E. C. Evans dans plusieurs articles de grand intérêt. On citera : *Quomodo corpora voltusque hominum auctores Latini descripserunt*, in *Harvard Studies in Class. Philology*, 41 (1930), p. 192-195 ; *Roman descriptions of personal appearance in History and Biography*, in

La liste en est longue[1]. Avant tout, Suétone, dans ses portraits d'empereurs, bien qu'il ne soit pas toujours possible d'établir un parfait parallèle avec les traités. Les types étaient sans doute unifiés et codifiés, et l'écrivain avait une série de répertoires à sa disposition, mais il pouvait n'y voir qu'un cadre et s'inspirer seulement de la méthode[2]. J. Couissin a démontré que le portrait moral d'Auguste dans Suétone[3] présente les mêmes traits et les mêmes contrastes (amabilité et cruauté) que l'aigle dans la version arabe de Polémon[4]. Le portrait physique de Julien par Ammien Marcellin, constitué des traits composant le type du lion, est aussi un emprunt à la méthode zoologique de la physiognomonie[5].

Harvard Studies in Class. Philology, 46 (1935), p. 43-84 ; *The Study of Physiognomy in the second Century A. D.*, in *Amer. Phil. Assoc., Trans. and Proc.*, 72 (1941), p. 96-108 ; *Physiognomics in the Roman Empire*, in *The Class. Journal*, 45 (1950), p. 277-282.

1. Cf. E. C. Evans, *Physiognomics in the Roman Empire* ; J. Couissin, *Suétone physiognomoniste dans les Vies des XII Césars*, in *Rev. Ét. Lat.*, 31 (1953), p. 239-240, et la liste des textes littéraires donnée par R. Foerster, *Script. Physiogn.*, II, p. 321-336 et 351-352.

2. Pas plus que Balzac, dans ses portraits de personnages, n'a repris systématiquement les types établis par Lavater, qu'il admirait beaucoup et a cité douze fois dans la *Comédie humaine* (Jean-Gaspard Lavater, *La physiognomonie*, 4 vol. in-fol., Leipzig, 1775-1778) ; cf. *La Physiologie du mariage*, éd. de la Pléiade, t. X, p. 734 : « La Physiognomonie de Lavater a créé une véritable science. Elle a pris place enfin parmi les connaissances humaines. Si, d'abord, quelques doutes, quelques plaisanteries accueillirent l'apparition de ce livre, depuis, le célèbre docteur Gall est venu, par sa belle théorie du crâne, compléter le système du Suisse, et donner de la solidité à ses fines et lumineuses observations. Les gens d'esprit, les diplomates, les femmes, tous ceux qui sont les rares et fervents disciples de ces deux hommes célèbres, ont souvent eu l'occasion de remarquer bien d'autres signes évidents auxquels on reconnaît la pensée humaine. Les habitudes du corps, l'écriture, le son de la voix, les manières ont plus d'une fois éclairé la femme qui aime, le diplomate qui trompe, l'administrateur habile ou le souverain obligé de démêler d'un coup d'œil l'amour, la trahison ou le mérite méconnu... »

3. *Suétone physiognomoniste...*, p. 245.

4. *Script. Physiogn.*, I, 184, 6.

5. Ammien Marc., 24, 4, 22 ; Cf. E. C. Evans, *Physiognomics in the ancient World*, p. 76.

G. Sabbah a mis en relief, chez cet auteur, l'influence de cette science dans les portraits, recourant aux trois méthodes pour définir les personnages : l'anatomique, l'ethnologique et la zoologique[1], et cela permet de penser qu'elle était redevenue très à la mode au IVe siècle. C'est aussi la date que l'on attribue à l'épitomé de Polémon par Adamantius (avant 350?). Ammien a certainement fréquenté « ces vieux livres dont la lecture, dit-il (15, 8, 16), révèle les secrets des âmes par les traits du corps ».

Les auteurs chrétiens, qui ont multiplié les personnifications de notions abstraites, n'ont pas ignoré la littérature physiognomoniste païenne et ont conservé sa tradition inconsciemment ou non : on a pu raisonnablement rapporter les traits de Patience dans le *De patientia* de Tertullien à ceux qui figurent, épars, dans l'Anonyme[2]. D'autres comparaisons s'imposent avec les personnifications de Prudence dans sa *Psychomachie* : Patience, Colère, Sensualité, etc., et jusqu'avec les figures allégoriques du Moyen Age.

Les sources grecques de l'Anonyme. Il ne semble pas avoir existé de véritable traité de physiognomonie avant Antisthène, le chef des Cyniques, au Ve-IVe siècle[3]. Trois sont connus, qui sont les sources avouées de l'Anonyme : § 1, *Ex tribus auctoribus, quorum libros prae manu habui, Loxi medici, Aristotelis philosophi, Palemonis declamatoris, qui de physiognomonia scripserunt...*

Loxos n'est pour nous presque qu'un nom[4], cité une fois dans la littérature grecque, au IIIe siècle p. C., par

1. *La méthode d'Ammien Marcellin*, Paris, Belles Lettres, 1978, p. 421-422.
2. Cf. J. C. Fredouille, *Tertullien et la conversion de la culture antique*, Paris, Et. Augustiniennes, 1972, p. 60-62.
3. Diog. Laert., 6, 9, 15 ; Athénée, 656 f.
4. Sur Loxos, cf. R. Foerster, *De Loxi Physiognomonia*, in *Rhein.*

Origène, *Contra Celsum*, 1, 53, comme physiognomoniste, avec Zopyre et Polémon : ἐὰν δὲ καὶ τὰ τῶν φυσιογνωμονούντων κρατῇ εἴτε Ζωπύρου εἴτε Λόξου εἴτε Πολέμωνος..., et dans la littérature latine seulement par l'Anonyme (§§ 1, 2, 12, 48, 80, 81, 117, 133). On a tenté de tirer du texte latin quelques indications sur l'homme et son œuvre. Comme, dans la partie ethnologique, il substitue les Celtes (§ 9) aux Scythes du Ps.-Aristote, 2, d'Adamantius, I, 2 (300, 6) et du Pseudo-Polémon, 1 (300, 13), R. Foerster en a conclu que, les Celtes ayant été connus fort tard des Grecs, Loxos n'a pu vivre avant le milieu du IIIe siècle. L'argument ne tient pas, puisqu'Hérodote, 2, 33 et 4, 49, mentionne les Κελτοί dès le ve siècle, ainsi que Xénophon, *Hellen.*, 7, 1, 20, vers –355. G. Misener a tiré avec plus de bonheur argument de son enseignement[1] : il a reconnu que Loxos précédait le Ps.-Aristote et que son évidente ignorance des doctrines prévalant dans les écoles de médecine du IVe siècle ne permettait pas de descendre plus bas que la première moitié de ce même siècle.

Il serait tentant d'attribuer à Loxos tout ce qui n'est ni dans le Ps.-Aristote ni dans les épitomés de Polémon, ni surtout dans la version arabe de ce dernier, plus complète et presque intégrale. On sait par l'Anonyme que les §§ 81-82 lui sont empruntés. Or, ils ne présentent qu'une suite de remarques discontinues, que le compilateur a relevées parce qu'elles étaient en désaccord avec celles de ses deux autres sources : yeux, paupières, poils des oreilles, vibrisses. On sait aussi que viennent de lui les §§ 118-131, qui traitent de la physiognomonie zoologique, et qu'il accordait à sa science la prédiction

Mus., 43 (1888), p. 505 sq. ; *Script. Physiogn.*, I, p. LXXI-LXXIV ; G. Misener, *Loxus, Physician and Physiognomist*, in *Class. Phil.*, 18 (1923), p. 1-22 ; R. Megow, *Antike Physiognomielehre*, in *Das Altertum*, 9 (1963), p. 218.

1. *Op. cit.*, p. 22.

de l'avenir (§ 133). Des deux notices concernant l'« Impudent » (§§ 94 et 106), la seconde vient sans doute de Polémon, encore que la dernière phrase ne figure dans aucun des épitomés, et la première pourrait provenir de Loxos ; de celles sur l'« Homme doux et facile » (§§ 100 et 109), la première est tirée de Polémon, la seconde sans doute de Loxos. On constate également des additions aux textes connus, aux §§ 44, 74, 111, et des variantes, aux §§ 104, 112, etc., si bien qu'on pourrait constituer, en l'attribuant à Loxos, un corpus de tout ce qui ne figure ni dans le Ps.-Aristote ni dans le Polémon dont nous disposons, si notre Ps.-Aristote n'était incomplet.

Longtemps les modernes ont attribué à Aristote un ouvrage qui n'est pas de sa main[1]. Sans doute, le Stagirite apparaît-il, en maintes œuvres authentiques, comme un théoricien de la physiognomonie, dans l'*Histoire des animaux*, le *Des parties des animaux*, le *De la génération des animaux*, l'*Éthique à Nicomaque*, les *Analytiques*, et Pline l'Ancien s'est fait l'écho de cet enseignement (*H. N.*, 11, 273-274). Diogène Laërce, 5, 12, 25, et la *Vita Aristotelis* (éd. Rose, p. 14) citent de lui des φυσιογνωμονικά. Or, la liste de Diogène Laërce remonte à Ariston de Céos, scolarque du Lycée à partir de -225, c'est-à-dire à peine cent ans après la mort du philo-

1. Sur le Ps.-Aristote, *Physiognomonia*, cf. R. Foerster, *De Aristotelis quae feruntur Physiognomonicorum indole ac condicione*, in *Philologische Abhandlungen Martin Hertz dargebracht*, Berlin, 1888, p. 284-302 ; *Script. Physiogn.*, I, p. XVIII sq. (et sur les corrections apportées grâce au *Codex Ambrosianus P 34*, cf. R. Foerster, *Zu den gr. Physiognomiker*, in *Rhein. Mus.*, 81 (1925-1926), p. 236-237) ; E. C. Evans, *Roman descriptions of personal appearance...*, p. 48-49 ; *Physiognomics in the Roman Empire*, p. 277 ; R. Megow, *Antike Physiognomielehre*, p. 215 ; I. Düring, *Aristoteles*, in *R. E.*, Suppl. XI (1968), 314 ; J. Schmidt, *Physiognomik*, in *R. E.*, XX (1941), 1067. Traduction allemande par M. Schneidewin, *Die Aristotelische Physiognomik. Schlüsse vom Körperlichen auf Seelisches*, Heidelberg, Kampmann, 1929 ; traduction anglaise par W. S. Hett, The Loeb Class. Libr., 1936.

sophe[1]. On admet que les deux parties de l'ouvrage sont issues de l'école péripatéticienne et ont dû être rédigées par un ou plusieurs élèves d'après les données du maître, et peut-être réunies postérieurement. Le manuel, incomplet dans son état actuel, est divisé en deux sections : la première (cap. 1-34) expose brièvement les trois méthodes (anatomique, ethnologique et zoologique) et trace les esquisses de vingt-deux caractères ; la seconde (cap. 35-73) traite des signes propres aux parties du corps.

R. Foerster[2] pense que Suétone disposait de l'édition complète du Ps.-Aristote. Cela expliquerait assez bien l'intérêt de cet auteur pour les portraits et l'importance qu'il leur a donnée dans son œuvre ; cela supposerait aussi qu'au début du IIe siècle p. C. on disposait encore du texte complet. R. Foerster s'appuie sur le fragment 102 du Περὶ βλασφημιῶν glosant βυσαύχην « ragot » (homme gros et court) : Βυσαύχην · ὁ ἐπιβουλευτικός · καὶ ἴσως φυσιογνωμικῶς ἐρρέθη, ὡς ἀπὸ ζῴον ὅσα λοχῶντα ἢ ἄλλως θυμούμενα σιμοῦσι τοὺς αὐχένας ἐν τῷ μέλλειν ἐμπεδᾶν. Pollux en présente un pendant, qui fait remonter le mot aux Φυσιογνωμονικά d'Aristote, 2, 135 : βυσαύχην δὲ ἐκαλεῖτο ὁ τοὺς μὲν ὤμους ἀνέλκων, τὸν δὲ αὐχένα συνέλκων · ὃν ἐπίβουλον Ἀριστοτέλης φυσιογνωμονεῖ. Suétone et Pollux ont emprunté indépendamment à la même source, qui est le grammairien Didyme du Ier siècle a. C., soit directement, soit indirectement à travers Pamphile (Ier siècle p. C.), comme l'a établi J. Taillardat dans son édition des extraits byzantins de Suétone[3]. Le fragment 102 ne prouve donc

1. Cf. P. Moraux, *Les listes anciennes des ouvrages d'Aristote*, Louvain, Ed. de l'Univ., 1951 ; I. Düring, *Aristotle in the ancient biographical tradition*, Göteborg Univ., 1957. Le sophiste Dionysios, donné dans le Ps.-Arist., 21, comme exemple de κίναιδος n'est pas nécessairement le Dionysios de Milet contemporain d'Hadrien (sur celui-ci, cf. W. Schmid, *R. E.*, V (1905), 975), le nom étant fort répandu, et il peut même s'agir d'une interpolation.

2. *Script. Physiogn.*, I, p. XV.

3. Suétone, Περὶ βλασφημιῶν. Περὶ παιδιῶν, Paris, Belles Lettres, 1967, p. 23-26 et 137.

pas que Suétone ait disposé du traité pseudo-aristotélicien. Mais il reste, et cela est essentiel pour l'Anonyme latin, qu'au Ier siècle p. C., à l'époque de Didyme, qui est celle d'Auguste, le traité était encore complet. Il l'était encore vraisemblablement au IIIe siècle, puisque l'Anonyme (essentiellement dans les §§ 83-88) couvre du nom d'Aristote des indications que nous ne possédons plus directement.

Le rhéteur et sophiste Antonius Polémon est la source la plus récente de l'Anonyme[1]. Né à Laodicée vers 88 p. C., mort vers 145, il étudia la rhétorique à Smyrne avant de l'y professer, et son éloquence se situait entre l'asianisme et l'atticisme[2]. Il jouit de l'amitié et de la protection de l'empereur Hadrien, et la version arabe de son traité le montre accompagnant en 123 l'empereur dans son voyage en Orient, à l'occasion duquel il prononça un discours lors de la dédicace du temple de Zeus Olympien à Athènes[3]. Il vint en 143 en Italie, où Fronton l'entendit déclamer[4]. De son traité de physiognomonie, dont l'original est perdu, rédigé entre 133 et 136[5], nous devinons l'ampleur d'après les extraits qui en furent faits et d'après la version arabe tardive. Il n'en demeure qu'un fragment authentique dans une collection d'époque

1. Les *Vitae Sophistarum* de Philostrate (éd. Kayser, II, p. 42-54) sont la principale source ancienne sur la vie de Polémon. Sur l'homme et sur le traité, cf. H. Juettner, *De Polemonis rhetoris uita, operibus, arte*, Diss. Breslau, 1897 (37 p.) ; E. C. Evans, *Roman descriptions of personal appearance in History and Biography*, p. 49-51 ; *The Study of Physiognomy in the second Century A. D.*, p. 97-103 ; *Physiognomics in the Roman Empire*, p. 277-278 ; W. Stegmann, *Polemon*, in *R. E.*, XXI, 2 (1952), 1320-1357 ; R. Megow, *Antike Physiognomielehre*, p. 216-217.

2. Cf. R. Megow, *art. cit.*, p. 216 ; E. Norden, *Die antike Kunstprosa vom VI. Jahrhundert v. Chr. bis in die Zeit der Renaissance*, Leipzig, Teubner, 5e éd., 1958, p. 422.

3. Version arabe, p. 138, 14 sq.

4. *Epist.*, 1, 9, 5 ; 2, 5, 3 ; 2, 7, 1.

5. Cf. A. von Premerstein, *Klio*, 6. Beiheft, p. 49 sq. ; W. von Christ-W. Schmid-O. Staehlin, *Gesch. der gr. Literatur*, 6e éd., II, 1924, p. 692 sq.

chrétienne, recueilli dans les *Anecdota Oxoniensia*, IV, 255, de Cramer[1]. Cet ouvrage ne s'éloigne pas de la doctrine du Ps.-Aristote et beaucoup de ses notices en diffèrent fort peu, sinon parfois par la terminologie, mais il l'enrichit beaucoup. Il consacre, en effet, le tiers[2] aux yeux qu'il considère comme les signes dominants : « Toute la science de la physiognomonie, dit la version arabe, est dans les signes des yeux ». Il les examine successivement sous l'angle de l'éclat, de la mobilité ou de la fixité, de la couleur, du strabisme, de la position enfoncée ou saillante, de l'ouverture des paupières, de la gaîté ou de la tristesse ; de multiples combinaisons de signes donnent autant de comportements, qui se retrouvent presque tous dans l'Anonyme latin.

Polémon se distingue du Ps.-Aristote par le grand nombre d'exemples qu'il emprunte à son expérience personnelle[3], qu'il s'agisse de compatriotes ou d'étrangers résidant en Asie Mineure ou rencontrés dans ses voyages : arméniens, gaulois, grecs d'Europe ou des îles. Les préoccupations d'ordre ethnologique le conduisent à caractériser des peuples divers : Indiens, Égyptiens, Phéniciens, Ciliciens, Scythes, Macédoniens, Grecs, et, d'une façon générale, à opposer peuples nordiques et méridionaux dans des chapitres pleins d'intérêt qui révèlent ses sentiments, mais aussi ceux de ses compatriotes, à l'égard des éléments non grecs de l'Empire[4].

1. Cf. notre note 1 au § 21.

2. 32 pages de la Version arabe sur 93 dans l'édition Foerster, t. I. A titre de comparaison, le développement correspondant du Ps.-Aristote (§§ 63 et 68) tient en 3 pages de la même édition, soit 1/15 du traité.

3. Le relevé et l'étude en ont été faits par J. Mesk, *Die Beispiele in Polemons Physiognomonik*, in *Wiener Studien*, 50 (1933), p. 51-67.

4. Cf. les titres de chapitres de la Version arabe : XXXI. De nationibus mundi ; XXXII. De forma septentrionalium ; XXXIII. De forma meridianorum ; XXXIV. De forma orientalium et occidentalium ; XXXV. De Graecis et eorum genere puro. On notera que manquent les Romains, alors que, outre les militaires et les administrateurs, les résidents italiens n'étaient pas rares en Asie Mineure.

Nous connaissons assez bien, sinon entièrement, le traité par les épitomés révélateurs de l'importance qui lui fut accordée. Le premier nous est parvenu sous le titre d'Ἀδαμαντίου σοφιστοῦ φυσιογνωμονικά[1]. Son auteur, en qui R. Foerster veut voir l'Adamantius qui rédigea un Περὶ ἀνέμων mentionné à plusieurs reprises par Oribase (*Syn.*, 3, 24 ; 25, etc.) et une fois par Paul d'Égine (7, 26), vécut dans la première moitié du IVe siècle et présente son œuvre comme une paraphrase de Polémon : I, 1, παραφράσαι μὲν τὰ Πολέμωνος εἱλόμην, alors qu'elle est bien plutôt un épitomé. La comparaison avec la version arabe révèle des omissions et surtout la suppression systématique des exemples. Mais le texte est assez ample et assez proche de ce que devait être alors le traité original pour permettre de corriger en de nombreux points l'Anonyme latin. Un fragment très mutilé et moins correct en a été conservé dans le *Matritensis N.* 73, du XIVe siècle, édité par R. Foerster[2], que nous désignerons par l'abréviation *Matrit.*

L'épitomé d'Adamantius est à la base d'un ouvrage transmis par plusieurs manuscrits qui l'attribuent à Polémon lui-même (Πολέμωνος φυσιογνωμονικόν), œuvre d'un byzantin anonyme[3], complété par quelques additions tardives (p. 427-431) et désigné comme un Ps.-Polémon. Plus négligé que l'épitomé primitif, il permet cependant parfois, comme le *Matritensis*, de le corriger.

Une version arabe du véritable traité de Polémon, de date inconnue, est transmise par un manuscrit unique, le *Leidensis 1206*, écrit à Damas en novembre 1356[4].

1. Cf. R. Foerster, *Script. Physiogn.*, I, p. CI-CIII ; *Zur Epitome des Adamantios*, in *Rhein. Mus.*, 1900, p. 139-148, et sur la tradition manuscrite, *Zur Überlieferung der Physiognomik des Adamantios*, in *Rhein. Mus.*, 1897, p. 298-299 ; pour l'édition, cf. *Script. Physiogn.*, I, p. 297-426.

2. *Script. Physiogn.*, I, p. CXXIV-CXXV ; pour le texte, p. 320-347 ; 351-359 et 386-424.

3. Cf. R. Foerster, *Script. Physiogn.*, I, p. CXXV-CXXX ; pour le texte, p. 298-431.

4. Cf. R. Foerster, *Script. Physiogn.*, I, p. LXXX-XCIX.

La traduction est lacunaire : le préambule, donné par Adamantius, manque ; la comparaison décèle des omissions et des négligences qui rendent parfois le texte incompréhensible. On y trouve également des additions récentes, comme la mention des Slaves et des Turcs (p. 250, 11). Mais c'est le seul ouvrage qui permette de prendre une vue d'ensemble du traité de Polémon et, à ce titre, il est précieux pour l'étude et pour l'édition de l'Anonyme. Une traduction latine en a été réalisée par H. Schmoelder, revue après sa mort en 1884 par G. Hoffmann et éditée dans les *Scriptores physiognomonici* de R. Foerster, t. I, p. 97-292, à la suite du Ps.-Aristote.

L'Anonyme latin. Le texte latin dont nous présentons l'édition est donné sans nom d'auteur par les deux manuscrits les plus anciens sous le titre : *Physiognomonia* (Leodiensis 77, du XIIe s.), *Liber Phisiognomoniae* (Berolinensis q. 198, du XIIe s.). Les plus récents, du XIIIe au XVe siècle, l'attribuent à l'un ou à l'autre des physiognomonistes grecs, le présentant comme une traduction de Loxos (Marpurgensis B 3b), d'Aristote (Erfurt. Amplon. Q. 295, entre autres), ou de *Palemo* (sic) *philosophus* (Londin. Sloan. 3469). L'édition de Du Moulin (1549) ne porte pas de nom d'auteur.

V. Rose[1] a proposé de l'attribuer à Apulée, et cette identification fut admise pendant une trentaine d'années par divers savants, comme O. Ribbeck[2] et H. Rönsch[3]. Elle s'appuyait sur un passage du *De anima* d'Albert le Grand, 1, 2, 3, *et tales referuntur ab Apuleio fuisse oculi Socratis, quem Apollo prudentissimum pronuntiauit*, qui reprend le § 32 de l'Anonyme : *tales existimantur oculi Socratis philosophi fuisse, quem Apollo*

1. *Anecdota Graeca*, I, Berlin, 1864, p. 61 sq.
2. *Rhein. Mus.*, 31 (1872), p. 399.
3. *Jahrb. f. Philol.*, 121 (1880), p. 507.

Pythius prudentissimum pronuntiauit. L'argument est de peu de poids, parce qu'Albert le Grand cite ailleurs l'Anonyme sous les noms de Loxus, Plato, Platonici, Palémon ou Philémon[1].

Il tirait un second argument d'un index ajouté d'une main récente à l'Harleianus 3969 du XIIIe ou XIVe siècle : *Hec continentur per ordinem in hoc libro... Marcus Censorinus. Apuleius de secta platonica. Item de deo Socratis. Item de phisnomia.* Or, *item* dans les index des manuscrits ne signifie pas *eiusdem.* Nous en donnons un exemple avec l'addition du XVe siècle au Parisinus BN lat. 7028 du XIe siècle : *In hoc volumine continetur primo de articulis, commissuris, ossibus... item pratica Cornelii Celsi de sirurgia..., item etiam est liber Galieni de variis constitucionibus medicine*[2]...

La langue parle contre Apulée. D'une convaincante étude due à E. Kelter[3] il ressort, d'après la syntaxe et le vocabulaire, dont il a minutieusement relevé les particularités, que l'ouvrage a été composé avant la fin, et probablement dans la seconde moitié du IVe siècle. Sans reprendre tous les faits relevés[4], il nous suffira d'en noter quelques-uns : 1) En syntaxe, la construction *scire quod* (§ 13), *scire quia* (§ 33), *certus esse quia* (§ 27) ; l'emploi de *possit* impersonnel (§ 117) ; le comparatif pléonastique *plus est maior* (§ 21). 2) L'emploi des adverbes et particules dans un sens qui n'apparaît guère

1. Nous penchons personnellement, chez Albert le Grand, pour une contamination de l'*Anonyme* avec Apulée : cf. *De deo Socratis*, 157, *Socrates... Apollinis quoque testimonio sapiens* ; *Apol.*, 15, 2, *uir omnium sapientissimus.*

2. Un dernier argument, tiré de la mention de Favorinus au § 40 (*Nomen quidem non posuit, intellegitur autem de Fauorino eum dicere*), a été ruiné sans peine par R. Foerster, *Script. Physiogn.*, I, p. CXXXIX-CXL.

3. E. Kelter, *Apulei quae fertur physiognomonia quando composita sit*, Diss. Kiel, 1890, 50 p.

4. Cf. p. 39-48, les listes des mots qui ne se rencontrent pas avant Tertullien ; des mots antérieurs à Tertullien, mais dans un autre sens ; des mots postérieurs à Apulée.

avant la fin du IVe siècle : *enim* et *nam* adversatifs (§ 58)[1] ; *nimis*, *nimium*, *satis* « très » (§ 34, etc.) ; de même *prope* (§ 44) et *propemodum* (§ 110) « très », comme dans Salvien au siècle suivant[2].

Nous ajouterons personnellement comme argument pour la datation basse une relative indifférence au temps qui fait alterner sans raison présents et futurs et qui est absente des textes correspondants des épitomés grecs : e. g. §§ 7, *assignatur/assignabitur* ; 37, *addicunt/erit* ; 38, *indicant/indicabunt* ; 50, *indicabunt/ostendunt* ; 51, *dicunt/dabunt/est* ; 53, *demonstrat/pronuntiabis/indicabunt/sunt*, etc. Or, ce mélange des temps se rencontre à la même époque dans le traité de médecine de Théodore Priscien rédigé vers 400 ou peu après[3], dans le *Querolus*[4] et dans la *Mulomedicina Chironis* de la seconde moitié du IVe siècle[5].

Argument supplémentaire en faveur de cette datation, ce traité, comme celui d'Adamantius un demi-siècle plus tôt, s'insère dans une période d'intense activité de traduction et d'adaptation d'œuvres techniques et scientifiques grecques : entre 350 et 450 sont publiés les ouvrages de Théodore Priscien, de Vindicianus, de Cassius Félix en médecine ; de Pélagonius, Végèce et Chiron en art vétérinaire. Il n'est pas étonnant que ce renouveau ait provoqué la rédaction du *De physiognomonia*, et ce n'est pas un hasard si la physiognomonie

1. Cf. M. Leumann-A. Szantyr, *Lat. Syntax und Stilistik*, p. 308-309.

2. Cf. O. Janssen, *L'expressivité chez Salvien de Marseille. Étude sur l'usage de quelques particules dans le latin chrétien*, *I*, *Les adverbes*, Nimègue, 1937.

3. Cf. T. Sundelin, *Ad Theodori Prisciani Euporista adnotationes*, Upsal, Almqvist & Wiksell, 1934, p. 12-21.

4. Cf. G. Ranstrand, *Querolusstudien*, Stockholm, Nordiska Bokh., 1951, p. 144 sq.

5. E. g., 523, *turgebit/crescit/turgescit* ; 526, *spasmabitur/accedit/erit* ; 562, *inuenies/uolet/demergit/curabis* ; 775, *deiciet/nascuntur/rumpunt/fiunt/senescent/possunt*.

trouve place dans l'*Histoire* dont Ammien Marcellin entreprit la rédaction à partir de 379.

Tout ce qu'on sait de l'auteur anonyme se résume à peu de chose : il était vraisemblablement païen[1], a rédigé son œuvre à la fin du IVe siècle et ne connaissait pas assez bien le grec pour ne pas commettre de contresens.

La part de chacune des trois sources grecques est difficile à établir et les emprunts sont souvent confondus. Notre commentaire indiquera, dans la mesure du possible, ce qui leur revient pour le détail de chaque paragraphe, lorsque du moins les textes latin et grec sont comparables. La comparaison permet, en effet, de repérer des développements importants et de les attribuer.

La plus grande part revient à Polémon, qui est aussi le plus fréquemment cité. On lui accordera presque tous les signes du corps, des yeux au teint (§§ 16-79), et les esquisses de caractères (§§ 90-105). Nos manuscrits s'interrompent au § 133 sur l'annonce de plusieurs exemples de physiognomonie divinatoire empruntés à son traité.

Loxos, outre ce qui a été dit ci-dessus concernant la nature et le contenu de son ouvrage[2], est représenté par une remarque sur un signe de la lèvre inférieure (§ 48), par un exposé sur certains signes des yeux, des paupières et des oreilles (§§ 81-82) et par une brève indication sur la finalité de la physiognomonie conçue comme une mantique (§ 133).

Tout le reste remonte au Ps.-Aristote, soit dans un développement hétéroclite réunissant des signes anatomiques très divers (§§ 83-88), soit dans des notations isolées perdues dans des chapitres issus de Polémon (§§ 49, 55, 72).

1. Cf. § 27, *non ab iniuria hominum uel deorum hi oculi abstinebunt.* Le seul nom de dieu, Apollon Pythien (§ 32), repris de Polémon (cf. Version arabe, 142, 22), n'est cité qu'à propos de Socrate. Héraklès, dans le Ps.-Polémon, 52 (335, 20) est une interpolation.

2. Cf. ci-dessus, p. 24-26.

De cette pluralité des sources, qui crée un peu de confusion, vient que trois esquisses de caractères sont reprises sous une forme différente, par négligence plutôt que par intention : l'impudent (§§ 94, *impudens*, et 106, *inuerecundus*), l'homme pondéré (§§ 95, *temperatus atque moderatus*, et 107, *honestas morum et tranquillitas*) et le caractère facile (§§ 100 et 109, *mansuetus*).

D'originalité, point. Le texte incomplet du Ps.-Aristote, la disparition de celui de Loxos rendent sans doute notre jugement moins sûr, mais la part de l'Anonyme ne réside sans doute que dans le choix et le classement des signes. Si l'on compare le contenu du traité de Polémon tel que l'a transmis la version arabe, il manque seulement les chapitres 31-35, traitant des caractères des peuples et particulièrement des Grecs. Peut-être l'auteur s'est-il contenté de l'exposé général repris de Polémon sur la méthode ethnologique (§ 9). L'unique originalité paraît être une citation au § 84 de la 8e *Bucolique* de Virgile, le seul auteur latin nommé. On peut même s'étonner que, dans l'esquisse du caractère de l'oie (§ 125), on n'ait pas cru bon de noter sa vigilance et d'évoquer son rôle au Capitole.

Il reste le traducteur, qui n'avait pas toujours la tâche facile devant un exemplaire parfois fautif du texte grec ; il ne paraît du reste pas s'en être douté, bien qu'il lui fût loisible de confronter ses trois sources ; ce fut l'origine de quelques erreurs : §§ 26, θολερός pour δολερός ; 31, ἀμαυρότητι pour ἅμα ὑγρότητι ; 32, ἢ ἄνοια pour ἡ ἄνοια ; 75, μικροί pour πικροί ; 92, ἁπλοῖ pour ἁπαλοί ; peut-être 49, λεῖαι pour λίαν[1]. Mais il est bien responsable d'une mécoupure qui provoque la création d'un type insolite de caractère (§ 111), et aussi de pluriels inattendus, pour avoir suivi de trop près le texte grec, comme l'ont

1. Mais, sur l'erreur relevée par R. Foerster (*Script. Physiogn.*, I, p. cxxxiv) au § 59, φωρίας pour μωρίας, cf. note 1, p. 97.

fait aussi, par exemple, les traducteurs d'Oribase : cf. § 87, οἱ τοὺς μηροὺς ὀστώδεις (Ps.-Arist., 48), rendu par *femur... siccius solidisque ossibus*, attribuant ainsi plus d'un os à la cuisse ; ou § 92, *uultus non refertos carnibus* (de l'homme heureusement doué), traduisant le pluriel πρόσωπα fréquent en parlant d'une seule personne.

R. Foerster a soupçonné la traduction de n'être pas toujours très exacte, et il a dressé[1] une liste d'erreurs, qu'il fonde essentiellement sur les divergences du texte latin et des textes grecs dont nous disposons, et dont la dénonciation, en l'absence du traité de Loxos et d'un texte complet du Ps.-Aristote, nous paraît assez souvent arbitraire ; nous le signalons dans le commentaire.

Le même R. Foerster[2] lui reproche des redondances, comme la traduction d'un mot grec par deux termes latins ; il en fournit une quinzaine d'exemples, auxquels on en pourrait ajouter bien d'autres, *e. g.* § 41, δειλίας κατηγοροί = *timidum atque imbecillem declarant* (91, δειλός = *timidus et imbecillis*) ; 57, συμπεφραγμέναι = *conclusi et compressi* ; 60, ὁπόσοι δακτύλους ἔχουσι συμφυεῖς = *digiti cum coniuncti sunt et cohaerent* ; 61, διηρθρωμένον = *dispositum et discretum*, etc. On évitera sur ce point de taxer le traducteur d'incapacité ou de maladresse. C'est là un procédé propre à la traduction antique, et qui permet de mieux faire comprendre le sens d'un terme grâce à des synonymes s'appuyant, se complétant et se corrigeant mutuellement. Cicéron n'a pas agi différemment dans sa traduction du *Timée*[3].

On peut aussi reprocher à l'Anonyme une certaine absence de rigueur dans la recherche d'une équivalence avec les termes grecs indiquant les traits du caractère.

1. *Script. Physiogn.*, I, p. CXXXIV-CXXXV.
2. *Ibid.*, p. CXXXV-CXXXVI.
3. Cf. R. Poncelet, *Cicéron traducteur de Platon*, Paris, De Boccard, 1953, chap. VI, *De l'accumulation*, p. 196-202. Il suffira d'un exemple : dans *Timée*, 37 a, Cicéron rend ἀμέριστον par *indiuiduam atque simplicem*.

Il nous suffira de deux exemples entre beaucoup, qui feront sentir en même temps les difficultés éprouvées à son tour par le traducteur du texte latin. La comparaison avec les épitomés permet de voir qu'*animosus* rend aussi bien εὔψυχος et εὐψυχία (§ 73) « courageux » que θυμικός, θυμός, θυμώδης, θυμοειδής (§§ 73, 53, 79, 108 et 24), à la fois « courageux » et « irascible ». *Animosus* également, dès le IIIe siècle p. C., signifie aussi bien « courageux » que « coléreux, rancunier », suivant le contexte ; mais, dans une liste de défauts ou de qualités, comme c'est le plus souvent le cas ici, il est impossible de deviner s'il est pris en bonne ou mauvaise part. La gêne est ainsi considérable lorsque manque la comparaison avec le grec (ainsi aux §§ 14, 18, 81, 84, 118).

L'exemple de *docilis/indocilis* est peut-être encore plus significatif[1]. En cas de texte grec correspondant, *docilis* signifie « porté à s'instruire » et rend εὐμαθής (§§ 24, 37, 79) et φιλομαθής (§§ 22 et 32) ; cependant, au § 17, *qui frontem oblongam habent, sensibus praeualent et sunt dociles, ut canes*, postule le sens d' « obéissant, docile », alors que l'épitomé d'Adamantius, 26 (377, 2), a seulement εὐχισθησίαν καὶ εὐμάθειαν δείκνυσι et ne fait pas mention des chiens. Le contraire, *indocilis*, traduit aussi bien ἀμαθία, ἀμαθής (§§ 10, 14, 17, 47, 53, 54, 59, 61, 65) « ignare, inculte » que δυσμαθία « lenteur d'esprit » (§ 73) et ἄμουσος « étranger aux arts, grossier » (§ 23) ; mais, lorsqu'il s'agit du type de l'âne (§ 119, sans correspondant grec), le sens ne peut être que d' « indocile ». Il n'est donc pas possible de conserver une traduction uniforme. Il en va de même pour tous les autres termes de valeur ambiguë en cas de silence des épitomés.

L'Anonyme est, cependant, un traducteur honnête,

1. La thèse d'A. Hus, *Docere et les mots de la famille de docere. Étude de sémantique latine*, Paris, P. U. F., 1965, qui consacre pourtant un chapitre à *docilis*, p. 335-349, ne cite malheureusement aucune des 30 occurrences de (*in*)*docilis*, intéressantes par leurs correspondants grecs.

qui prévient son lecteur des limites de ses connaissances et de ses capacités : « J'ai seulement, écrit-il dans son préambule, en cas de difficulté de traduction ou d'interprétation, donné les noms et les mots grecs eux-mêmes », et qui n'hésite pas à commenter longuement un terme dont la traduction l'embarrasse ; ainsi ὑγρός, qu'il ne peut raisonnablement rendre par *humidus* : § 54, ὑγρὸν *autem in corporibus Graeci molle quidem et flexibile, non tamen euisceratum nec enerue uideri uolunt* ; ou εἴρωνες, pour lequel il ne trouve pas d'équivalent immédiat : § 101, Εἴρωνας *Graeci dicunt occultos aliquanto et obscurae mentis homines, quorum os tamdiu fictum atque simulatum est et qui...* ; ou encore γλαφυρός : § 109, γλαφυρὸν *autem intelligendum est quod non uniforme est nec congestum, sed discretum tamquam interrasum uel insculptum.* Il ébauche une discussion sur les différents sens de κνήμη suivant les auteurs, afin d'éviter toute ambiguïté (§ 69), ou pour préciser le sens de ces mots rares, et qu'il ne saurait traduire sans créer de néologismes, que sont μυκτηρισμός et σαρκασμός (§ 85).

Il va jusqu'à proposer systématiquement des gloses latin-grec absolument inutiles pour un lecteur de langue latine ; cf. entre autres § 5, *ossibus quae sunt sub ilibus, quae a Graecis* ἰσχία *dicuntur* (cf. § 68) ; 36, *Oculi acriter intuentes, id est* γοργόν, *ut a Graecis dicitur* ; 41, *Cum autem non coniunguntur oculi, sed, ut Graeci aiunt,* ἀσκαρδάμυκτοι *sunt* ; 51, *Curuae nares, quas Graeci* γρυπὰς *uocant...*, *humiliores, quas Graeci* σιμὰς *dicunt* ; 76, *inhoneste blandi sunt, quos Graeci* κόλακας *uocant* ; 85, *qui colorem uarium habent tanquam aspersum, quos* φακώδεις *appellant*, etc. Est-ce désir de manifester sa connaissance du grec, d'intéresser ses lecteurs bilingues, de montrer que son texte repose réellement sur des sources grecques et de lui donner par là même une sorte de garantie scientifique? Toutes ces explications sont possibles, mais c'est surtout une habitude bien connue des traités de médecine contemporains[1]. Même des équivalences aussi inutiles que *noctua, quae graece* γλαῦξ *dicitur* (§ 129) ou *gallus, qui graece* ἀλεκτρυὼν *dicitur* (§ 84), ont leur pendant chez Caelius Aurélianus, *Acut.*, 3, 21, *sanguisugas, quas Graeci bdellas uocant.* Plus étrange serait encore l'absence d'un nom latin de la canine au § 48, *super eos dentes, quos* κυνόδοντας *Graeci uocant*[2], si elle ne se retrouvait dans Solin, 1, 71, *quos* (sc. *dentes*) *cynodontas uocant.* Tout cela nous incite à croire que l'Anonyme était un médecin.

On note parallèlement une relation étroite avec le texte grec : ainsi la particule δέ est systématiquement traduite, avec toutefois une variété voulue dans le choix du correspondant latin : au § 41, les cinq δέ sont rendus successivement par *sed*, *autem*, *uero*, *at* et *autem*[3].

L'ÉTABLISSEMENT DU TEXTE

Les manuscrits. R. Foerster a répertorié quinze manuscrits[4] et, depuis, aucun nouveau ne paraît avoir été découvert, ou tout au moins n'a été signalé. Sept d'entre eux, formant deux

1. Celse, qui se contente généralement de donner le terme grec lorsque le latin n'a pas d'équivalent, présente déjà ce même phénomène : 8, 1, 16, *nostri scutula operta, Graeci omoplatas uocant*; 8, 1, 19, *Radius, quam cercida Graeci appellant.* Mais c'est surtout un trait des auteurs de traités de médecine des IVe-Ve siècles : Théodore Priscien, *Eup.*, 42, *sucum nepetae herbae, quam Graeci calaminthen uocant*, etc. ; Cassius Félix, 39 (p. 86, 2), *sanguinis supernae educationis reiactatione, quam Graeci ematos anagogen uocant*; 57 (p. 145, 16), *flaui fellis id est rubei, quod Graeci xanthen cholen uocant*; 57 (p. 146, 3), *lauacrorum amatores, quos Graeci filolotruntas appellant*; 66 (p. 160, 12), *stridor... gutturis resonat, quem Graeci rhogmon appellant*, etc. ; Caelius Aurélianus, *Acut.*, 2, 72, *gutturis stridor, quem Graeci rhogmon uocant*; 2, 176, *accidens autem, quod Graeci symptoma uocant*; *Chron.*, 1, 75, *inter scapulas, quod Graeci metaphrenon uocant*; 2, 97, *usque ad tertium diem, quem Graeci diatriton uocant*, etc.

2. κατὰ τοὺς κυνόδοντας, Ps.-Arist., 60 ; Adamant., II, 24 (374, 2).

3. Cf. Adamant., I, 21 (343, 6 sq.).

4. *Script. Physiogn.*, I, p. CXLV-CLII.

familles, se détachent, qu'il a utilisés dans son édition. Nous les avons lus personnellement à notre tour sur photocopies et avons pu confirmer presque toutes ses lectures.

La première famille est de loin la meilleure. Elle comprend :

Leodiensis univ. 77 B, fol. 6-66 (*L*), du début du XIIe siècle, écrit entre 1096 et 1123 pour l'évêque de Rennes Marbode. C'est le seul manuscrit « complet » ;

Oxoniensis Ashmoleanus 399 (*A*), fol. 1-13, du XIVe siècle, ayant appartenu au libraire Elias Ashmole (1617-1692), dont la collection est maintenant à la Bodleienne ; il comprend les §§ 1-24, 49 et 51-133 ;

Berolinensis lat. qu. 198, fol. 259-265 (*B*), écrit en 1132. Il comprend les §§ 1-24 et 105-108.

Le manuscrit *A* présentant une lacune des §§ 25 à 48, et surtout *B* des §§ 25 à 105, *L* reste le seul témoin complet, et on est donc amené à tenir compte davantage pour ces lacunes de la deuxième famille, bien qu'elle soit nettement inférieure.

La deuxième famille est caractérisée par la perte des §§ 81-133. Elle comprend :

Londinensis Cottonianus Galba E IV, fol. 228-233 v° (*C*), du XIIIe siècle, ayant appartenu à sir Bruce Cotton (1571-1631), et dont le neveu et héritier fit don au Brit. Museum. Il contient les §§ 1-80 (les signes donnés par les parties du corps).

Erfurtensis Amplonianus, *Bibl. Mun.*, *fol. 378* (fol. 19-27) (*E*), du XIIIe-XIVe siècle, possession du médecin Amplonius Rathink († 1435), qui le donna à un collège qu'il avait fondé à Erfurt. Il contient les §§ 1-80. Une seconde main a ajouté en marge des variantes annoncées par *in a°*, empruntées à un autre manuscrit que nous désignerons par *e*, la plupart du temps négligeables. ;

Londinensis Harleianus 3969, *Brit. Mus.* (fol. 96 v°-105 v°) (*H*), du XIVe siècle, ayant appartenu à Robert

Harley, comte d'Oxford (1661-1724). Il contient les §§ 9-80 ;

Londinensis Sloanius 3469, *Brit. Mus.* (fol. 24 v°-34) (*S*), du XIVe siècle, de sir Sloane, secrétaire de la Royal Society († 1753). Il contient les §§ 1-80.

Les autres manuscrits, allant du XIIIe au XVe siècle, de qualité très inférieure, sont sans utilité pour l'établissement du texte. Les uns sont sans valeur[1], les autres extrêmement lacunaires.

Le Molinarius. L'édition d'Antoine Du Moulin, publiée à Lyon chez le libraire Jean de Tournes en 1549, avait été oubliée et était restée inconnue de celui qui se croyait le premier éditeur, V. Rose, en 1864, quand R. Foerster la découvrit à la Bibliothèque Royale de Berlin[2]. Son auteur, né à Mâcon (*Antonius Molinius Matisconensis*, selon la notice) vers 1520, mort vers 1580, valet de chambre de la reine Marguerite de Navarre, fut un humaniste et un grand éditeur et correcteur de nombreux ouvrages, qui publia une édition des œuvres de Clément Marot ainsi que de nombreux auteurs grecs et latins, dont en 1544 le *Manuel* d'Épictète. L'intérêt de cette édition, qui sera désignée dans l'apparat par l'abréviation *Mo*, comme dans Foerster, est qu'elle est en quelque sorte diplomatique. Dans sa dédicace au *nobilissimus vir Franciscus Pucrius*, Du Moulin déclare publier un manuscrit ancien anonyme découvert par lui-même, qu'il n'a pas voulu laisser ignoré des curieux de la physiognomonie. Ce manuscrit, qui paraît intermédiaire entre *L* et *A* (et accessoirement *B* dans les parties communes à *AB*) présente la même lacune que *A*, des §§ 25 à 48 et s'accorde avec *A* et *B* en particulier pour les omissions[3]. Il a l'indu-

1. Ainsi le *Parisinus latinus 11867*, du début du XIIIe siècle, que M. Pierre Langlois a bien voulu examiner et étudier pour moi.

2. Sur cette découverte, cf. R. Foerster, *Quaestiones physiognomonicae*, Kiel, 1890, p. 1 sq.

3. Voir le détail dans *Script. Physiogn.*, I, p. CLX-CLXI.

bitable avantage de donner les formes grecques qui manquent dans le reste de la tradition, reproduites consciencieusement par Du Moulin, quelle que soit leur défectuosité[1]. On discerne toutefois quelques corrections apportées par l'éditeur : *possis* pour *possit* (§ 117), *definitionem* pour *diffinitionem* (§ 116, etc.), et peut-être *inter* pour *in* (§§ 88, 98 et 116), qui a été conservé (par négligence?) dans la seconde occurrence du § 116. On considèrera l'édition de Du Moulin comme très proche du manuscrit qu'elle dit reproduire.

Teneur des manuscrits

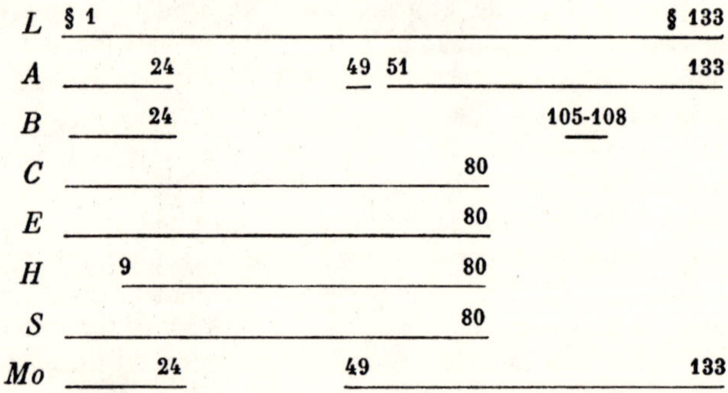

Le stemma peut s'établir ainsi, comme l'avait dressé R. Foerster :

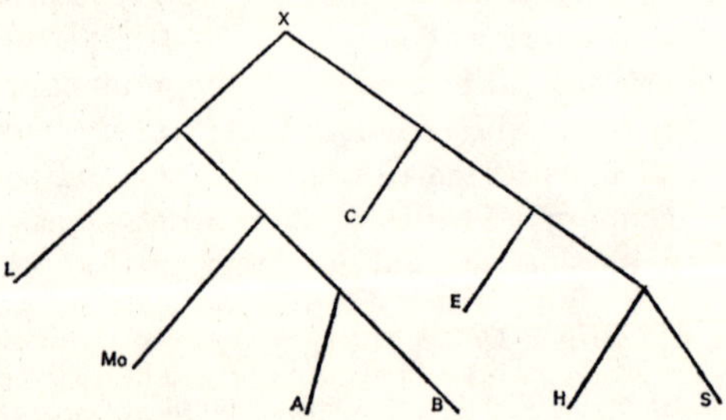

1. « Mutilas potius relinquendas duximus quam de nostro substituentes remotas interim aut alienas... auctori sententias inuehere. »

Les titres. Les titres ne figuraient certainement pas dans l'archétype, et ils ont été ajoutés, comme c'est souvent le cas, pour éclairer le lecteur, et de façon disparate. Aucun manuscrit ne les donne tous, pas plus que l'édition Du Moulin, mais *H* est souvent seul à en présenter un. Ils ne sont pas uniformes : e. g. § 48, *Labiorum signum* (*C*), *De signis oris et labiorum* (*E*) ; 75, *De passibus* (*L*), *De incessu* (*C*), *De signis incessus* (*E*), *De passibus longis et breuibus* (*H*). Le cod. *E* a systématiquement le type *De signis narium*, *laterum*, etc., quand les autres se contentent de *De naribus* ou *De lateribus*. Ou bien encore ils ne correspondent pas à la forme du mot dans le texte ; § 70, titre : *De genibus* (*L*), mais texte : *genicula* ; au § 71, *De cruribus* (*L*) est une erreur manifeste, s'agissant dans le texte des σφυρά, les chevilles, et cette erreur est due à l'absence du mot grec dans le manuscrit : le titre est postérieur à sa chute.

Les mots grecs. Le texte de l'édition Du Moulin diffère essentiellement des manuscrits quant aux mots grecs isolés et aux incidentes qui les introduisent : ceux-ci manquent, d'une façon générale, dans la tradition manuscrite. V. Rose, qui n'avait pas connaissance de l'édition, les a réintroduits chichement. R. Foerster, en revanche, s'est fait un devoir de les rétablir, et avec raison.

Du Moulin affirme, en effet, avoir maintenu sans les corriger les formes fautives (cf. ci-dessus, p. 42 et n. 1), et l'on peut penser qu'il ne s'est pas amusé gratuitement à insérer des incises du type de *quem Graeci* ἀλλοπρόσαλλον *uocant* (§ 73) ou une explication comme *Referri hoc ad* ἐπιπρέπειαν (§ 87).

L'Anonyme a, d'autre part, averti ses lecteurs que, faute de les savoir traduire, il donnerait les mots grecs eux-mêmes : § 1, *Sane ubi difficilis mihi translatio uel interpretatio fuit, graeca ipsa nomina et uerba posui.*

Certaines formules, comme, par exemple, *id est*, dénoncent l'absence d'un terme grec, que Du Moulin permet de rétablir : §§ 83, ⟨κόλακας⟩ *esse, id est inhoneste blandos* ; 98, *cuius* ⟨ὀσφύς⟩, *id est ima pars*, etc. Un *referuntur* termine abruptement une phrase sans son complément *ad* ἐπιπρέπειαν (§ 59). De même, la présence de *Graeci* ou *graece* : § 5, *quae a Graecis* ⟨ἰσχία⟩ *dicuntur* ; § 104, *qui graece* ⟨μωροβλάπται⟩ *dicuntur*. L'absence de mots isolés peut provenir d'un blanc en attente, comme c'est le cas au § 131 pour une lacune de cinq ou six lettres dans *L*, là où on aurait dû avoir ἀλεκτρύων.

Des mots grecs manquent, qui sont nécessaires à la construction de la phrase (et non plus dans les incidentes) : § 71 ⟨Σφυρὰ⟩ *sunt crurum partes imae proximae talis.* ⟨Σφυρὰ⟩ *igitur et imi pedes*... ; 84, ⟨Μυκτηρισμὸς⟩ *subsannatio uel aspiratio est narium*...

Il convient donc de suivre sur ce point le texte de Du Moulin et de rétablir les mots grecs. Pour en mieux marquer l'origine, nous avons placé entre crochets obliques les additions qui lui sont empruntées.

La graphie. La question se pose seulement pour deux noms d'auteurs. Nous avons corrigé en *Aristoteles* la leçon *Aristotiles*, graphie fréquente dans les manuscrits de tous les auteurs ; cf. *Thes. L. L.*, II, fasc. III, 586, 27 ; de même, *Palemon* (19 occurrences) en *Polemon*, qui est la forme grecque (Πολέμων), celle de l'édition Du Moulin et du cod. *A* au § 88. Ce genre de faute est assez fréquent (cf. *palemon* dans le cod. *D* d'Horace, *Sat.*, 2, 3, 254, et *palemonium*, pour *pol-* dans les manuscrits de Pline, *H. N.*, 6, 11) pour qu'on n'y voie ni une confusion avec le grammairien Remmius Palaemon, comme le pensait V. Rose, ni un emprunt de Du Moulin à la forme correcte de l'édition du Ps.-Polémon parue à Rome en 1545, ou des éditions d'Adamantius de Paris (1540) ou de Bâle (1544) [1].

1. Sur celles-ci, cf. *Script. Physiogn.*, I, p. CXVII et CXL ; sur ce

Les transpositions. Beaucoup plus fréquemment qu'il n'est d'usage dans la tradition manuscrite d'un ouvrage, les manuscrits de l'Anonyme présentent des transpositions de mots dans les groupes syntaxiques, compliquées de variantes secondaires : § 52, *indicium produnt* LA *dant indicium* CEHS, ou mieux, § 55, *cum inflexa est ceruix* L Mo *cum inflexa sit ceruix* A *cum est inflexa ceruix* C *enim cum inflexa est* E *cum infixa ceruix* HS. Nous avons, dans les limites de l'usage autorisé par la langue, adopté généralement la leçon de la première classe, et de préférence celle de *L*.

Les variantes. Une autre particularité est l'existence de variantes constantes dans les verbes énonçant les traits de caractères révélés par les signes, essentiellement dans les §§ 13-88, comme en fait foi le tableau suivant[1] :

	L	A	B	C	E	H	S	Total
addicere	1			1			1	3
affirmare				1	1	1	1	4
annuntiare		1						1
arguere	4	1		4	4	3	2	18
asseuerare	2			2	2			6
assignare	1	1		1	1	2	2	8
confirmare	1	1						2
confiteri	1	1	1					3
declarare	16	8	3	14	11	10	12	74
demonstrare	8	8	1	3	1	1	1	23
denotare	1	1	1	1	1	1	1	7
denuntiare	2	1		1	3	2		9

problème de graphie, cf. E. Kelter, *Apulei quae fertur physiognomonia...*, p. 49.

1. Le nombre inférieur de verbes dans les codd. *AB* est dû à leurs lacunes (§§ 25-48 pour *A* et 25-105 pour *B*) ; le chiffre supérieur de *L*, à ce qu'il est le seul cod. complet.

designare	9	4	10	12	9	13	12	69
detegere	3	3	2	2	2	2	2	16
dicere	3	2		2	3	3	3	16
enuntiare				1				1
indicare	31	20	10	32	36	29	28	186
manifestare	2	1	1	1	1	1	1	8
monstrare	3	2		1	1	1	1	9
nuntiare	3	1		4	2	3	3	16
ostendere	18	11	2	25	18	23	25	122
praedicare	1			1		1	1	4
praesagire	1	1	1	1	1	1	1	7
prodere	1	2	1	1	1	2	1	9
profiteri	4	2	2	5	5	3	5	26
pronuntiare	5	4	3	4	4	5	5	30
signare	1	3		2			1	7
significare	17	12	5	9	20	16	15	94
testari	1	2	1	2	2	2	2	12
Total	145	93	44	133	129	125	126	

On peut tirer de ce tableau quelques enseignements :

1. Les verbes les plus usités sont, par ordre d'importance, *indicare*, *ostendere*, *significare*, *declarare* et *designare.*

2. Certains manuscrits, donc certains copistes, manifestent des préférences : le lacunaire *B* a 10 occurrences de *designare* sur 69, alors qu'il donne seulement 28 chapitres sur 133, soit moins du quart du texte[1], mais inversement 2 occurrences d'*ostendere* sur 122. De leur côté, quoique incomplets, les manuscrits de la seconde classe offrent plus d'occurrences de *designare* et *ostendere* que *L*, et, compte tenu de l'importance respective des textes, il en va de même pour *indicare* et *significare.* Il existe ainsi un groupe de verbes sémantiquement

1. La proportion calculée sur les 575 paragraphes totalisés par les sept manuscrits eût dû être de 3,36 %, alors qu'elle est, pour le nombre des occurrences, de 14,5 %.

équivalents, et donc interchangeables, parmi lesquels les copistes puisaient selon des règles non définies, et sans doute à leur fantaisie ; cf. § 15, *demonstrat* LACHS *designat* B *significat* E ; 51, *demonstrant* LA *indicant* CHS *significant* E ; 52, *indicat* L (*-cant* A) *ostendit* C *designat* EHS. Nous nous sommes efforcé de conserver la leçon de *L* qui est généralement en accord avec celle de l'édition Du Moulin.

Le texte grec du Ps.-Aristote et des épitomés permet enfin parfois de choisir entre les variantes : au § 37, *humidi* de *E* est garanti contre *tumidi* de *LCHS* par ὑγροί d'Adamantius.

Les éditions. Elles sont peu nombreuses :

Antoine Du Moulin, *De diversa hominum natura, prout a veteribus philosophis ex corporum speciebus reperta est, cognoscenda Liber*, Lyon, Jean de Tournes, 1549.

Valentin Rose, *Anecdota Graeca*, I, Berlin, Dümmler, 1864, p. 61-170.

Richard Foerster, *Scriptores physiognomonici Graeci et Latini*, Leipzig, Teubner, 1893, II, p. 3-145.

M. Pierre Langlois a été pour moi une fois de plus un précieux réviseur, dont les remarques et les suggestions pertinentes m'ont été très utiles[1].

1. Un certain nombre de notes nécessaires à l'intelligence du texte n'ont pu trouver place au bas de la traduction. Elles sont reportées à la fin du volume, p. 141 sq.

— Pour le Pseudo-Aristote, référence est faite au paragraphe ; pour les abrégés d'Adamantius et du Pseudo-Polémon, ainsi que du codex Matritensis, au paragraphe, à la page et à la ligne de l'édition Foerster ; pour la version arabe, à la page et à la ligne de la même édition.

SIGLES

L Leodiensis univ. 77 B, saec. XII.
A Oxoniensis Ashmoleanus 399, saec. XII.
B Berolinensis lat. qu. 198, saec. XII.
C Londinensis Cottonianus Galba E IV, saec. XIII.
E Erfurtensis Amplonianus, Bibl. mun., f° 378, saec. XIII-XIV.
H Londinensis Harleianus Brit. Mus. 3969, saec. XIV.
S Londinensis Sloanianus Brit. Mus. 3469, saec. XIV.
e Lectiones eiusdem aetatis in margine codicis *E* ex alio codice sumptae.

ABRÉVIATIONS

Adam. Adamantius, éd. R. Foerster, *Scriptores physiognomonici*, Leipzig, Teubner, 1893, I, p. 297-431.
Bormans H. J. Bormans, *Comptes rendus de la Commission royale d'Histoire de Belgique*, 4 (1852), p. 134 sq.
Foer. R. Foerster, *Scriptores physiognomonici*, II, p. 3-145.
Landgraf G. Landgraf, *Berliner Philol. Wochenschrift*, 8 (1888), col. 366-367.
Mo A. Du Moulin, éd. Lyon, 1549.
Nettleship H. Nettleship, *Class. Review*, 5 (1891), p. 429.
Rose V. Rose, *Anecdota Graeca*, I, Berlin, Dümmler, 1864, p. 61-170.
Pitra J. B. Pitra, *Spicileg. Solesm.*, III (1856), p. 321-323.

TRAITÉ DE PHYSIOGNOMONIE

1 Aux trois auteurs de traités de physiognomonie dont j'ai eu les ouvrages à ma disposition, le médecin Loxus, le philosophe Aristote et le rhéteur Polémon[1], j'ai emprunté les premiers principes de cette science et les plus aisément intelligibles. J'ai seulement, en cas de difficulté de traduction ou d'interprétation, donné les noms et les mots grecs eux-mêmes.

2 ***But de la physiognomonie.*** Cela étant, définissons d'abord le but de la physiognomonie. ⟨Elle se propose⟩ d'examiner et de connaître le caractère d'après le physique[2]. Loxus a admis pour sa part que le sang est le siège de l'âme[3] et que l'ensemble du corps et ses parties qui donnent des signes les donnent différents selon que le sang est vif ou inerte, fluide ou plus consistant[4], que les conduits en sont libres et droits

1. Sur ces trois auteurs, voir l'*Introduction* : Loxos, p. 24-26, Aristote, p. 26-28, et Polémon, p. 28-29.

2. Voir dans l'*Introduction*, p. 7-8, la définition moins succincte du Pseudo-Aristote, 6.

3. La doctrine, déjà formulée dans l'Ancien Testament (*Gen.*, 9, 4 ; *Deuter.*, 12, 23 ; *Levit.*, 17, 11 sq.), selon laquelle le sang est le siège de l'âme, admise par Loxos, remonte, chez les Grecs, à Empédocle et Critias ; cf. Cic., *Tusc.*, 1, 19, *Empedocles animum esse censet cordi suffusum sanguinem* ; Tertullien, *De anima*, 5, 2, *nec illos dico solos qui eam* (sc. *animam*) *de manifestis corporalibus effingunt, ut... Empedocles et Critias ex sanguine*. Voir le développement de Lactance, *Op. dei*, 17, 2, *Alii sanguinem esse dixerunt* (sc. *animam*), *alii...* avec la réfutation de cette doctrine. Sur les différentes théories concernant la nature de l'âme, cf. Aristote, *De anima*, 403 b 20-405 b 30.

DE PHYSIOGNOMONIA LIBER

1 Ex tribus auctoribus quorum libros prae manu habui, Loxi medici, Aristotelis philosophi, P*o*lemonis declamatoris, qui de ph*y*siognomonia scripserunt, ea elegi quae ad primam institutionem huius rei pertinent et quae facilius intelligantur. Sane ubi difficilis mihi translatio uel interpretatio fuit, graeca ipsa nomina et uerba posui.

2 Primo igitur constituendum est quid ph*y*siognomonia profiteatur. ⟨Profitetur⟩ itaque ex qualitate corporis qualitatem se animi considerare atque perspicere. Et Loxus quidem sanguinem animae habitaculum esse constituit, corpus autem omne et partes eius quae signa dant, pro uiuacitate uel inertia sanguinis et prout tenuis seu crassus magis fuerit uel

1 Physiognomonia (*suprascr.* i naturalis scientia nam phisis natura gnomos uel gnosis scientia dicitur) *L* incipit liber phisiognomoniae *B* incipit liber phisiognomiae secundum tres auctores loxum medicum aristotilem philosophum palemonem declamatorem *C* incipit phisnomia palemonis philosophi *S*, *om.* *AE*.

aristotelis *B* : -tilis *cett. ut plerumque* || physiognomonia : phisio- *L* phisiognoemonia *B* -ognomia *CE*^{2} -onomia *A* phisiagnomia *E*^{1} phisnomia *S* || scripserunt *LACES* : -rint *B* || primam *LBCES* : pristinam *A* || intelligantur *LACES* : -guntur *B* || ubi *LACES* : ibi *B* || difficilis mihi *LBC* : mihi difficilis *AE* difficilis *S* || fuit translatio uel interpretatio *A* || ipsa *LBC* : ipsa et *ES* ipsi *A* || et uerba posui *LCES* : posuique uerba ponam *A* ponam et uerba *B*.

2 profiteatur profitetur *Bormans* : profiteatur *C Mo* -ficiatur *A* -fitetur *LBS* -fiteri *E* || qualitatem *LBCES* : quomodo *A* || se animi *L* : animi se *B* animi in se *E* animi *ACS* || atque *LABS* : atque ita *E* in se et ita *C* || perspicere *LES* : prospi- *C* percipere *A* || quidem *LBCES* : quidem medicus *A* || quae *LCS* : que *E*, *om.* *AB* || signa dant *om.* *A* || crassus magis fuerit *ABE* : m.c.f. *L* c.f.m. *C* crassus fuerit *S*.

ou de travers et étroits. Les autres prétendent, de leur côté, que l'âme façonne le corps ⟨par sympathie⟩ aussi bien qu'elle emprunte son type au physique[1]; ainsi l'eau placée dans un vase emprunte sa forme au vase, ainsi l'air soufflé dans une flûte, un pipeau ou une trompette n'a qu'une forme, mais donne des sons différents dans la trompette, la flûte et le pipeau.

Les types masculin et féminin.

3 Cela étant, la première division et la première distinction dans cette étude s'établissent entre le type masculin et le type féminin. Ce ne doit pas être compris au sens où nous l'entendons de la distinction naturelle entre les sexes et les genres, mais en ce sens que, d'une façon générale, on trouve aussi un type masculin dans le féminin, et un féminin dans le masculin[2]. Ainsi les physiognomonistes disent ⟨ἀρσενικὸν⟩ quand nous disons masculin et ⟨θηλυκὸν⟩ pour féminin. Il faut donc d'abord définir le caractère de type masculin et, en opposition, celui de type féminin, puis indiquer les caractéristiques des deux types

1. Cf. Ps.-Arist., 35 : « Je pense que l'âme et le corps sont en rapport mutuel ; une modification de l'état de l'âme modifie en même temps la forme du corps et inversement une modification de la forme du corps modifie l'état de l'âme. »

2. Sur la distinction et la définition des types masculin et féminin, cf. Ps.-Arist., 10 ; Adamant., II, 2 (349, 6 sq.) ; Version arabe, 192, 8 sq. Aristote avait posé le problème de la dominance des éléments mâles ou femelles au moment de la conception à propos des ressemblances et des dissemblances des enfants avec leurs parents (*G. A.*, 766 a 36-769 b 10). Lactance l'a repris dans *Op. dei*, 12, 12-13, avec une explication physiologique (d'après quelle source?) : la chute de la semence mâle dans la partie droite de l'utérus donnerait un mâle, mais si la conception a lieu dans la partie féminine, il aurait quelques traits féminins — et inversement.

cum liberos habuerit ac directos meatus uel cum peruersos et angustos, dare signa diuersa. Ceteri autem tam figuratricem corporis animam esse arbitrantur ⟨per συμπάθειαν⟩ quam ex qualitate corporis animam speciem mutuari, sicuti humor constitutus in uasculo qui speciem ex uasculo mutuatur et sicut spiritus infusus in fistulam uel in tibiam uel in tubam; nam cum uniformis sit spiritus, diuersum tamen sonat tuba, fistula, tibia.

Prima igitur diuisio obseruationis huius atque discretio ea est ut alterum masculinum genus sit, alterum femininum. Quod non ea ratione accipiendum est qua naturaliter sexus et genera discreta sunt, sed ut plerumque etiam in feminino masculinum genus et in masculino femininum deprehendatur. Denique quod masculinum nos dicimus, ⟨ἀρσενικόν⟩, quod femininum, ⟨θηλυκὸν⟩ ph*y*siognomones dicunt. Primo igitur constituendus est animus masculini et econtra feminini, deinde corporis utriusque desi- 3

cum liberos habuerit *LC* : c.h.l. *ES* cum liberos *B*, *om. A* || directos *LCES* : -tus *AB* || peruersos *LC* : -sus *AB* permultos *S* || angustos *LS* : -tus *AB* -tos meatus *CE* || tam figuratricem *LE* : tam figatri- *C* transfiguratricem *B* -figratricem *A* imitatricem *S* || animam esse *LCES* : *om. AB* || per συμπάθειαν *add. Foe. e Mo* || quam *LCS* : qm̄ *E* quia *AB* || animam *L* : -mae *BC* -me *AES* || mutuari *LAe* : mutari *BE* imitari *C* || sicuti *LAB* : sicut *CES* || qui *om. A* || fistulam *LB* : -tula *ES* -tola *C* fitula *A* || in *om. AB* || tibiam *LAB* : -bia *CES* || in *om. A* || tubam *LAB* : -ba *CES* || diuersum *LA²CES* : -sus *A¹* -sae *B* || sonat tuba fistula *LBC* : sonat in tuba uel situla uel *A* fistula sonat et tuba et *E*.

3 igitur diuisio *LCE* : diuisio igitur *AB* || obseruationis huius *LC* : huius obseruationis *E* obscurationis huius *AB* || ea *LCS* : *om. ABE* || *pr.* alterum *LAB* : unum *CES* || femininum *LBCS* : -num sit *A* -num genus *E* || est *om. A* || etiam *LCES* : et *AB* || deprehendatur *LAE* : -ditur *CS* comprehendatur *B* || denique — dicimus *B* : quod femininum *A*, *om. LCES* || ἀρσενικόν *Mo* : *om. codd.* || quod femininum *B* : quod masculinum *A*, *om. LCES* || θηλυκόν *Mo* || phisiognomones *AB* : *om. LCES* || est *LA* : *om. BCES* || econtra *LAB²* : contra *B¹CES* || corporis *LCS* : -ri *A* corpus *B*, *om. E*.

physiques et, sinon toutes, du moins celles qui peuvent ouvrir la voie à cette étude. En effet, de même que dans l'étude de l'alphabet, qui, selon les Grecs[1], comporte vingt-quatre éléments exprimant tous les sons et tous les mots, dans la physiognomonie aussi la présentation des éléments fraye une très large voie à cette étude. En effet, si nous avons aussi, dans notre enfance, appris toutes les syllabes, une fois saisie leur valeur, selon le mot qui se présente, nous voyons vite de quelle série de lettres il se compose[2].

4 Le caractère masculin[3] est violent, impulsif, sans rancune, généreux, droit, ne se laisse ni amoindrir ni duper par l'artifice et par la ruse, souhaite l'emporter par le mérite, et est magnanime. Le caractère féminin est ingénieux, coléreux, rancunier, sans pitié, envieux, sans résistance à la fatigue, porté à s'instruire[4], hypocrite, acariâtre, irréfléchi et peureux.

5 Venons-en aux signes du corps masculin[5] : une grosse tête, un cheveu plus gros, roux ou noir mêlé de roux,

1. Le fait que l'auteur fasse allusion au nombre de lettres de l'alphabet grec (24) et non latin (23) montre son étroite dépendance à l'égard de ses sources.

2. Sur l'apprentissage de la lecture dans les écoles romaines, cf. Quint., *I. O.*, 1, 1, 25-37.

3. Version arabe, 192, 19 sq. ; Adamant., II, 2 (350, 8-11).

4. *Docilis* : le sens de « porté à s'instruire » s'insère mal dans une liste de défauts du type féminin (où même *sollers* paraît être pris en mauvaise part). Les listes de la Version arabe et d'Adamantius ne présentent pas de terme comparable. Cf. Adamant., 350, 10, ἀγεννές, πικρόν, δολερόν, κουφόνουν, ἄδικον, φιλόνεικον, θρασύδειλον « vile, acariâtre, perfide, irréfléchie, injuste, querelleuse, poltronne ». Devrait-on corriger en *indocilis*, au sens de « peu portée à obéir »?

5. Les signes du caractère masculin ne sont décrits ni dans Adamant., II, 2 (351, 3-4) ni dans la Version arabe, 194, 14-16. Il y est dit seulement qu'ils sont le contraire des signes féminins, dont l'exposé est très développé. Ils sont brièvement indiqués dans le Ps.-Aristote, 10, dont le texte montre que les comparatifs ne sont pas, comme ailleurs, des intensifs et s'entendent par comparaison avec le type féminin : Τὸ δὲ ἄρρεν τοῦ θήλεος μεῖζον καὶ ἰσχυρότερον ; de même aux paragraphes 6-7 pour le corps féminin comparé à celui de l'homme.

gnanda indicia sunt et, si non omnia, ea tamen quae uiam dare considerationis huiusce possint. Nam sicut in studio litterarum, cum sint uiginti quattuor elementa secundum Graecos quibus omnis uox et omnis sermo comprehenditur, ita et in ph*y*siognomonia propositis elementis latissima obseruationis huius uia panditur. Nam et si syllabas omnes in prima aetate didicimus, concepta ui syllabarum, prout quisque sermo prouenerit, mox litterarum ex quibus constat ordinem peruidemus.

Masculinus animus est uehemens, ad impetum 4
facilis, odii immemor, liberalis, apertus, qui hebetari et circumueniri ingenio atque arte non possit, uincendi per uirtutem studiosus, magnanimus. Femininus animus est sollers, ad iracundiam pronus, tenax odii, idem i*m*misericors atque inuidus, laboris impatiens, docilis, subdolus, amarus, praeceps, timidus.

Veniamus ad indicia corporis masculini. Caput 5
grande, capillus crassior, rubeus uel niger *cum* ru-

indicia sunt *LC* : s. i. *ES* indicia *AB* || dare *codd.* : pandere *Foer.* || considerationis *AB* : -ni *LC* huiusce modi *ES* || huiusce *LCE* : huius esse *B* huius *A* considerationis *ES* || possint *LBC* : possunt *AES* || cum sint *LBC*^{1}*S* : consistunt *C*^{2}*E*, *om. A* || uiginti quattuor *LA* : XXIII *B* XVI *CS* sexdecim *E* || et omnis sermo *LBCES* : uel iuxta *A* || huius uia *LC* : uia huius *BES*, *om. A* || panditur *BCES* : -datur *LA* || et *LCES* : ex literis *A*, *om. B* || si *LS* : in *B*, *om. ACE* || concepta *LC*^{1}*S* : sed con- *A* sicut con- *B* conceptas *C*^{2}*E* || ui *LACS* : in *E* uis *B* || prouenerit *LB* : subue- *CES* uerint *A* || constat *LBC*^{1}*S* : -tant *AC*^{2} sillabae constant *E* || peruidemus *L* : proui- *ABCS* pandimus *E*.

4 masculinus *LBES* : -lus *AC* || impetum *LACES* : imperium *B* || hebetari *CS* : ebet- *LE* euit- *AB* || et *LCES* : uel *A* qui *B* || animus est *ACES* : est animus *L* autem est *B* || inmisericors *C* : miser- *LABES* || amarus *LBCS* : auarus *A* subtilis amarus *E* || timidus *LCES* : -dus amarus *A* tumidus *B*.

5 capillus *LACES* : -lli *B* || crassior *LCES* : grass- *A* gross- *e* grossi *B* || cum rubore *Foer.* : subrubore *LCE* uel subrubeus *A* uel subrubeorum *B* subfusus rubore *S*, *Rose*.

raide, peu ondulé ; un teint rouge — sans être d'un rouge franc — ou foncé, mais marqué de rouge ; des yeux assez enfoncés, menaçants, gris — les Grecs disent χαρόποι — ou glauques. Le cou doit être d'épaisseur moyenne, un peu plus long, le sommet de la tête un peu plus droit, les omoplates développées, les épaules et la partie supérieure du corps jusqu'au nombril plus larges, la partie inférieure étirée, la corpulence diminuant peu à peu. Il est musclé, osseux. Les nœuds et articulations des extrémités des pieds et des mains sont fermes, sans être rigides, mais déliées, séparées et distinctes vers la pointe, la poitrine haute et saillante, les clavicules dégagées, le ventre large et un peu rentré, la poitrine point trop charnue, le corps ferme et compact, les os du bassin, que les Grecs appellent ἰσχία[1], plus fermes et durs. Le corps masculin est également robuste et résistant à la fatigue ; la voix est ferme, un peu plus assourdie, parfois grave comme un son venu d'un creux profond, pareille à celle des lions, la respiration plus rapide, aspirant et rejetant beaucoup d'air ; le pas est allongé, le mouvement du corps est plus lent quand l'esprit est

1. Cf. une autre explication d'ἰσχία au paragraphe 68 : ἰσχία *sunt ossa concludentia uentrem, quibus etiam ossa femorum impressa sunt.*

bore, stabilis, modice inflexus, color rubeus non clari ruboris uel niger, suffusus tamen rubore, oculi paulo impressiores, minaces, subnigri, quos Graeci χαροποὺς uocant, uel glauci. Ceruix esse debet moderatae plenitudinis, aliquanto prolixior, uertex capitis subrectior, scapulae ingentes, humeri et superiores corporis partes usque ad umbilicum latiores, inferiores deductae paulatim plenitudine desinente, lacertuosus, ossibus magnis, nodis et articulis imorum pedum et summarum manuum firmis, non tamen rigidis, sed absolutis, prope imum seiunctis atque discretis, pectore alto et prominente, iugulis absolutis, uentre lato, compresso paululum intrinsecus, pectus non nimia carne contectum, solido et spisso corpore, ossibus quae sunt sub ilibus, quae a Graecis ⟨ἰσχία⟩ dicuntur, siccioribus et solidis. Item masculinum corpus forte et tolerans laborum est, uocis solidae, aliquanto raucioris, interdum grauis tanquam ex abdito et concauo resonantis, ut est leonum, spiritus densior, multum aeris concipiens ac referens, passibus longis, motus corporis, cum tranquillus est animus, tardior

stabilis *ABS* : -li *LCE* || niger *LBC* : nigri *AES* || impressiores *LAB* : inprocess- *Ce* process- *ES* || quos graeci χαροποὺς uocant *Mo* : quos graeci uocant *B* quod graeci n notant *A*, *om.* *LCES* || uel glauci *LACES* : glaucos *B*, *Rose* || plenitudine desinente (distente *S*) *LBCES* : ad plenenitudinem desinentes *A* || lacertuosus *LAB* : -tosi *eS* -tis *CE* || imorum *AB* : summorum *LCES* || imum *LB* : unum AC^1e in unum C^2E || iugulis *LCE* : ung- *ABS* || uentre ...compresso (comprehenso *B*) *LBCES* : uenter... compressus *A* || solido et *A* : -dis *B* -de *Mo*, *om.* *LCES* || quae sunt *A* : qui sunt *B* que *LC*, *om.* *ES* || sub ilibus *AB* : solubili- *LCE* || quae — dicuntur *Mo*, *AB qui* ἰσχία *om.* : *om.* *LCES* || item masculinum corpus *LCES* : ita et femininum *B* nec non ita non ita feminia toto corpore *A* || forte *LCES* : -tis *AB* || et *om.* *AB* || laborum est *LCe* : -rum *AB* -rem et *E* -rem *S* || raucioris *LCES* : pauc- *AB* || resonantis *LCEBS* : -nans *A* || spiritus densior *LCE* : -tu densiore *AB* -tus depressior *e* sit superior *S*.

calme ; la partie du corps au-dessous du nombril est plus courte que celle qui va du sommet de la tête au nombril.

6 Venons-en aux signes du corps féminin[1] : la tête courte, le cheveu noir ou brun roux — que les Grecs appellent φαιὰ θρίξ —, moins fourni, et aussi plus flexible et plus souple, le cou plus mince et aussi plus allongé, un teint blanc ou jaune foncé, que les Grecs appellent ⟨μελάγχλωρος⟩, l'iris[2] (en grec κόρη) gris ou franchement noir, l'ensemble du visage doux, calme et délicat, serein, affable, les lèvres serrées, comme tranchées, les clavicules bien attachées et resserrées, le corps plus étroit et plus court des épaules au nombril, plus allongé et plus étoffé du nombril aux genoux, plus étiré des genoux à l'extrémité des pieds, les extrémités des mains et des pieds fines et dessinées avec grâce[3], la voûte plantaire arquée et un peu plus élevée que le reste de la plante, la voix claire, mesurée et très agréable à l'oreille, la parole rapide et aisée, la démarche harmonieuse, de petits pas précautionneux.

1. Version arabe, 194, 4-14 ; Adamant., II, 2 (350, 12-351, 3).

2. Ici, comme au paragraphe 25 (cf. note 2, *ad loc.*), où il est question de la couleur des yeux, *pupilla* désigne l'ensemble formé par l'iris et la pupille. L'iris n'a pas de nom latin spécifique : *orbis* est seulement descriptif dans Pline, *N. H.*, 11, 148, et *corona* ne se trouve que dans Isidore, *Orig.*, 11, 1, 38. Gr. ἶρις n'apparaît qu'avec Rufus, au IIe siècle p. C., et lat. *iris* que dans *C. G. L.*, 3, 351, 39, *circulus oculi* ἶρις ὀφθαλμοῦ.

3. Pour l'accord insolite de *imae manus ac pedes circumscripti*, cf. § 122 (avec inversion des termes), *pedes imos et manus habebunt discretas.*

est, cuius minor sit pars inferior ab umbilico quam est a summo capite ad umbilicum.

Veniamus ad indicia corporis feminini. Caput 6
breue, capillus niger uel a rubeo fuscior, quem Graeci uocant ⟨φαιὰν τρίχα⟩, rarior, idem flexibilior ac mollior, ceruix exilior eademque longior, color candidus uel cum pallore nigrior, quem Graeci ⟨μελάγχλωρον⟩ uocant, pupillae, quas Graeci ⟨κόρας⟩ dicunt, subnigrae uel euidenter nigrae, uultus omnis lenis, inoffensus ac mollis, serenus, affabilis, labia compressa tamquam sint incisa, iuguli cohaerentes atque constricti, ab humeris usque ad umbilicum corpus angustius et breuius, ab umbilico usque ad genua prolixius ac plenius, a genibus usque ad pedum ima deductius, imae manus ac pedes subtiles et eleganter circumscripti, planta concaua et a reliquo uestigio elatior, uox tenuis, moderata, acceptissima auribus, sermo uolubilis ac facilis, incessus decens, breuibus passibus et accuratis.

cuius minor *LBCE* : eius animorum *A* || sit *LC* : fit *E*, *om. ABS* || inferior *CES* : *om. LAB*.

6 ueniamus — feminini *LB* : femininum *S* -num capud *E*, *om. AC* || fuscior *A*, *Mo* : fisior *B* suffusior *LCS* -seor *E* || quod graeci uocant *AB*, *om. LCES* || φαλαν τρίχα *Foer.* : φαιὸν τρίχα *Mo*, *om. codd.* || flexibilior *LCES* : familior *AB* || ceruix *LCES* : ita ceruix *AB* || nigrior *LACS* : fuscior nigrior *E* nigridior *B* || quem — uocant *AB* : *om. LCES* || quem *B* : quod *A* || μελάγχλωρον *Mo*, *om. codd.* || quas — dicunt *AB* : *om. LCES* || κόρας *Mo*, *om. codd.* || subnigrae *LAB* : caprinae *CES* || sint *LCES* : si *A* si esset *B* || incisa *LAB* : intercisa *CES* || iuguli *LCES* : iugali *B* ungule *A* || usque *LAB* : *om. CES* || et breuius *LCES* : *om. AB* || prolixius *LCES* : -xus *A* -xioribus *B* || deductius *LES* : -tus *B* dedeductius *A* || imae *C* : ime *BE* ima *A* imi *L* item *S* || manus ac pedes *CES* : manuum ac pedum *LAB* || subtiles *LBCES* : -lia *A* || eleganter (elig- *L*) *LAB* : -tes *CES* || circumscripti *LBCS* : -ta *A* -te *E* || et a *LCES* : *om. AB* || elatior *LAS* : eleua- *B* rela- *CE* || accuratis *LABE* : -tus *CeS* acceleratis *Rose*, *Foer.*

7 Le type féminin présente aussi accessoirement des traits spécifiques que nous avons en vérité attribués au type masculin. Quel que soit le sexe, ils donneront plutôt un rejeton du type masculin, tandis que les traits accessoires attribués au type féminin donnent plutôt, quel que soit le sexe, une progéniture féminine. De même, dans tous les corps où une partie du côté droit est plus forte, que ce soit l'œil, la main, le sein, le testicule ou le pied, ou si le vertex est plutôt déporté vers la droite, ou si le plus important de deux ou trois vertex se trouve sur le côté droit, on assigne tous ces indices au type masculin. Si on trouve une des parties du côté gauche plus forte, on l'assigne d'après ces indices au type féminin. Et si le vertex est tourné plutôt vers la gauche ou si le plus important de deux ou trois vertex est à gauche, on l'assignera au type féminin. D'autre part, si le nez et les lèvres sont tournés plutôt vers la droite, ils dénotent un type masculin ; s'ils le sont vers la gauche, un type féminin. Si on observe chez la femme un côté droit plus fort, ou un côté gauche chez l'homme, sache que l'individu de ce genre est un vantard (en grec ἀλαζών) et un menteur, car le physique entraîne les défauts

Accidunt praeterea species feminino generi quas 7
quidem masculino assignauimus. Quae in quocumque sexu fuerint magis edent ex sese fetum generis masculini. Ea uero accidentia quae feminino generi assignata sunt, in quocumque sexu fuerint, edunt magis sobolem femininam. Item in quocumque corpore pars aliqua dextra maior fuerit uel oculus uel manus uel mamilla uel testiculus uel pes, uel uertex capitis ad dextram magis se conferat, uel si ex duobus uerticibus uel tribus maior in dextris partibus fuerit, assignantur haec omnia indicia generi masculino. Si aliqua pars ex sinistris maior inuenta fuerit, assignatur his indiciis generi feminino. Et si uertex capitis ad sinistram partem magis conuersus fuerit uel ex duobus aut tribus maior sinister fuerit, assignabitur generi feminino. Sed et nares et labia cum ad dextram partem magis conuersa sunt, masculinum, cum ad sinistram, femininum genus profitentur. Si autem uel in femina dextras partes maiores uel in masculo sinistras perspexeris, scito iactantem, qui graece 〈ἀλάζων〉 dicitur, ac mendacem esse huiusmodi personam; nam et uitia congruenti ratione

7 feminino generi *om. AB* || quas quidem *LBCE* : quod quas *A*, *om. S* || masculino C^1 : -no generi *LABC*^{2}*E*, *om. S* || quae *LC* : que *E*, *om. ABS* || fetum *CE* : foet- *LB* fruct- *A*, *Mo* || quae *LBC* : que *E* non quae *A* || assignata sunt *LBC* : s.a. *E* assignauimus *A* || item *LBCES* : tunc *A* || dextra *C*^{2}*E* : exstans *L* extans *C*^{1}*S*, *om. in lac. A*, *B non legitur* || mamilla *LAB* : maxi- *CES* || dextram *ABC* : -tras *S* dexteram *L* -teras *E* || magis se *LBCS* : se magis *AE* || assignantur *ACES* : adsignanter *L*, *B non leg.* || sinistris *CES* : -tro *LAB* || generi feminino *LAB* : -ris -nini *ES* feminini generis *C* || et *ACES* : sed *LB* || si *om. A* || magis *ES* : *om. LAC*, *B non leg.* || fuerit *CES* : -rit partem *A* sit *L*, *B non leg.* || assignabitur *AB* : adsi- *L* assignatur *CES* || dextram *A* : -teram *cett.* || profitentur *LBCES* : indicant *A* || masculo *LBC* : -lino *AES* || scito *LB* : sito *A* scias *CE* || qui-dicitur *om. LCES* || qui *B* : quod *A* || ἀλάζων *Mo* : *om. codd.* || nam et uitia congruenti *CE* : incongruenti (-gruam *A*) namque *LAB* || ratione *LBCE* : -nem *AS*.

correspondants. Car, si la gauche, dans le type masculin, admet davantage la faiblesse et les défauts, c'est la droite dans le type féminin.

8 Conformément à cette division en types, on a classé également beaucoup d'animaux[1], terrestres, ailés, aquatiques et rampants. Le lion et le sanglier répondent au type masculin, le léopard, le cerf et le lièvre au féminin; l'aigle et l'épervier au type masculin, le paon, la perdrix et la pie au féminin[2].

9 *Les trois principes.* Ainsi les anciens ont établi trois sortes de principes dans la pratique de la physiognomonie[3]. Prenant d'abord pour modèles les caractères des nations ou des provinces, ils y comparaient chaque individu, disant[4] : « Un tel ressemble à un Égyptien[5]; or, les Égyptiens sont rusés, portés à s'instruire, légers, téméraires et portés à faire l'amour; un tel ressemble à un Celte[6] ou, si l'on veut, à un Germain; or, les Celtes sont ignares, courageux et farouches; un tel ressemble à un Thrace[7]; or, les Thraces sont injustes, paresseux et ivrognes. » Plus tard, on établit aussi la physiognomonie sur le principe de l'observation du visage ou de l'attitude correspondant à

1. Version arabe, 194, 12-198, 10; Adamant., II, 2 (351, 4-9). Sur les différences de caractère des animaux, cf. Aristote, *H. A.*, 488 b 12-28.

2. On retrouvera plusieurs de ces espèces animales dans l'exposé des analogies des hommes et des animaux : le lion (§§ 46 et 122), le léopard (§ 46), le cerf (§ 121), l'aigle (§ 46), le paon (§ 130), la perdrix (§ 46).

3. Version arabe, 236, 10-237, 4; Adamant., II, 31 (382, 6-385, 9); Ps.-Polémon, 5 (382, 16-385, 20).

protrahunt corpora. Nam in masculino quidem genere sinistrae partes magis infirmitatem concipiunt ac uitia, dextrae uero in genere feminino.

Iuxta hanc generum diuisionem etiam animalia 8
multa discreta sunt et terrena et pennata et aquatilia et serpentina. Nam leo, aper ad masculinum genus referuntur, pardus, ceruus, lepus ad femininum, aquila, accipiter ad masculinum genus, pauus, perdix, pica ad femininum.

Denique tria genera ueteres instituerunt quibus 9
ph*y*siognomoniam exercuerunt. Nam primo gentium uel prouinciarum propositis moribus ad similitudinem singulos quosque homines referebant, ut dicerent : « Hic Aegyptio est similis, Aegyptii autem sunt callidi, dociles, leues, temerarii, in uenerem proni ; hic Celto, id est Germano, est similis, Celti autem sunt indociles, fortes, feri ; hic Thraci est similis, Thraces autem sunt iniqui, pigri, temulenti. » Processu autem temporis etiam hoc genere ph*y*siognomoniam assecuti sunt homines, quo*d* obseruarent quo quis esset *u*ultu uel in quo corporis statu per singulos animi sui motus, id est quis esset uultus

protrahunt *LAB* : contra- *Ce* conterunt *E* || quidem genere *CE* : g.q. *L* genere quod *B* genere *A* || infirmitatem *LAB* : -tes *CE* -tis *S* || ac uitia *LAB* : *om. CES.*

8 animalia *LES* : alia *ABC* || *tert.* et *BCES* : atque *LAB* || serpentina *om. A* || aper *CES* : et aper *L* per *B*, *om. A* || referuntur *LS* : -fertur *ABCE* || ceruus *LABE* : lupus *C* || lepus *LA* : lupus *BE* ceruus *C* || pauus (pauo *BE*) perdix pica *LBE* : perdix pauus pica *A* pauo pica perdix *C.*

9 ueteres *LCES* : ueri *AB* || instituerunt philosophi *A* || quibus *CES* : qui *LAB* || nam *LCES* : *om. AB* || uel *LCES* : uelque *B*, *om. A* || ut dicerent *LAB* : et dicebant *CES* || aegyptii — proni *ante* thraces *pos. CES* || *alt.* hic *LAB* : hic autem *CES* || est similis *LE* : s.e. *BC* similis *A*, *om. S* || autem *LACE* : uero *B*, *om. S* || *a* pigri *inc. H* || processu *LBCEHS* : accessu *A* || quod *Mo* : quo *LACES* qui *B*, *om. H* || uultu *Mo* : cultu *LBCEHS* -to *A* || uultus *LBCEHS* : cultus *A.*

chaque sentiment, c'est-à-dire le visage de la colère, de la réflexion, de la crainte, du désir amoureux et de la folie furieuse. Donc, les physiognomonistes, observant toute personne dont le visage ressemblait à celui d'un furieux sans raison de l'être, à celui d'un homme en colère en l'absence de toute colère, à celui d'un inquiet en l'absence d'inquiétude, la déclaraient ou furieuse ou coléreuse ou inquiète. Comme troisième principe, on ajouta de prononcer des caractères humains d'après la ressemblance avec les animaux. Cette méthode parut plus sûre et plus aisée, sans qu'on oubliât les premières. Beaucoup de signes sont ainsi fondés sur la ressemblance avec les animaux.

10 *Les signes.* Le but de cet exposé était de faire saisir les signes purs et non altérés des deux espèces, afin de montrer qu'il existe une différence intelligible et évidente entre les types masculin et féminin. Mais il faut savoir que les signes sont très mêlés, tant chez les hommes que chez les autres êtres animés, aussi bien ceux des types généraux que nous avons établis que les signes spécifiques dont il sera bientôt question[1]. Il n'y a pas de bon caractère s'il n'emprunte le courage à l'espèce masculine et la sagesse à l'espèce féminine. Aussi, lorsque sont réunis

1. Sur le problème du mélange des signes, cf. Adamant., I, 3 (301, 3 sq.) ; Ps.-Polémon, 2 (301, 12 sq.).

irati, quis cogitantis, quis timentis, quis in libidinem proni quisque furentis. Quemcumque igitur perspexissent phy*siognomones nulla existente furoris causa furenti habere proximum uultum nec existente ira irascenti nec proposita cogitatione cogitanti, uel furiosum uel iracundum uel cogitatorem pronuntiabant. Tertium accessit ut ad similitudinem animalium de animis hominum pronuntiaretur. Et certior ac facilior haec uia uisa est nec tamen omissae sunt priores. Denique signa plurima ad similitudinem animalium referuntur.

Haec praedicta sunt ad indicia utriusque speciei **10**
sincera et mera concipienda, quo discretio masculini et feminini generis intellectui clara et euidens esse monstretur. Verum sciendum permixtionem plurimam esse signorum tam in hominibus quam in animalibus ceteris, et quae generalia posuimus et quae mox specialia subsequentur. Nec aliter ingenium bonum constat, nisi uirtutem ex masculina, sapientiam ex feminina specie conceperit. Vbi itaque multa

proni *LAB* : *om.* *CEHS* || quisque furentis *LAB* : quis in furorem *CEHS* || quemcumque *LB* : quecum- *A* quem *CEHS* || igitur *CEHS* : *om.* *LAB* || perspexissent *LBS* : -sset *CH* aspexisset *E*, *om.* *A* || nec *LCEHS* : uel *AB* || existente *LCEHS* : *om.* *AB* || cogitatorem *LBCES* : -tantem *AH* || pronuntiabant *B* : -ciabant *LA* -ciabat *CEHS* || pronuntiaretur *CES* : -ciaretur *LH* -tiarentur *B* -tiarent *A* || tamen *ACEHS* : tantum *LB* || omissae *L* : -sse *B* -ssa *CEHS*, *om.* *A* || sunt *LAB*: *om.* *CEHS* || signa *LAB* : gratias *C* gentes *EHS* || ad similitudinem animalium referuntur *Mo* : ad s.a. referunt *CEHS* ad s. hominum pronunciantur *L* ad s.p.h. *B* h. ad s.p. animalium *A*.

10 sunt *LBCES* : sint *H*, *om.* *A* || euidens *LBCEHS* : -dentius *A* || monstretur *LB* : -tratur *A* possit *CEHS* || *pr.* quae *LBCEH* : que *S* omne *A* || et *LACHS* : etiam *B*, *om.* *E* || quae *L* : quem *A*, *om. cett.* || subsequentur *LCH* : -quuntur *BES* -quuntur et subiciuntur *A* || ingenium bonum *LBC* : b.i. *A* i. hominis *HS* i. hominis bonum *E* || uirtutem *LCEHS* : -te *A* -teque *B* || sapientiam *LACEHS* : -tia *B* || ex L^2*CEHS* : et ex L^1 et *AB* || conceperit *LBCEHS* : -pit *A* || itaque *LA* : igitur *B* autem *H*, *om.* *CES*.

de nombreux signes contraires, devra-t-on du moins se prononcer d'après leur nombre ou leur degré d'évidence ou d'importance. Il faut en effet préférer les signes nombreux aux peu nombreux, les signes nets aux signes peu clairs, les signes majeurs aux signes mineurs. Mais on réduira les signes dominants à proportion des signes contraires. On accordera, d'autre part, le plus d'importance aux signes donnés par les yeux[1]. On veut y voir en effet comme les portes de l'âme[2], car l'âme, dit-on, brille dans les yeux et c'est la seule ouverture par laquelle on puisse aborder et sonder le caractère, alors que tous les autres indices fondés sur le visage et sur la tête sont secondaires, et que l'importance des signes est proportionnée au rang qu'occupe chaque partie du corps[3].

11 Qui donc veut pratiquer la physiognomonie doit primo graver dans sa mémoire la signification des signes, secundo en connaître la hiérarchie, tertio interpréter et confronter tous les signes rencontrés, afin d'établir, par exemple, le constat suivant : « Un tel a bien les cils d'un loquace, mais le front est d'un penseur, les yeux d'un fou furieux. Le front ne permet pas absolument

1. Sur la préférence à accorder à certains signes et sur l'importance des yeux, cf. Adamant., II, 1 (348, 5-10).

2. Les yeux portes de l'âme : cf. *Thes. L. L.*, VI, fasc. V, 1065, 22 sq., s. u. *foris* ; IX, 2, fasc. III, 448, 22 sq., s. u. *oculus*. Lactance, *Op. dei*, 8, 11, use de l'image plus juste de fenêtres : *quasi per fenestras perlucente uitro aut speculari lapide obductas*. Mais Lucrèce, 3, 359-369, tournait en ridicule ceux qui présentaient les yeux comme les portes de l'âme, affirmant que la perte des yeux devrait faciliter la vue en supprimant les jambages gênants.

3. Adamant., II, 1 (348, 12-16).

compugnantia signa conuenerint, pronuntiandum quidem secundum ea quae uel plura sunt uel clariora uel potiora. Nam multa paucis praeponenda sunt, clara obscuris, potiora minoribus. Pro modo autem oppugnantium signorum quae obtinebunt mitigabuntur. Potissima autem signa iudicabuntur oculorum. Hos enim tamquam fores animae uideri uolunt; nam et animam dicunt per oculos emicare et solum hunc aditum esse per quem animus adiri atque introspici possit, subsequi autem indicia cetera quae in uultu et capite constituta sunt et prout est singularum dignitas corporis partium, ita et signorum uis habetur.

Quicumque igitur ph*y*siognomoniam assequitur, **11**
primo memoriae mandare debet significationes signorum, secundo dignitates eorum cognitas habere, tertio quaecumque signa reppererit conicere atque ea inter se conferre, ut ita uerbi causa constituat : « Habet hic homo cilia quidem loquacis, frontem uero cogitatoris, oculos furiosi. Frons loquacem non in totum patitur esse una et *cilia* cogitationi et fronti

compugnantia *LB* : -cia *HS* -tis *C* conpungentia *E* oppugnantia *A* || quidem *LBCEH* : est *A* quodlibet *S* quod *Mo* || clariora *LBCE* : pauciora *A* alacriora *HS* || potiora *LA* : -ra sunt *CEHS* priora *B* || autem *LAB* : enim *CEHS* || fores *LBCEHS* : fontes *A* flores *e* || adiri *Mo* : aut adiri *L* audiri *AB*, *om. CEHS* || atque *B* : aut *LA*, *om. CEHS* || habetur *BCEHS* : -beatur *L* -bent *A*.

11 assequitur *LBC* : sic asse- *EHS* assecuntur *A* || debet *LCEHS* : -bet et *B* -bent et *A* || signorum *LACEHS* : singulorum *B* || rep(p)ererit *LHS* : -rierit *C* -rierint *A* repperit *BE* || conicere *LAB* : conferre *CEHS* || inter se *CHS* : intra se *E* in se *LA*, *om. B* || conferre *LA* : inf- *B* comparare *CH* contemperare *ES* || cilia *LAB* : ilia *C* ylia *E* illa *H* labia *e* || uero *L* : ueroquidem *B*, *om. cett.* || loquacem *LAB* : -cis *CEHS* || esse una *Rose* : esse unam *CHS* unam esse *E* esse nam *LAB* esse *Foer.* || et *LAB* : *om. CEHS* || cilia *Rose* : oculi *LAB* speciem oculorum *CEHS* || cogitationi *LAB* : -tatorum *CEHS* || et fronti *LAB* : *om. CEHS*.

en même temps qu'il soit loquace, et les paupières ne s'accordent pas avec le front réfléchi, et d'autre part les yeux farouches contredisent quelque peu l'aspect du front. D'après ces remarques, on attribuera à la personne une loquacité moins déplaisante et un caractère bouillant plutôt qu'une réelle folie. » Mais la différence n'est pas si petite qu'il paraît entre des yeux furieux, presque furieux ou irrités ; elle n'est pas aussi petite qu'on le croit volontiers entre le front d'un penseur et celui d'un furieux. Ces détails sont en effet importants et ont des effets considérables, bien que la plupart en soient si peu clairs qu'ils échappent parfois à la vue, que l'esprit a peine à les saisir et qu'on les comprend plus par les accidents[1] que par eux-mêmes. En effet les circonstances fortuites, les relations humaines et l'exercice particulier de nos facultés obscurcissent et dissimulent beaucoup des indications données par les signes. L'âge, les maladies, la douleur, la colère, la tristesse et les soucis passagers confondent et bouleversent un certain nombre de signes, sinon tous. Aussi celui qui pratique cette science les examinera-t-il longuement, afin de distinguer les signes naturels des signes occasionnels, et ne se fiera-t-il pas à un ou deux indices, mais en reconnaîtra plusieurs et de plus importants, à de nombreuses reprises et à l'improviste, en évitant

1. *Ex accidentibus*, terme philosophique : « les accidents », calque du gr. τὰ συμβεβηκότα, c'est-à-dire les caractères non nécessairement attachés à un objet, par opposition à l'essence.

derogant, rursum oculorum asperitas non ni*hil* statum frontis infringit. Secundum haec minus importun*ae* loquacitatis et calidi ingenii potius quam euidenter furiosus homo iudicabitur. » Sed non tam paruum interest inter oculos furiosos et prope furiosos uel iratos quam uidetur, nec tam paruum interest inter frontem cogitantis et saeuientis quantum interesse facile aestimatur. Parua etenim haec magna sunt et effectus uehementes habent, quamquam ita pleraque obscura sint ut non oculis interdum, sed uix animo comprehendantur et ex accidentibus potius quam ex semet intelligantur. Nam multa signorum et casus fortuiti et conuersatio humana et propria industria nostrae facultatis obscurat et celat. Nam et aetates et aegritudines et dolor et iracundia et tristitia et sollicitudo temporalis licet non omnia signa, nonnulla tamen permiscent atque permutant. Quare artifex rei huius et diutius considerabit, ut a temporalibus naturalia discernat, et non uni uel duobus indiciis se committet, sed plura et potiora saepius denotabit et ex improuiso nec praecauentem

rursum *LCES* : -sus *BH* russus *A* || nihil *Mo* : nisi *LAB* eum *A* equum *C* enim *S* || frontis infringit *LBCEHS* : -ti infringunt *A* || haec *LBHS* : hoc *ACE* || importunae *Rose* : -ne *LACEHS* impune *B* || calidi *CS* : calli- *LABEH* || iudicabitur *ACEH* : indi- *LBS* || paruum *CES* : parum *LABH* || interest *LCES* : inest *AB* est *H* || nec tam paruum (parum *LH*) *LCEHS* : parum nec *AB* || interest *EHS* : est *LC*, *om.* *AB* || interesse *CEHS* : inest *AB* esse *L* || aestimatur *LCEHS* : -mant *A* existimabitur *B* || etenim *LES* : enim *B* et *C*, *om.* *AH* || uehementes *LAB* : magnos *CEHS* || quamquam *LCEHS* : quid quod *B* quoque *A* || sint *LCHS* : sunt *ABE* || semet *LAC²E* : signis *H* seniorum *B* imis *C¹eS* || intelligantur *LCEHS* : -gatur *A* -guntur *B* || facultatis *LAB²* : -tes *B¹*, *om.* *CEHS* || nam et *LBH* : nam *CES* quippe *A* || temporalis *om.* *AB* || considerabit *LCEHS* : -auit *B* -abat *A* || ut a temporalibus *LAB* : et pro tempore *CEHS* || discernat *LB* : -nant *A* -net *CEHS* || committet *Rose* : non com- *EHS* committat *LAB* || saepius *LBCEHS* : potius *A* semper *Rose*, *Foer.* || praecauentem *LAB* : prouiden- *CEHS*.

d'examiner une personne sur ses gardes ou sur la défensive, bien qu'un praticien attentif puisse déchiffrer même une personne sur ses gardes. Il est en effet arrivé que même un médisant, qui croyait pouvoir se dissimuler assez facilement, trahisse son désir par ses yeux larmoyants lorsque d'autres donnent le signal de la médisance, comme les gloutons devant une chère exquise et les ivrognes devant du vin en abondance. Un cri inarticulé échappé au bain a révélé un esclave de la sensualité[1] ; un autre, en éternuant soudain, a proclamé son manque de virilité[2].

12 *Le rôle du sang.* Mais avant d'en venir à chacun des indices ou des signes, il faut savoir que le sang, dont Loxus a fait le siège de l'âme[3], s'il est abondant, développe le corps, donne un teint vermeil, rend les cheveux solides et drus, mais réduit, émousse et interrompt la sensibilité et la finesse de l'intelligence humaine ; fluide et peu abondant, il affaiblit le corps, enlaidit le teint, amoindrit et diminue tout ce qui est physique, mais développe l'intelligence, excite la finesse de l'esprit sans en supprimer la mobilité et le mouvement, donne enfin de l'agilité à tous les organes des sens dont notre visage est le siège : les oreilles,

1. Le spectacle des nudités aux bains explique ce cri inarticulé ; cf. Martial, 1, 96, 11-13, *Vna lauamur : aspicit nihil sursum, | sed spectat oculis deuorantibus draucos | nec otiosis mentulas uidet labris* ; 9, 33, *Audieris in quo, Flacce, balneo plausum, | Maronis illic esse mentulam scito.*

aut se praemunientem considerabit, quamuis et praecauentem attentus artifex detegat. Nam et maledicus qui se latere facilius posse credebat inducto ab aliis maledicendi initio libidinem suam lacrimis prodidit, ut uoraces, cum suauitatem cibi, temulenti, cum uini copiam nanciscuntur. Alium in balneis uox absque sermone profecta detexit libidinibus subiugatum, alius sternutamento subito uirum se non esse confessus est.

Sed priusquam ad singula ueniamus indicia uel **12**
signa, sciendum est quod sanguis, in quo sedem Loxus animae esse constituit, si quidem multus sit, corpori quidem praebet augmentum et ruborem et capillis soliditatem et densitatem, sensus tamen et intellectus humani acumen constringit et hebetat atque intercipit, si tenuis et paruus, corpus infirmat, colorem deformat, corporalia omnia extenuat et minuit, mentis autem ingenium confouet et acumen animi excitat nec intercludit mobilitatem eius ac motum, uelocitatem denique confert omnibus sensualibus membris quae sunt in nostris uultibus

aut se — praecauantem *om. A* || attentus *LCEHS* : -tus et *A* -tius *B* || posse *LAB* : *om. CEHS* || ut *LBCEHS* : et *A* || nanciscuntur *om. A* || subiugatum *LEH* : -gaium *B* -gauit *S* subiungant *A* subrogatum *C* || subito *LEHS* : -tum *C*, *om. AB* || confessus *LAB* : professus *CEHS*.

12 esse *LA* : *om. BCEHS* || *alt.* quidem *LC* : *om. ABEHS* || ruborem *LAB* : robur *CEHS* || soliditatem et densitatem *LAB* : d. atque s. *CEHS* || acumen *Rose* : ingenii acumen *CEHS* acuminis *LAB* || atque *LB* : et C^2E, *om.* AC^1HS || intercipit *CEHS* : minuit *LB* -itur *A* || *post* paruus *habent* sanguis est *CES* est sanguis *H* || extenuat *LHSe* : -tunuat *A* -tenuiat *C* attenuat *BE* || excitat *LAB* : procitat *CHS* procreat *E* || nec *LCEHS* : et *AB* || intercludit *LCEHS* : incl- *AB* intercidit *e* || mobilitatem *CHS* : morali- *LB* mortali- *A* ueloci- *E* || eius ac motum *LB* : et metum *A* eius ac *EHS* eius et *C* || uelocitatem *LABCHS* : mobili- *E* || omnibus sensualibus membris *LAB* : omnia sensualia membra *CEHS* || sunt *LB* : *om. cett.*

les yeux, la langue, le nez et tous les vaisseaux sanguins. Il en ressort qu'un tempérament physique moyen est le signe d'un esprit parfait, qu'est parfait l'esprit dont la vigueur va de pair avec la sagesse, et qu'ainsi tout caractère a son origine dans la mesure et la proportion du sang.

13 ***Le système pileux.*** Il faut également savoir que les poils portés à la naissance donnent des signes assez sûrs : ainsi ceux de la tête, des sourcils et des yeux[1]. Commençons par la tête.

14 ***Les cheveux***[2]. Les cheveux raides et noirs ou ternes et d'un rouge délavé et épais indiquent un homme violent : c'est le type du porc. Les cheveux souples et excessivement fins, rouges et clairsemés indiquent un sang pauvre, un esprit faible, sans courage et efféminé, et d'autant plus fourbe qu'ils sont plus clairsemés. Les cheveux frisés dénoncent un homme très fourbe[3], avare, pusillanime, avide de gains : c'est le type des Égyptiens, qui sont pusilla-

1. Sur le système pileux dans son ensemble, cf. aussi § 73 ; sur les cheveux, § 14 ; sur les sourcils, § 18 ; — *Capilli oculorum* « les cils » (ou *palpebrarum capilli*, § 43) ; cf. § 73, *Sed quoniam et praeter caput et supercilia et oculos in aliis etiam partibus corporis exoriuntur capilli.* Il n'y aura pas de développement propre aux cils. *Cilium* a d'ailleurs dans le traité le sens de « bord de la paupière » ou de « paupière » et a toujours τὰ βλέφαρα comme correspondant grec (§§ 11, 19, 22, 32, 37, 42, 97, 105, 108 et 115).

2. Version arabe, 248, 14-250, 21 ; Adamant., II, 37 (392, 1 sq.) ; *Matrit.*, 25 (392, 6 sq.) ; Ps.-Polémon, 8 (392, 11 sq.).

3. *Capilli crispi nimium subdolum* : on peut hésiter dans le cas présent entre *crispi nimium* et *nimium subdolum*, d'autant que l'usage de l'Anonyme n'apparaît pas très ferme : dix-huit occurrences de *nimium* + adjectif, contre treize d'adjectif + *nimium* (même hésitation pour *maxime*, *satis*, *parum*). Dans le texte présent, les épitomés grecs peuvent apporter la solution : οὐλόθριξ ἀνὴρ πάνυ δειλός (Ps.-Polémon, 392, 11).

constituta, ut sunt aures, oculi, lingua, nares et quaecumque uenae sunt sanguinis. Vnde medium temperamentum corporis perfectum animum indicat, is autem perfectus est animus qui pari uirtute est atque sapientia, et ita fit ut omne ingenium ex modo et temperamento sanguinis originem sumat.

Sciendum etiam quod de capillis his qui cum homine nascuntur certiora sint signa, ut capitis, superciliorum et oculorum. 13

Incipiamus a capite.

Capilli stabiles idemque nigri uel sordidi et aquati ruboris et crassi uiolentum hominem indicant : referuntur ad suem. Capilli molles et ultra modum tenues, rubei et rari penuriam sanguinis, eneruem, sine uirtute ac femininum animum indicant et quanto rariores fuerint, tanto magis subdolum. Capilli crispi nimium subdolum, auarum, timidum, lucri cupidum hominem ostendunt. Referuntur autem tales ad gentem Aegyptiorum, qui sunt timidi, 14

constituta *LB* : -ta sunt *CEHS* sunt constituta *A* || ut sunt *LB* : ut sicut *A*, om. *CEHS* || et quaecumque *LAB* : *om. CEHS* || uenae *LAB* : signa *CEHS* || medium *LAB* : medietas et C^1HSe mediocritas et C^2E || temperamentum *LABH* : -ramenta *CES* -rantia *e* || indicat *LABE* : -cant *CHS* || et *LCEHS* : *om. AB* || ex *LCEHS* : et *AB* || et *LBEHS* : *om. AC* || temperamento *LAB* : -ramine *CEHS*.

13 quod de *LB* : quod *A* de *CEHS*, *Foer. qui* quod *post* nascuntur *transp.* || cum (in *B*) homine nascuntur *LAB* : certiora signa esse (inesse *H*) *CEHS* || certiora (*om. B*) sint signa *LB* : -ra sunt singula *A* qui cum homine nascuntur *CEHS* || ut capitis *LAB* : primi autem capilli sunt capitis *E* p.a.c. capitis sunt *HS* p.a. capitis capilli sunt *C* (capitis *del.* C^2) || incipiamus a capite *LAB* : *om. CEHS*.

14 *tit.* signa capillorum *L* de signis capillorum *E* || idemque *LB* : id est *AHS* uel *CE* || hominem *LAB* : animum *CEHS* || referuntur *Rose* : -fertur *LCEHS*, *om. AB* || ad suem *om. AB* || eneruem *LB* : enuricum *C*, *om. AEHS* || sine uirtute *LB* : sine in cute *A*, *om. CEHS* || auarum *LAB* : asperum *CEHS* || lucri cupidum hominem ostendunt *LB* : l.c.o.h. *C* h.l.c.o. *EHS qui* hominem *omis.* || referuntur *LCB* : -fertur *EHS* Re *A* || autem tales *LAB* : *om. CEHS* || sunt timidi *LBH* : t.s. *ACES*.

nimes, et des Syriens, qui sont avares[1]. Les cheveux drus avancés sur le front décèlent un caractère très farouche, car c'est le type de l'ours. Les cheveux en arrière au-dessus du milieu du front et tournés vers le haut du crâne indiquent un esprit ardent et peu sage : c'est le type des peuples barbares. Les cheveux raides et clairsemés révèlent un homme froid et peureux. Les cheveux blonds, épais et décolorés attestent des mœurs incultes et sauvages : c'est le type des Germains[2]. Les cheveux drus et dégarnis aux tempes et autour des oreilles dénoncent un esprit ardent et voluptueux. Les cheveux fins et rares aux tempes révèlent un homme froid et sans forces. Les cheveux foncés, que les Grecs appellent οἰνωποί, et fins indiquent un bon caractère, s'ils ne sont pas trop drus. Les cheveux blonds et fins montrent un bon caractère, s'ils sont peu drus. Les cheveux blondasses, fins et passablement drus signifient un bon caractère. Quand la dernière rangée de cheveux est en avant du front, elle indique un homme querelleur et à demi sauvage. Quand elle s'écarte du front, elle montre un esprit sans ardeur et d'une faible intelligence. Quand la der-

1. Au paragraphe 79, les Égyptiens, avec les Éthiopiens, sont considérés comme pusillanimes (*timidi*) au vu de leur teint sombre. Firmicus Mat., *Math.*, 1, 1 et 1, 4, signale aussi l'avarice des Syriens.

2. *Indociles et indomitos mores* : pour le sens d'*indocilis* « ignare, inculte », cf. Adamant., 393, 6, ἀμαθίαν καὶ σκαιότητα καὶ ἀγριότητα. Mais les exemples donnés sont ceux des Scythes et des Gaulois.

et ad Syrorum, qui sunt auari. Capilli densi imminentes fronti nimium ferum animum declarant, quia referuntur ad speciem ursi. Capilli supra medium frontis resupini ad cerebrum respicientes calidum et minus sapientem animum dicunt; referuntur enim ad gentes barbaras. Capilli rigidi et rari frigidum hominem et timidum profitentur. Capilli flaui et crassi et albidiores indociles et indomitos mores testantur; referuntur autem ad gentem Germanorum. Capilli densi et uasti iuxta tempora et circa aures calidum et libidinosum ingenium manifestant. Capilli iuxta tempora tenues et rari frigidum et sine uiribus hominem detegunt. Capilli subnigri, quos Graeci οἰνωπούς dicunt, et tenues bonos indicant mores, si non sint nimis densi. Capilli flaui tenues bonos mores ostendunt, si sint minus densi. Capilli subflaui tenues, aliquanto densiores bonos mores significant. Cum autem ultima linea capillorum capitis fronti imminet, animosum ac semiferum indicat hominem. Cum autem a fronte recedit, minus calidum et parui intellectus animum declarat. Vltima

ad syrorum *L* : assyriorum *CE* assir- *HS*, *om.* *AB* || qui sunt *om.* *AB* || quia *LA* : quod *B*, *om.* *CEHS* || referuntur *LBC* : -fertur *AEHS* || medium frontis *LAB* : mediam frontem *CEHS* || resupini *L* : supini *CEHS* ruspini *B* resumi *A* || calidum *LBCES* : calli- *AH* || frigidum hominem et timidum profitentur *LA* : t. et f.h.p. *CEHS* f.h. designant et t. *B* || albidiores *LCEHS* : albicundiores *A* albidicoris *B* || autem *L* : enim *B*, *om.* *ACEHS* || iuxta *LAB* : circa *CEHS* || et *CEHS* : *om.* *LAB* || calidum *CE*[1]*H* : calli- *AE*[2]*S* et cali- *L* et calli- *B* || detegunt *LAB* : ostendunt *CEHS* || οἰνώπους *Mo*, *L*[3]*mg* : ΟΙΝωΓΓΟΙϹ *L* (*qui superscr.* oinoigois.i.nigros) ϹΙΝΟωΠΟΙϹ *C* oy̆nouttois *E*, *om.* *AB* || et tenues *L* : tenues *CEHS* tenues et *AB* || sint *LAEHS* : sunt *BC* || nimis *Rose* : minus *LABCES* nimium *H* || si *LACS* : si non *BE* || capitis *LAB* : *om.* *CEHS* || frontis im(m)inet *LBCEHS* : sub fronti *A* || semiferum *AB* : femi- *L* miserum *CEHS* || indicat *LB* : -cant *A* hominem *CEHS* || hominem *LAB* : indicat *CE* -cant *S* ostendit *H* || a fronte *L*[2]*CEHS* : supra frontem *L*[1]*AB* || declarat *LACEH* : -rant *B* indicat *S*.

nière rangée de cheveux par derrière descend jusqu'à la mi-nuque et se termine assez loin en pointe, elle indique un esprit ardent, peu sage et voluptueux. Quand la dernière rangée de cheveux par derrière se trouve bien au-dessus de la nuque, elle indique un esprit lent, peureux, féminin et irascible.

15 *La peau de la tête.* Si la peau de la tête est ridée ou lâche, elle indique un esprit sans ressort, mou et féminin ; dure ou épaisse ou serrée, elle montre un homme avide de louanges et presque stupide. La peau de la tête offre donc la meilleure convenance quand elle n'est ni trop lâche ni trop serrée.

16 *La tête*[1]. Quand le volume de la tête dépasse un peu la moyenne, les sens sont développés, mais cela indique aussi du courage et de la noblesse. Une petite tête est privée de sens et de sagesse. Une tête allongée est signe d'irréflexion. Une tête abaissée et aplatie est marque d'arrogance. Une petite tête presque ronde est une indication d'effronterie : c'est le type des oiseaux de proie. Une tête moyenne indique un esprit sage aux sens développés, mais parfois

1. Ps.-Arist., 65 ; Version arabe, 234, 12-236, 7 ; Adamant., II, 30 (381, 4-382, 5) ; Ps.-Polémon, 4 (381, 14-382, 15).

linea capillorum ex parte posteriori cum per mediam ceruicem demittitur atque in acutum longius desinit, calidum, insipientem, libidinosum animum indicat. Vltima linea capillorum ex posteriori parte cum longe superior a ceruice est, tardum, timidum, femineum, iracundum animum indicat.

Cutis capitis rugosa uel laxior si fuerit, animum **15**
resolutum, mollem, femineum indicat; si dura uel densa uel astricta est, laudis appetentem et prope stolidum hominem demonstrat. Optimum ergo est in cute capitis temperamentum quod nec laxum satis neque satis strictum sit.

Caput cum aliquanto maius est quam exigit mo- **16**
dus, sensibus uiget, sed et uirtutem et magnificentiam indicat. Caput breue sine sensu, sine sapientia est. Caput prolixum imprudentiae signum est. Caput humile, planum insolentiae nota est. Caput breue, prope rotundum impudentiae argumentum est : refertur ad rapaces aues. Caput moderatum ingenium indicat sapiens et uigens sensibus, aliquando

demittitur *L^2BH* : dim- *L^1CES* dimittatur *A* || indicat *ACHS* : -cant *LBE* || ultima — indicat *om. A* || posteriori *LB* : priori *EHS* -re *C* || femineum *LBE* : -ninum *CHS* || iracundum animum *LC* : a. et i. *E* animum *BH*.

15 *tit.* de cute capitis *LBCH* || uel *LAB* : ac *C*, *om. EHS* || densa *codd. Mo* : tensa *Foer.* || demonstrat *LA^2CHS* : -trant *A^1* designat *B* significat *E* || ergo est *LB* : igitur est *E* est igitur *CHS* est *A* || quod *LAB* : quo *EHS* quae *C* || laxum *LB* : loxum *A* laxa *CEHS* || satis neque satis strictum sit *LB* : sit satis neque satis strictum *A* satis nec satis stricta (stricta satis *C*) sit *CE* cutis nec stricta sit *HS*.

16 aliquanto *LAHS* : -ndo *BCE* || quam *LBCEHS* : quod *A* || uiget *LAB* : auget *CEHS* || est *LAB* : ostenditur *ES*, *om. CH* || imprudentiae *LAB* : impu- *CEHS* || humile planum *LCEHS* : humiliatum *AB* || nota *LBEHS* : signum *AC* || impudentiae *LCHS* : -tia *E* imprudentiae *AB* || argumentum est *LAB* : arguitur *CEHS* || aues *LAB* : gentes *CEHS* || uigens *LCHS* : ingens *BE* uigentem *A*.

peureux et peu généreux. Une tête énorme montre un homme sot, stupide et fort ignare. Une tête inclinée de côté est marque d'effronterie. Une tête à la face antérieure proéminente trahit l'arrogance. Une tête à la face postérieure en retrait indique la fourberie et l'irascibilité. Une grosse tête avec un front large et un visage tout entier proéminent montre un homme lent, doux, vigoureux et ignare : c'est le type du bœuf [1]. Une tête ressemblant à un maillet par devant et par derrière indique l'effronterie [2]. Une tête droite, légèrement abaissée en son centre et presque plate, un peu plus grosse que la moyenne, révèle des sens développés et de la grandeur d'âme.

17 *Le front* [3]. Un front étroit dénote une personne ignare, sale et vorace : c'est le type du porc. Un front très vaste est l'indice d'un esprit paresseux. Ceux dont le front est très allongé ont les sens développés et sont dociles, comme les chiens. Un front bas dénote l'absence de virilité. Un front courbe et en même temps haut et arrondi est indice de sottise. Un front carré de grandeur moyenne, propor-

1. Sur le type du bœuf, cf. § 120, *Bos animal est habens caput grande, frontem latam...*

2. Cf. § 106, *et quibus caput in modum mallei prolixum est et prominet ante ac retro... inuerecundi sunt.*

3. Ps.-Arist., 64 ; Version arabe, 230, 1-25 ; Adamant., II, 26 (377, 1-378, 6) ; Ps.-Polémon, 7 (377, 10-378, 14). Cf. Aristote, *H. A.*, 491 b 12-14 : « A un grand front correspond la lenteur, à un petit front, la vivacité, à un front large, l'exaltation, à un front arrondi, la tendance à la colère » ; Pline, *H. N.*, 11, 138, *Frons et aliis* (sc. *animalibus*), *sed hominum tantum tristitiae, hilaritatis, clementiae, seueritatis index* ; Trogue Pompée *ap.* Pline, *H. N.*, 11, 275, *Frons ubi est magna, segnem animum subesse significat ; quibus parua, mobilem ; quibus rotunda, iracundum, uelut hoc uestigio tumoris apparente.*

tamen timidum et min*u*s liberale. Caput immensum stultum et stolidum et indocilem uehementer ostendit. Caput obliquum impudentiam designat. Caput ex priori parte eminens insolentem notat. Caput ex posteriori parte concauum dolosum et iracundum indicat. Caput magnum cum fronte lata et omni uultu prominenti tardum, mansuetum, fortem, indocilem hominem demonstrat : refertur ad bouem. Caput malleo simile ante ac retro impudentem monstrat. Caput rectum, quod sit in medio leniter humile ac prope planum, aliquanto maius quam si sit mediae magnitudinis, sensibus uigentem magnanimumque declarat.

Frons angusta indocilem, inquinatum, uoracem significat : refertur ad porcum. Qui frontem spatiosam nimium habent pigrioris ingenii sunt. Qui frontem oblongam habent sensibus praeualent et sunt dociles, ut canes. Humilem habere frontem uirile non est. Curua frons eadem alta et rotunda stoliditatis indicium est. Frons quadrata moderatae magnitu- **17**

minus *Rose* : nimis *LAB*, *om. CEHS* || impudentiam designat *LCEHS* : inprudencie est signum *A* || priori *LCEHS* : posteriori *A* -re *B* || eminens — parte *om. A* || ex $LABE^1$: in CE^2HS || posteriori *LA* : -re *B* priori *CEHS* || dolosum *LAB* : dolo *E* dolis *CHS* || iracundum *LB* : -diam *A* -die deditum *CEHS* || refertur — monstrat *om. B* || ante *L* : autem *A* prom(p)tum hominem ante *CEHS* || ac *LBH* : et *ACES* || prominens *post* retro *add. Foer. ex cap. 106* || impudentem *Foer.* : inpru- *LAB*, *om. CEHS* || monstrat *L* : demons- *A* indicat *CEHS* || leniter *LB* : leui- *A* lene *CE* leue *S* rectum *H* || humile *LAB* : *om. CEHS* || aliquanto *LACHS* : -ndo *BE* || maius LA^2CH : manus *B* minus *E* magis A^1S || uigentem *LB* : gentem *A* uiget *CEHS*.

17 *tit.* De inditiis frontis *LB* de signis frontis *E* De fronte *CH* || spatiosam nimium habent *LB* : h.s.b. *CEHS* s. habet n. *A* || sunt *LBC EHS* : est *A* || oblongam habent *LB* : -gam habet *A* habet oblongam *CEHS* || sensibus *LCEHS* : sibi *AB* || praeualent *LBCEHS* : -let *A* || sunt dociles *LCEHS* : d.s. *B* est docilis *A* || canes *LBCEHS* : canis *A* || humilem *LCEHS* : -le *B*, *om. A* || habere frontem *LB* : f.h. *CEHS* habens frontem *A* || curua — quadrata *om. AB*.

tionné au corps et au visage, est l'indice d'un grand courage, de sagesse et de grandeur d'âme. Ceux dont le front est plat et égal sont très soucieux de leur gloire, même au delà de leurs mérites. Ceux dont le front est comme caché, avec une tête proéminente[1], sont insolents. Ceux dont le front se ramasse, comme resserré en son centre, sont coléreux. Ceux qui ont au front des rides verticales, surtout à la racine du nez, sont des méditatifs. Ceux dont la peau du front est lâche, dilatée et comme souriante, s'ils sont caressants, ne sont toutefois pas inoffensifs : c'est le type des chiens caressants. Ceux dont le front est inégal au point de comporter des collines et des ravins qu'on dirait creusés sont fertiles en expédients et avares[2], s'ils ne sont fous ou stupides. Ceux dont le front est tendu sont sûrs.

18 *Les sourcils*[3]. Les sourcils droits et allongés dénotent un caractère mou et faible[4] : ils correspondent au type féminin. Les sourcils qui se rejoignent signifient un homme très sévère, mais aussi trop peu sage. Les poils des sourcils ramenés vers le haut et vers le front montrent un esprit

1. *Quibus frons tamquam obducta est capite imminente* : expression obscure, mais le grec ne l'est pas moins ; à *obducta* correspondent συννεφής « nuageux, sombre » du Ps.-Aristote et κατηρεφής « couvert, ombragé » d'Adamantius et du Ps.-Polémon. Il semble que l'Anonyme ait voulu expliquer le terme en ajoutant *capite imminente*.

2. L'image est dans le Ps.-Polémon, 377, 16, μέτωπον ὥσπερ λόφους καὶ ὀρύγματα ἔχον (cf. Adamant., 377, 7).

3. Arist., *H. A.*, 491 b, 14-18 ; Ps.-Arist., 69. Le rôle des sourcils dans la manifestation du caractère était bien connu des acteurs : dans la comédie, le père, passant de la colère à l'indulgence, a un sourcil relevé et l'autre calme, et l'acteur tourne vers les spectateurs le côté de la physionomie qui convient à la situation (Quint., *I. O.*, 11, 3, 74) ; d'une façon générale, les sourcils expriment la colère en se contractant, la tristesse en s'abaissant, la joie en se détendant (*Ibid.*, 11, 3, 79). Sur la mimique des acteurs, cf. B. Warnecke, *Die Gebärden und Mimik der römischen Schauspieler*, in *Neue Jahrb. f. Kl. Altertum*, 13 (1910), p. 580-594.

dinis congruens corpori ac uultui magnae uirtutis, sapientiae et magnanimitatis indicium est. Qui frontem planam atque continuam habent plurimum honori suo uindicant et ultra meritum. Quibus frons tamquam obducta est capite imminente insolentes sunt. Quibus frons in medium tanquam obstricta conuenit iracundi sunt. Qui rugas frontis superius retractas habent et maxime eas quae sunt ad originem narium cogitatores sunt. Qui laxam atque diffusam frontis cutem proferunt et tamquam arridentem blandi quidem, non tamen innoxii sunt : referuntur ad speciem blandientium canum. Quibus frons aspera est, ut in ea existant sicut colles et caua quaedam tamquam defossa, uersuti et auari sunt, si non insani sint uel stulti. Qui tensam habent frontem securi sunt.

Supercilia cum sunt directa atque prolixa, m*ol*- 18
*l*em atque imbecillem animum declarant : respondent generi feminino. Supercilia cum coeunt, tristem maxime hominem, sed et parum sapientem significant. Superciliorum capilli cum ad superna et ad frontem sunt retracti, animosum, iracundum, stultum

corpori *LCEHS* : -ris *B* dictis *A* || honori suo *LAB* : -ris sibi *CS* -ris *EH* || quibus — iracundi sunt *om. B* || qui rugas — cogitatores sunt *om. A* || rugas frontis superius *L* (*supra lin.*) *CEHS* : rugosas frontes superius *L*, *Mo* -sas superius frontes *B* || retractas *CES* : et re- *LB* contractas *H* || frontis *LCE* : -ti *A* -tem *B* super *S*, *om. H* || existant *LA* : -tat *CES* -tent *B* exstat *H* || colles *LABE* : collis *CHS* || caua quaedam *A* : quaedam caua *B* caua quidem *L* caua *CEHS* || defossa *LAB* : -ssa sit *CEHS* || auari A^2 *Mo* : auria A^1 uari *B* asperi *LCEHS* || sunt *ACEHS* : *om. LS* || sint *LB* : sunt *A*, *om. CEHS* || uel *EHS* : aut *A* et *LB*, *om. C* || tensam habent frontem *Mo* : densam h.f. *A* tenuem h.f. *LC* tenuem f.h. *EHS* h. tensam f. *B*.

18 *tit.* De inditiis superciliorum *L* De supercilia *B* De superciliis *CH* De signis superciliorum *E* || sunt *CH* : sint *LABES* || mollem *Foer.* : malum *codd.* || declarant *LA* : designant *BCEHS* || sed et *LCHS* : des *AB* et *E* || superna et ad *LA* : -na et *B*, *om. CEHS* || retracti *EHS* : refracti *C* prefr- *L* praefr- *A* perfecti *B*.

querelleur, irascible et sot ; en ligne presque droite en direction des tempes, un esprit ordurier. Les sourcils surplombant les yeux prouvent la jalousie. Les sourcils resserrés indiquent un esprit mesquin et borné. Les sourcils qui plongent d'un côté vers les yeux et sont de l'autre en ligne droite en direction des tempes indiquent un homme ordurier, sot et insatiable : c'est le type du porc [1].

19 ***Les paupières.*** Le rebord des paupières au-dessus et au-dessous de l'œil est souvent gonflé comme une veine. Dans cet état, le bord supérieur indique la somnolence, l'inférieur, l'ivrognerie.

20 ***Les yeux*** [2]. Il faut maintenant traiter des yeux, qui sont l'essentiel de la physiognomonie. En effet, si les yeux confirment aussi les signes des autres parties du corps, ceux-ci sont alors plus valables et sûrs. C'est d'après les indices tirés des yeux que les physiognomonistes assurent leurs jugements et c'est là le fondement de toute leur autorité [3]. Ainsi les indices déjà indiqués et ceux que nous allons exposer doivent être associés et adjoints à ceux des

1. Cf. Adamant., II, 37 (396, 6-397, 2) ; Matrit., 25 (396, 12-397, 3) ; Ps.-Polémon, 25 (396, 17-397, 17).

2. Pour le long développement des paragraphes 20-43 sur les signes des yeux, cf. Ps.-Arist., 63 ; Version arabe, 106, 19-170, 22 ; Adamant., I, 5 (305, 17 sq.) ; Ps.-Polémon, 9 (305, 19 sq.). — Sur les yeux du point de vue physiologique, cf. Aristote, *H. A.*, 491 b 35-412 a 12. — On connaît par une épigramme de Léonidas de Tarente (*Anth. Pal.* 7, 661) l'existence, au IIIe siècle a. C., d'un physiognomoniste nommé Eusthénès, spécialisé dans l'examen des yeux.

demonstrant, ad tempora subrecti immundum. Supercilia quae imminent oculis, inuidiae arguunt. Supercilia quae contrahuntur paruam et angustam mentem indicant. Supercilia quae ex altera parte ad oculos demersa sunt, ex altera ad tempora subrecta, immundum, stultum et insatiabilem indicant : referuntur ad porcum.

Cilium plerumque et quod eminet et quod subia- 19
cet oculo est inflatum tamquam uena. Quod cum ita est, somniculosum superius indicat, inferius uinolentum.

Nunc de oculis disputandum est, ubi summa om- 20
nis phy*siognomoniae constituta est. Nam et aliarum partium signa si oculi affirmauerint, tunc rata magis et certa sunt. Ex oculorum enim indiciis phy*siognomones sententias suas confirmant et hic omnis eorum est auctoritas constituta. Denique et quae iam diximus et quae prosequemur indicia applicanda et adiungenda sunt indiciis oculorum, ut, si impugnata

ad tempora — immundum *LAB* : *om.* *CEHS* || quae *LAB* : cum *CEHS* || imminent *B* : inmi- *L* imi- *A* curuantur *CEHS* || oculis *LCE* : occu- *B* occulo *A* ad oculos *H* || contrahuntur *LB* : -hunt *A* curuantur *CEHS* || demersa *LEH*, *Mo* : dimersa *C* dimensa *A* diuersa *B* demissa *Foer.* || ex altera — immundum *om.* *AB* || insatiabilem *CH* : insacia- *LES* stabilem *AB* insta- *Mo* || referuntur *LBS* : -fertur *ACEH*.

19 *tit.* De signis ciliorum *E* De cilio *H* || *pr.* et *LCES* : *om.* *ABH* || oculo est *Foer.* : et oculos *L* et occu- *AB* oculo *CEHS* || inflatum *CEHS* : inflat *LAB* || tamquam — ita est *LAB* : magis quam plenum *CEHS* || uinolentum *LCH* : uiol- *ABES*.

20 *tit.* De inditiis oculorum *L* De signis oculorum *E* De oculis *CH* || oculi *LACEHS* : singuli *B* || affirmauerint *LAC* : -runt *B* approbauerint *EHS* || rata magis et *LA* : rata et magis *CEHS* magis rata magis *B* || ex oculorum — constituta *om.* *B* || enim *LA* : itaque *E*, *om.* *CHS* || indiciis *A* : -tiis *L* signis *CEHS* || confirmant *LA* : affir- *CEHS* || omnis eorum est *L* : est omnis eorum *A* omnis est *CH* est omnis *ESe* || prosequemur *L* : nunc pro- *H* nunc prosequimur *E* iam prosequi- *C* nunc persequi- *S* secuntur *A* sequun- *B* || impugnata *B* : inp- *L* inpugnatia *A* expugnata *CEHS*.

yeux : s'ils ne sont ni contredits ni équivoques, mais bien plutôt confirmés par les yeux, ils devront être tenus pour valables.

21 Les yeux luisants comme des gouttelettes d'un liquide brillant indiquent un caractère très doux et très agréable [1]. Les pupilles amples et larges dévoilent la vanité, petites, la méchanceté [2]. C'est à ces deux signes qu'on juge les animaux : un cercle moyen de la pupille indique des animaux sûrs, inoffensifs, courageux, tandis que les serpents, les ichneumons, les singes et les renards ont de petites pupilles [3]. Quand une pupille est plus grande et l'autre plus petite, c'est signe d'injustice. Chez ceux dont les pupilles tournent comme une roue suspendue à un axe, il faut observer si elles tournent régulièrement ou non. Si c'est régulièrement, sache que cet homme est marqué de crimes et de forfaits horribles et impies et souillé par des homicides domestiques ou par des nourritures ou des unions abominables, comme furent, dit-on, les nourritures de Thyeste ou de Térée, ou l'union d'Œdipe [4]. Quand les yeux tantôt tournent dans un sens, tantôt dans l'autre et tantôt s'arrêtent, c'est que des crimes de

1. Cette première phrase traduit le seul fragment parvenu jusqu'à nous du traité de Polémon, Cramer, *Anecd. Oxon.*, IV, 255 : ὥσπερ ἐν ὀφθαλμῶν καὶ ὀφρύων καὶ ῥινὸς σχήματι χαρακτῆρές τινες ἐγκάθηνται τοῦ τῆς ψυχῆς ἰδιώματος· « Ὀφθαλμοὶ γάρ, φησὶν ὁ Πολέμων, ὑγροὶ λάμποντες ὡς λιβάδες ἤθη χρηστὰ ἐκφαίνουσιν. » Le texte s'en trouve également, avec des variantes, dans Adamantius, I, 5 (304, 17, avec φαίνουσι) et dans le Ps.-Polémon, 9 (304, 19, avec ὡς ὕδωρ χρηστὰ ἤθη ἀνδρὸς σημαίνουσιν).

2. La correction *late iacentes* proposée par Foerster est empruntée au paragraphe 67, *spinae pars inferior... si late iaceat et nimia sit.* Cependant *iacentes* « relâchées », i. e. « affaissées », d'où « amples » n'appelle pas nécessairement une précision supplémentaire. Ainsi, pour la luette, *uua iacet* « se relâche, est affaissée », s'oppose à *uuam cohibere* « ramener la luette à ses proportions normales ». Cf. la traduction latine de la Version arabe, 108, 4 : *si oculum amplum lata pupilla uides* ; Adamant., I, 5 (306, 1), Εὐρύτης κορῶν ἠλίθιον ; Ps.-Polémon, 9 (305, 20), εἰ δὲ τὰς κόρας ἔχουσι πλατείας, εὐήθεις ἄνδρας σημαίνουσι. Dans les trois textes grecs, les pupilles larges sont signe non de vanité, mais de sottise.

non fuerint nec in ambiguitatem deducta, sed potius per oculos confirmata, tunc rata sint.

Oculi qui tamquam guttulae liquoris nitidi relucent mores suauissimos atque gratissimos indicant. **21**
Pupillae oculorum iacentes et porrectae uanitatem detegunt, breues malignitatem. Hoc utroque signo animalia approbantur : nam ubi moderati sunt orbes pupillarum, secura, innocentia, fortia animalia designant, serpentes autem et ichneumones et simiae et uulpes pupillas paruas habent. Cum altera pupilla plus est maior, altera minor, iniquitatem significat. Quorum pupillae oculorum in *gy*rum aguntur tanquam rota axi suspensa, obseruandum est utrum uniformiter agantur an uarie. Si uniformiter, scito eum hominem sceleribus et facinoribus immanibus attineri atque impiis et aut homicidiis domesticis aut infandis cibis uel conubiis esse pollutum, quales Thyestae uel Terei cibi uel qualia *O*edipodis conubia fuisse memorantur. Cum autem modo inuoluuntur, modo recurrunt oculi, modo interquiescunt, ab his

sint *LAHS* : sunt *C*[1] sunt magis *C*[2]*E* erunt *B*.

21 *tit.* De signis multiplicibus oculorum *H* || qui *CEHS* : quibus *LB* in quibus *A* || oculorum *LB* : occu- *A*, *om. CEHS* || iacentes *CEHS* : iactantes *LAB* late iacentes *Foer.* latescentes *Nettleship* || et *LAB* : *om. CEHS* || utroque signo animalia *LCEHS* : utrumque ex animalibus *AB* || approbantur *LAB* : compro- *CEHS* || secura innocentia (-ti *B*) *LB* : -ra et innocua *A*, *om. CEHS* || designant *LAC* : -nat *B* significant *EHS* || ichneumones *Mo* : echneu- *A* igneu- *LC* cuchu neu- *B* igniuomes *ES*, *om. H* || plus *LA*, *Mo* : *om. BCEHS* || est *LAB* : *om. CEHS* || maior *LACEHS* : minor *B* || minor *LA* : -or erit *C* -or fuerit *E* maior *B* fuerit *HS* || oculorum *LAB* : *om. CEHS* || gyrum : girum *codd.* || axi *LABC*[2] : ac si *C*[1]*ES* ac si sit *H* || immanibus *H* : -nis *B* in manibus *LACES* || atque impiis *LAB* : *om. CEHS* || et *LBCEH* : flagitiis *A*, *om. S* || *pr.* aut *LB* : ut *A*, *om. CEHS* || uel *LAB* : et *CEHS* || conubiis *LAB* : conuiuiis *CEHS* || oedipodis : aedi- *LB* epidodis *A* edippi *CEHS* || recurrunt oculi *LAB* : currunt *CEHS* || interquiescunt *LCEH* : inqui- *AB* || ab his *LB* : ab *A* hiis *E* his *CH*.

ce genre n'ont pas encore été perpétrés, mais sont envisagés et médités. Mais si à la turpitude dénoncée par de telles pupilles s'ajoute une sorte d'obscurité qui enveloppe les sourcils comme un nuage et menace les yeux mêmes, ces personnes sont pressées par un terrible destin et font présager quelque menace de la colère divine dans leurs affaires domestiques.

22 Des pupilles fixes[1] et une position des yeux dans son ensemble presque fixe dénotent un homme ingrat ; mais la fixité accompagnée d'humidité sera indice de crainte ; accompagnée de sécheresse, indice de déraison. Cependant ceux dont, en outre, les yeux sont pâles ont l'esprit moins atteint de folie que d'hébétude. Ceux qui, outre la fixité et la pâleur des yeux, dressent les sourcils et ont une respiration haletante sont irréfléchis, cruels, médisants et irascibles. Les yeux fixes et rougeâtres dénoncent un homme débauché et vorace. Si, en plus de ces signes, la partie inférieure de l'œil, c'est-à-dire le bord de la paupière inférieure, tombe plutôt vers les joues et se détache bien, c'est signe de débauche et aussi d'injustice, d'avarice, de mœurs incultes et grossières, et même de voracité et d'impudence. De tout petits yeux fixes dénotent un avare très avide de profits et à

1. Version arabe, 120, 19 sq. ; Adamant., I, 6 (308, 7-310, 8) ; Ps.-Polémon, 10 (308, 17-310, 17).

nondum perpetrata sunt huiusmodi facinora, uerum in animo et in cogitatione uersantur. Si autem ad huiusmodi pupillarum turpitudinem etiam obscuritas quaedam tamquam nubecula circa supercilia uersetur atque oculis ipsis immineat, hi graui perurgentur euentu et praesagiunt in rebus domesticis suis iram aliquam diuinitus imminentem.

Pupillae defixae et status oculorum propemodum 22
defixus hic omnis ingratum hominem designat, sed si cum humore aliquo stabunt, timiditatis erunt indices, si cum siccitate, insaniae. Sed qui etiam pallent, horum non tam minus sanae mentes sunt quam potius attonitae. Qui autem cum stabilitate et pallore oculorum et supercilia erigunt et spiritum uiolentius contrahunt atque concipiunt, inconsulti, immites, maledici, iracundi sunt. Oculi stantes subrubentes libidinosum et uoracem denuntiant. Si his signis accedat ut inferior pars oculi, id est cilium inferius potius ad malas uergat et separetur, cum libidine iniquitatem, auaritiam, inconditos et incomprehensos mores, uoracitatem etiam et impudentiam indicant. Oculi stantes perbreues auarum, lucrorum uehemen-

turpitudinem *B* : turbitu- *L* turbidinem *C* turbinem *E* pinguedinem *A* || circa *LCEHS* : in *AB* || perurgentur *L* : -guentur *B* pregantur *A* fato *EHS* facto *C* || euentu L^1AB : facto L^2 urgentur *EHS* alligantur *C* || praesagiunt *H* : -gunt *LACES* -giant *B*.

22 *tit.* De oculis defixis *LB*, *Mo* || pupillae defixae (-lla defixa *AB*) et status oculorum prope modum defixus *LABC* : prope modum defixe pupille oculorum (oculorum pupille *S*) et status eorum *ES* pupille oculorum modice defixe et status earum *H* || hic *LAB* : *om. CEHS* || omnis *LB* : omnibus *A*, *om. CEHS* || ingratum hominem designat *LE* : i.h. designant *CHS* ingratis est *A* -tus est *B* || sed si *LB* : si uero *A* oculi qui *CEHS* || humore aliquo stabunt *LA* : a.h.s. *B* a.h. stant *CHS* h.stant a. *E* || erunt indices *LB* : indices erunt *A* sunt indices *CEHS* || si cum *LB* : sicut *A* qui cum *CEHS* || oculorum *CEHS* : -los *LAB* || subrubentes *LCEHS* : sed ru- *B* et ru- *A* || si his — indicant *LAB* : *om. CEHS* || si *LB* : sicut *A* || signis *L* : sanguis *A*, *om. B* || etiam *LB* : *om. A* || perbreues *LCEHS* : breues *AB*.

leur recherche. Si, outre de petits yeux fixes, il fronce aussi le front en même temps que les sourcils, il est bien plus avare et plus avide de profits. Et si à ces signes s'ajoute le reste du corps courbé et ramassé, il sera très irascible, bilieux et criard. Les yeux fixes, bleu clair et sans éclat indiquent un homme plein de ruse et d'audace, toujours en éveil et à la recherche de méchancetés. Les yeux fixes, petits et humides, le front détendu, les paupières mobiles indiquent un homme porté à s'instruire et à méditer, et discuteur de nature : c'est le seul type d'yeux fixes qui soit acceptable.

23 Nous parlerons maintenant de la mobilité des yeux[1]. Les yeux au mouvement brusque et rapide indiquent un homme à l'esprit troublé, défiant, inconstant, assez lent à agir. Mais, dans ce type, un petit indice établit une importante différence. En effet, ceux chez qui le mouvement des paupières est aussi rapide que celui des pupilles sont craintifs et sans courage. Mais si le mouvement des yeux est nettement plus rapide que celui des paupières, ils sont audacieux dans les dangers

1. Version arabe, 114, 9 sq. ; Adamant., I, 7 (310, 7-312, 6) ; Ps.-Polémon, 11 (310, 17-312, 17).

ter cupidum appetentemque declarant. Si autem cum breuitate et statu oculorum etiam frontem cum superciliis ad medium contrahat, multo est auarior et lucrorum studiosior. Et si cum his signis accedat ut etiam ceterum corpus curuetur atque conducatur, iracundus satis erit, fellitus et clamosus. Oculi stantes glauci sine splendore indicant hominem dolis et audacia plenum, peruigilem et exquisitorem malitiae. Oculi stantes parui humidi, frons relaxata, palpebrae mobiles indicant hominem docilem, cogitatorem, natura disputatorem : haec sola species stabilium oculorum probatur.

Nunc de mobilitate oculorum dicemus. Oculi qui 23
raptim et uelociter mouentur hominem perturbati animi indicant et suspicacem, u*ari*um, in agendis rebus tardiorem. Est autem in his paruo indicio magna discretio. Nam quibus palpebrae tam uelociter quam pupillae mouentur, timidi ac sine uirtute sunt. Cum autem oculi multo uelocius quam palpebrae mouentur, in periculis audaces atque securi sunt. Qui autem tardos oculorum habent motus, pigros

declarant *LACES* : denunciant *H* significant *B* || si autem — et clamosus *LAB* : *om. CEHS* || multo *LA*[1] : -tum *A*[2]*B* || cum *secl. Foer.* || ceterum *L* : -rorum *B* certum *A* || iracundus *LB* : *om. A* || fellitus *Mo* : felle citus *L* felicitis citus *A*[1] feles citus *A*[2] felicius *B*[1] felli- *B*[2] || stantes glauci sine (et sine *A*) splendore *LAB* : in splendore glauci (glaciei *EHS*) micantes *CEHS* || exquisitorem *LAB* : acqui- *H* aqui- *C* adqui- *ES* || frons relaxata *CEHS* : fronte (frontem *A*) laxata *LAB* || natura *Rose* : -rae *LBCe* -re *HS* nec *A* uates *E* || disputatorem *LACHS* : -res *E* dispensatorem *B* || probatur *LAB*, *Rose* : appro- *CEHS*, *Foer.*

23 *tit.* De mobilibus oculis *L* || nunc de mobilitate oculorum dicemus *LB* : nunc de oculorum mobilitate dicatur *A*[2], *om. A*[1] *CEHS* || perturbati *LBHS* : -bari *E* turbati *AC* || uarium *Foer.* : uerum *codd.*, *Rose* || quam pupillae mouentur *LAB* : quam oculi mouentur *CHS* m.q.o. *E* || ac (et *A*) sine uirtute *LAB* : *om. CEHS* || in *LAES* : ut *B* et *C* et in *H*.

et sûrs. Ceux dont les mouvements des yeux sont lents ont les sens paresseux et endormis, et ont des difficultés à entreprendre et des difficultés à conclure. Il en ressort aussi qu'une mobilité moyenne et mesurée est l'indice d'un excellent caractère. Des yeux vagues, errants et assez sombres dénoncent l'excès dans la débauche. De grands yeux tremblotants, s'ils sont errants, comme on l'a dit, et sombres, indiquent la gloutonnerie, l'ivrognerie accompagnées d'excès sexuels, et l'apoplexie. Les petits yeux bleu clair tremblotants sont sans pudeur ni foi ni équité, et vivent des malheurs des autres. Les petits yeux tremblotants qui ne sont pas bleu clair, mais χαροποί (gris), comme disent les Grecs, ou noirs, penchent davantage vers la démence et la folie, s'ils sont gris, et sont plus irascibles s'ils sont noirs, mais ils ont moins d'impudence que nous n'en avons accordé aux yeux bleu clair. Les yeux flottants et comme ballottés dans les vagues sont portés à l'amour et à la volupté, sans toutefois être injustes, méchants ou grossiers.

ac torpentes habent sensus, difficile incipientes et difficile desinentes. Vnde manifestatur etiam ex mobilitatis modo et temperamento mores optimos indicari. Oculi uagi et circumerrantes et obscuriores intemperantiam libidinis arguunt. Oculi trementes magni cum pererrant, ut supra dictum est, et obscuri sunt, et uoracitatem et intemperantiam uini cum intemperantia ueneris et ἀποπληξίαν indicant. Oculi parui trementes glauci sine pudore, sine fide, sine iustitia sunt, aluntur autem malis alienis. Trementes uero parui cum glauci non sunt, sed secundum Graecos χαροποὶ uel nigri, χαροποὶ quidem ad insaniam magis ac dementiam uergunt, nigri autem magis iracundi sunt, minus tamen impudentes quam glaucos diximus. Oculi autem fluctuantes et tamquam in aestu instabiles proni in uenerem et uoluptatem sunt, non tamen iniusti nec maligni nec indociles.

torpentes *L*[1]*AB* : tep- *L*[2]*CEHS* || *pr.* difficile *LACES* : et diffi- *H* et indeffi- *B* || ex *LAB* : *om. CEHS* || mobilitatis *CEHS* : -tate *LB* motu *A* || modo *L* : modum *CEHS*, *om. AB* || et *LAB* : ac *CEHS* || temperamento *LB* : -tum *CEHS* temperato *A* || indicari *LAB* : -re *EHS* habere *C* || uini cum intemperantia *om. AB* || et ἀποπληξίαν *Mo* : et aποπΛΗΧΙam *H* et apoplexiam *CES*, *om. LAB* || indicant *LA* : designant *B* nuntiant *C* -ciant *ES* significant *H* || trementes *LAB* : uehementer *CEHS* || autem *LAB* : *om. CEHS* || trementes uero *L* : -tes autem *BCEHS* occuli uero trementes *A* || parui cum *LCEHS* : cum parui *AB* || glauci *LCEHS* : *om. AB* || secundum graecos *LCEHS* : *om. AB* || χαροποὶ : κaρoπoι *CHS* xaρoπoy *L* xaρoτoy *E*, *om. AB* || nigri *LC* : nigri sunt *AB*, *om. EHS* || xaρoρoy *L* xaρoπoι *CHS* xaρoτoy *E*, *om. AB* || quidem *LC* : quod *BS* quasi *A*, *om. EH* || ad *LCEHS* : *om. AB* || minus — diximus *LAB* : *om. CEHS* || autem *CES* : *om. LABH* || instabiles *LAB* : immobiles *CEHS* || in uenerem *LACHS* : uiuerem *B* ueneri *E* || et uoluptatem sunt *LACe* : sunt et uoluptatem *B* et uoluptatem *HS* et uoluptati *E* || *post* indociles *add.* doli plenos auidos lucri pronuntiant *A*.

24 Les yeux bleu clair[1] aux petites pupilles dénoncent un caractère servile, riche en ruses et avide de profits. Les yeux bleu clair présentent de nombreuses variétés : il en est en effet d'un bleu plus foncé, de verts, de nuancés de couleurs diverses et de secs. Les yeux secs révèlent un caractère très farouche. Les bleu foncé, qui se trouvent généralement humides, sont donc bien meilleurs que les secs. Les yeux bleu clair et blanchâtres annoncent un peureux et un lâche achevé. D'après tout ceci, la meilleure catégorie d'yeux bleu clair sera donc, à notre avis, celle des yeux humides, calmes, grands et très brillants ; mais on doit savoir que, même dans ce cas, il s'agit d'un tempérament irascible[2].

25 Traitons maintenant des yeux bigarrés[3]. Sont bigarrés parfois aussi les yeux bleu clair, mais plus souvent les yeux gris. D'abord les yeux bleu clair, dont la bigarrure se présente ainsi : on aperçoit dans l'iris[4] des gouttes de la grosseur d'un grain de mil, en partie rouges et bleu foncé, ordonnées en cercle. Elles signifient un esprit trouble[5] et perfide, mais d'une intelligence pénétrante,

1. Ps.-Arist., 68 ; Version arabe, 116, 15 sq. ; Adamant., I, 8 (312, 7 sq.) ; Ps.-Polémon, 12 (312. 18 sq.).

2. *Animosus* traduit ici θυμοειδής, cf. Adamant., I, 8 (313, 5).

3. Version arabe, 118, 9 sq. ; Adamant., I, 8 (313, 8 sq.) ; Ps.-Polémon, 12 (313, 11 sq.). — *Varius* et *uarietas* rendent le gr. αἰόλος, que nous traduisons faute de mieux par « bigarré » de préférence à « varié » ou « vairon ». Ces yeux, dont la couleur habituelle est bleu clair et bleu foncé, gris, noir, sont marqués soit de taches diversement colorées en forme de gouttelettes parfois ordonnées en cercles, soit de cercles concentriques. L'Anonyme en traite dans les paragraphes 25-28. — Αἰόλος n'est appliqué aux yeux que dans Adamantius. Aristote, *H. A.*, 491 b 35-492 a 7, et *G. A.*, 779 a 27-779 b 6, ne connaît comme couleurs des yeux que le bleu (γλαυκός), le noir (μέλας), le gris (χαροπός), le jaune (αἰγωπός). Le texte du Ps.-Aristote, 68, reprend ces quatre couleurs sans mentionner non plus αἰόλος. Pline, *N. H.*, 11, 141, rend αἰγωπός d'Aristote par *caprinus : conditi (oculi) quos clarissime cernere (putant), sicut in colore caprinos.*

Oculi glauci paruas habentes pupillas seruiles, doli plenos, auidos lucri pronuntiant mores. Glauci oculi multas habent species : nam sunt alii cyanei, alii felliti coloris, alii uariati diuersis coloribus, alii sicci. Qui quidem sicci, satis feros mores aperiunt. Cyanei igitur, qui plerumque inueniuntur humidi, multo meliores sunt siccis. Glauci et albidi timidum et fugacem uehementer hominem nuntiant. Secundum ea igitur omnia erit nobis optima species glaucorum qui fuerint humidi, tranquilli, magni, perlucidi, uerum scias etiam in hac specie oculorum animosum esse ingenium. **24**

Nunc de uariis oculis disputandum. Sunt uarii interdum et glauci, magis tamen χαροποί. Sed prius de glaucis. In his uarietas huiusmodi est : guttae quaedam in pupillis peruidentur ad magnitudinem milii, quarum partes rubeae et c*y*aneae sunt, in gyrum ordinatae. Hae turbidum animum et in*s*idiosum, uerum in acumine ingenii praeualentem, sed minus **25**

24 *tit.* De glaucorum oculorum speciebus *H* || paruas — oculi *LAB* : *om. CEHS* || doli *LB* : dociles doli *A* || multas habent *LB* : h.m. *A* plures habent L (*supra lineam*) *EHS* habent *C* || sunt alii *HS* : alii sunt *E* sunt *LAB* || cyanei *L* : actanei *CHS* atta-*E* || felliti coloris *CE HS* : felli coloris *LA* felicioris *B* || quidem sicci *LB* : siccitas quidem *CEH* sicci *A* || satis *LA* : fati *B*, *om. CEHS* || aperiunt *LB* : apper- *A* parit CH^2S facit *E* patitur H^1 || cyanei *L* : cia- *AB* acta- *CHS* atta- *E* || igitur LA^2BC : *om.* A^1EHS || plerumque *LAB* : *om. CEHS* || humidi *L* et hum- *CE* etiam hum- *HS*, *om. AB* || siccis *LCEHS* : sicci *A* sicri *B* || albidi *LCEHS* : albi *AB* || uehementer *LB* : -tem *A*, *om. CEHS* || nuntiant *CH* : -ciant *LS* denuntiant *E* indicant *A* designant *B* || erit *LCEHS* : *om. AB* || *post* ingenium *def. A Mo usque ad* § *48*, *B usque ad* § *105.*

25 nunc — disputandum *L in rubr.* : *om. CEHS* || χαροποί : xaροποι *L* xaροποyc *E* χαροποi *C* κaροποic *HS* || in pupillis LC^2EHS : admilii C^1, *secl. Rose* || ciane(a)e *LEHS* : actaneae *C* || hae *Foer.* : heae *L* haec *CE* hec *HS* || turbidum *codd.* : subdolum *Foer.* || et *H* : om. *LCES* || insidiosum *Foer.* : inuid- *codd.*

quoique peu audacieux. De même, les iris bleu clair et bigarrés indiquent la déraison.

26 Les yeux noirs et gris diffèrent en ce que les gris sont bigarrés et que cette bigarrure même n'est pas uniforme. Les uns sont en effet marqués de gouttelettes faiblement brillantes, comme des grains de mil, et ces gouttelettes sont diversement colorées : elles sont jaune pâle, bleu foncé, rouges, semblables à des étincelles de feu, couleur de sang, noires, blanches, et chacune des espèces de couleurs indiquées est plus ou moins manifeste. Il est un autre genre de bigarrure, fait de cercles concentriques ayant chacun sa couleur et son intensité propres. Cependant la disposition de ces mêmes cercles entre eux est diverse, car parfois le cercle extérieur est noir, le suivant rouge, parfois blanchâtre. Nous traiterons donc maintenant de cette double bigarrure des yeux gris.

27 On doit donc d'abord savoir[1] que les vrais et purs yeux noirs indiquent un esprit faible, sans courage et avide de profits. Un examen attentif des yeux gris révèle leur type de bigarrure. Par ailleurs, les yeux tachetés, que leur aspect pourrait faire qualifier de noirs, s'ils ont des gouttelettes d'un rouge ni trop sombre ni trop vif, d'où vient qu'à le voir l'aspect de cet œil appa-

1. Version arabe, 120, 15 sq. ; Adamant., I, 11 (317, 8 sq.) ; Ps.-Polémon, 15 (317, 18 sq.).

audacem significant. Item cum glaucae et uariae fuerint pupillae, dementiam indicant.

Inter oculos nigros et χαροποὺς hoc interest quod 26
χαροποὶ uarietatem in se habent et ipsa uarietas discreta est. Nam partim guttulis tamquam granis milii sublucentibus insigniti sunt, quae guttulae diuersos colores habent : nam et pallidae sunt et cyaneae et rubicundae et tamquam scintillae ignis et sanguinei coloris et nigrae et albae, et singula quae praedicta sunt colorum genera uel magis uel minus clara sunt. Alia autem uarietas est, quam circuli suo colore ac suo tenore quique ambiunt. Inter se tamen idem circuli uarie ordinati sunt. Interdum enim exterior circulus niger est, sequens rubeus, interdum albidior. De hac igitur gemina uarietate χαροπῶν nunc disputabimus.

Primo igitur certus esse debes quia nigri qui ueri 27
et meri sunt oculi imbecillem ac sine uirtute animum et lucri auidum indicant. Χαροποὶ cum penitus inspiciuntur, tunc uarietatem suam produnt. Verum αἰόλοι, quorum species ita est ut nigri pronuntiari possint, ubi guttulae rubicundi coloris non tamen expressi nec uehementer rubentes fuerint, quo intuenti nigra eius oculi species esse uideatur, generosum

significant *EH* : signant *LCS* || *post* indicant *add.* item oculi nigri (nigriores *H*) et xaροποιc (xαponoys *E* κιponoιs C^2) uarietatem in se habent C^2EHS.

26 χαροπούς : xaροποic *LHS* χαponoιs *C* saropoȳs *E* || quod *LC* : *om.* *EHS* || χαροποί : χapoποιc *L* χaponoιs *CS* χaptioyc *E* caropois *H* || colores habent *L* : habent colores C^2mg, *EHS* colores C^1 || et cyaneae : et cianee *EHS* cyaneae *L* cianee *C* || quique LCE^1 : uel quisque E^2mg quid *S*, *om.* *H* || ambiunt *codd.*, *Rose* : habent *Foer.* || tamen *LCHS* : tamen quidem *E* enim *Foer.* || χapoπωɴ *L* χaponoɴ *C* xapoτιocoɴ *E* saropon *H* χapoπoic *S*.

27 quia *CH* : qui *LS* quod *E* || nigri qui ueri et *LCES* : qui nigri et ueri *H* || χapoπoy *LC* χapoτyoy *E* caropoi *H* χapoπoic *S* || αἰόλοι *Rose* : diologi *LHS* dial- *CE* || ubi LCE^1 : nisi *HS* uel ut E^2mg.

raît noir, signifient un esprit noble, juste, honnête et intelligent. Si les gouttelettes sont d'un rouge très vif, si parfois elles ne sont pas rondes, mais carrées, avec l'éclat du feu, et si intérieurement s'y mêlent, outre celles-ci, d'autres gouttelettes très pâles avec d'autres bleu clair, tandis qu'extérieurement des cercles rouge sang ou bleu foncé entourent ces mêmes iris, si les yeux sont grands et brillants et si les pupilles s'agitent comme sous l'effet de la colère, alors que les paupières sont ouvertes, ce type d'yeux recèle un esprit qui dépasse toute la férocité des bêtes sauvages. Toutes les horreurs imaginables ou inimaginables, les yeux de cette sorte peuvent les perpétrer : ni le meurtre des parents, ni aucune impiété ni les outrages envers les hommes ou les dieux ne les verront reculer. Polémon, notre source, a donné comme exemple de ce type un de ses contemporains qu'il assurait avoir été le pire des scélérats [1]. Donc, dans cette sorte d'yeux, plus les gouttelettes seront rouges et petites, plus elles indiqueront un homme irascible, injurieux et adultère, tandis que, plus grandes et plus sombres, elles atténuent ces défauts. Les gouttelettes rouge sang ou pâles dans des iris noirs, ou mélangées, indiquent des criminels et des empoisonneurs; mais, pâles, elles indiquent des gens davantage portés aux ruses et à une méchanceté plus dissimulée; rouge

1. La version arabe (126, 14-132, 28) présente une longue digression consacrée à la description de ce scélérat originaire de Syrie et à l'énumération de ses forfaits. Elle manque dans les épitomés d'Adamantius et du Ps.-Polémon. — *Polemon auctor* (formule reprise aux §§ 31, 34; 40, 105) : ni Loxos ni Aristote ne sont ainsi qualifiés. Comme, en dehors du paragraphe 1, ces deux auteurs ne sont qualifiés ni de *medicus* ni de *philosophus*, le terme ne paraît pas indiquer une activité particulière de Polémon au sens d' « écrivain » (au § 1, il est dit *declamator*). Les cinq occurrences de *Palemon auctor* introduisent des exemples personnels tirés de son traité de physiognomonie : cf. § 31, *Polemon auctor huius speciei exemplum in suo libro extulit* (mais § 32, *hoc exemplum... Polemo posuit*). Par *auctor* l'Anonyme indique intentionnellement que Polémon est *sa source* pour le passage en question.

animum, iustum, probum, ingeniosum significant. Vbi guttulae fuerint rubicundae uehementer, interdum non rotundae, sed quae ad quadrati speciem subluceant tamquam ignis, et intrinsecus aliae guttulae praeter eas perpallidae permixtae sint et aliae glaucae, circuli autem forinsecus easdem pupillas ambiant sanguinolenti uel cyanei, et magnitudo sit oculorum et nitor, et pupillae quidem ita moueantur ut ira moueri solent, palpebrae autem pateant, in huiusmodi oculis inhabitat animus qui ferarum omnem immanitatem excedit. Nam quicquid infandum cogitari uel non cogitari potest, huiusmodi oculis perpetrabile est : non a domestico sanguine, non ab impietate ulla, non ab iniuria hominum uel deorum hi oculi abstinebunt. Polemon auctor huius speciei exemplum ex homine temporis sui posuit quem sceleratissimum fuisse asseuerauit. In huiusmodi igitur oculis guttulae quanto magis rubicundae fuerint et minutae, tanto magis iracundum, iniuriosum, adulterum indicabunt, maiores autem et obscuriores uitia haec leniunt. Guttulae sanguinolentae uel pallidae in nigris pupillis uel utraeque permixtae maleficos et uenenarios indicant, sed pallidae dolis et obscuriori malignitati magis studentes, sanguineae audaces magis indicant. Summa obseruationis huius

ingeniosum *LCES* : -nium *H* || non *LCHS* : non etiam *E* || speciem *LHe* : -cies *CES* || sint *LCH* : sunt *ES* || sanguinolenti *LCES* : -inei *H* || omnem *LCEH* : omnium *C* || uel *LCHS* : autem *E* || deorum *LC* : diuorum *EHS* || polemon — asseuerauit *om.* *L* || auctor *CHS* : *om.* *E* || rubicundae fuerint *LCH* : f.r. *E* rubicundae *S* || et minutae *LCE* : *om.* *HS* || uitia haec *LES* : haec uitia *CH* || leniunt *LCES* : -nient *H* || guttulae sanguinolentae *LCS* : -lae sanguinee *E* sanguinolente gutte *H* || maleficos *Le* : -factos *C*[1] -factores *C*[2]*EH* -factorem *S* || uenenarios *EH* : -rium *S* uenerarios *LCe* || dolis *LCHS* : dolo *E* || obscuriori malignitati *EH* : -iori -tate *C* -iore -tate *LS* || audaces magis *LC* : magis audaces *EHS*.

sang, des gens plus audacieux. Pour résumer ces observations, plus les couleurs des gouttelettes sont nettes et manifestes, plus les défauts qu'elles dénoncent sont grands.

28 Venons-en à la bigarrure des yeux gris faite de cercles[1]. Un cercle noir, avec un autre cercle rouge, dans des yeux humides, sans autre anomalie[2], indique un homme généreux, sage, juste, intelligent et porté sur les petits garçons[3]. Ce sera son seul défaut. Un cercle noir suivi d'un cercle pâle désigne un homme fourbe, voleur, tout entier à l'argent, injuste et forniquant honteusement avec les femmes. Il existe aussi parfois des cercles aussi bigarrés que l'est, dans les nuages, l'arc-en-ciel que les Grecs appellent iris. Cette bigarrure, dans les yeux secs, dénonce la folie[4] ; dans les yeux humides, tout en ne les situant pas loin de la folie, elle indique la noblesse, la sagesse, la franchise et le courage, mais ils sont plus irascibles et plus portés à l'amour.

29 Nous devons maintenant traiter de la position des yeux[5]. Les yeux sans déviation et placés dans l'axe visuel indiquent la perfection du caractère. Les yeux tournés vers le haut dénotent la folie, mais montrent aussi une personne vorace et adonnée à l'amour et à la boisson. S'ils sont en outre agités d'un tremblement,

1. Version arabe, 134, 9 sq. ; Adamant., I, 11 (322, 3 sq.) ; Matrit., 1 (322, 9 sq.) ; Ps.-Polémon, 15 (322, 15 sq.).

2. *nulla alia asperitas interueniat* rend μήδεν ἄλλο ἄτοπον φαίνοιτο d'Adamant., 322, 4.

3. *iuxta pueros ⟨pronum⟩* = παιδεράστην d'Adamant. Foerster admet une lacune et propose dans l'apparat *dementem*. Nettleship (*Class. Rev.*, 5, p. 429) proposait *furiosum*. On rapprochera *iuxta uenerem proniores* de la fin du paragraphe.

4. *insaniam* : les termes correspondants des épitomés ont des sens très différents et divergent entre eux : μαργοσύνη « libertinage, concupiscence » (Adamant.), ματαιότης « vanité » (Matrit. et Ps.-Polémon) ; la version arabe donne *mendacium et prauitatem*.

ista est : quanto certiores et uehementius clari colores guttularum fuerint, tanto uehementiora designant uitia.

Veniamus ad uarietatem χαροπῶν quae ex circulis constat. Si niger circulus, ⟨alius⟩ si fuerit rubeus in humidis oculis et nulla alia asperitas interueniat, magnanimum hominem et sapientem, iustum, ingeniosum declarat, iuxta pueros ⟨pronum⟩. Hoc solo uitio non carebit. Si autem post nigrum circulum pallidus insequatur, fallacem, furem, pecuniae deditum dicit, iniustum, turpiter cum mulieribus conuenientem. Sunt interdum circuli tam uarii quam est arcus in nubibus, quem Graeci irin uocant. Haec uarietas si in siccis oculis fuerit, insaniam profitetur, si in humidis, non eos quidem longe ab insania constituit, uerum magnificentiam, sapientiam, ueritatem, uirtutem ostendit, iracundiores tamen et iuxta uenerem proniores sunt. **28**

Nunc de statu oculorum disputandum est. Cum sine ulla prauitate sunt oculi et statum [non] obtinent rectum, optimum mentis indicant statum. Oculi ad superiorem partem conuersi insaniam decla- **29**

ista est *L* : est ista *CEHS*.

28 ueniamus — constat *L* : *om.* *CEHS* || si niger *Foer.* : sinister *LCHS* minister *E* || alius si *ego* : si *codd.* secundus *Foer.* || alia asperitas *LH*[2]*S* : asperitas in alia *C* asperitas *E* alia uitia *H*[1] || interueniat *LCES* : -uenerint *H*[1] -uenerit *H*[2] || pronum *add. ego, cf. infra* : dementem *prop. Foer. in app.* || insequatur *L* : -quitur *CEHS* || dicit iniustum *LC* : *om.* *EHS* || mulieribus *LCeHS* : -re *E* || conuenientem *LC*[1]*eHS* : concumbentem *C*[2]*E* || *post* conuenientem *add.* et iniustum dicit *E* dicit et iniustum *S* et iniustum indicat *H* || quam *LCHS* : ut *E* || irin *H* : irim *CE* yrim *LS* || uerum *LCES* : unde *H* || ueritatem uirtutem *Foer.* : ueritatem *LC*[1]*H* uirtutem *C*[2]*E* sapientiam ueritatem *S* || iuxta *L* : circa *C* in *EHS*.

29 nunc -est *L* : *om.* *CEHS* || ulla *LC* : aliqua *E* ulla aliqua *HS* || prauitate *LC*[1] : parui- *C*[2]*EHS* || non *secl. Rose* || rectum *Foer.* : certum *codd.*

les défauts ci-dessus seront plus grands chez eux, car ils seront aussi sujets à l'épilepsie. Ces mêmes yeux tournés vers le haut, s'ils sont en outre pâles, donnent des gens cruels et homicides ; gros et rougeâtres, ils montrent des ivrognes, des gens adonnés au jeu, aimant furieusement les femmes, intempérants dans leur langage, toujours prêts à crier. Mais le point culminant de tous les défauts présentés par ce type d'yeux est la folie. Les yeux tournés vers le bas, comme s'ils tombaient, y ajoutent la cruauté et le manque de pitié. Mais si l'un est tourné vers le haut — car on rencontre souvent aussi ce type d'yeux —, s'il s'y ajoute un tremblement, si les sourcils sont dressés et si la respiration est assez rauque et assez précipitée, il faut déclarer la personne épileptique.

30 Les yeux de travers, s'ils sont déviés à droite, sont signe de sottise, à gauche, de débauche[1]. Les yeux de travers qui convergent et se rencontrent tous deux sur le nez sont le signe de désirs amoureux. En proportion de leur humidité, et si les paupières sont ordinairement

1. Version arabe, 122, 24 sq. ; Adamant., I, 10 (316, 9 sq.) ; Ps.-Polémon, 14 (316, 19 sq.).

rant, sed et uoracem uenerique ac uino deditum ostendunt. Praeterea si et tremor eos exagitet, quae praedicta sunt uitia erunt in his uehementiora. Nam et ἐπιληψίᾳ non carebunt. Idem oculi qui ad superna uersi sunt, si etiam pallidi fuerint, immites, homicidas faciunt; si subrubeant et magni *si*nt, uinolentos, aleae deditos, furiosos in mulieribus, intemperatos lingua, promptissimos ad clamorem ostendunt. Summa autem horum omnium uitiorum in huiusmodi oculis insania est. Oculi deorsum conuersi tamquam occidentes eo accedunt quod immites faciant et implacabiles. Si autem ad superna conuersus fuerit alter — nam et huiusmodi species oculorum plerumque reperta est — et accedat huic tremor ac supercilia subrigantur et anhelitus sit *a*sperior ac spissior, de hoc pronuntiandum est quod sit ἐπιληπτικός.

Oculi praui si ad dextram se conferant, stultitiae, **30**
si ad sinistram, libidini deditum arguunt. Cum autem praui sunt oculi, si inter se conueniunt et iuxta nares utrique sibimet occurrunt, uenerium signum

his *LC* : eis *EHS* ‖ ἐπιληψίᾳ *Foer.* : eπyʌнмcιa *H* eπyaмya *L* inania enyadama *E* hi pyacya *C* epiamia *S* ‖ idem *LCH* : item *ES* ‖ superna *LCHS* : superiora *E* ‖ si etiam *LHS* : etiam si *E* si et *C* ‖ sint *Rose* : sunt *LCEH*, *om.* *S* ‖ in huiusmodi oculis insania est *LCE* : insania in oculis est *H* insania est in oculis *S* ‖ conuersi *LE* : uersi *CHS* ‖ accedunt *codd.* : addunt *Foer.* ‖ quod *LCHS* : quo *E* ‖ faciant *L* : -ciunt *CEHS* ‖ superna *LCE* : superiora *HSe* ‖ plerumque *LES* : -risque *C* in plerisque *H* ‖ tremor *Le* : tumor *C* timor *EHS* ‖ subrigantur *EHS* : subreg- *L* subteg- *C* ‖ asperior ac spissior *Rose* : superior ac spissior *LCHS* spissior superior *E* ‖ ἐπιληπτικός : eπyaɴτιkωc *L* antykoyc *E* epyaɴʏkolic *C* нπιʌнɔ-тʏkoc *H* enyaнтıkoc.i.epilenticus *S*.

30 praui *L* : parui *CES* praeparui *H* ‖ dextram *C* : dexteram *LEHS* ‖ praui *LH* : parui *CES* ‖ conueniunt *LCHS* : -niant *E* ‖ utrique *LH* : uterque *CES* utrinque *Rose* ‖ occurrunt *LCHS* : -rrat *E* ‖ uenerium signum est *L* : -ris signum est *CE* signum est uenerium *HS*.

jointes, ils dénoncent des êtres complaisants et soumis aux désirs amoureux et à la passion[1] ; mais, s'ils sont assez secs et ouverts, ils sont signe d'impudence et d'injustice. S'ils tremblent, il n'est rien d'injuste ni de malhonnête qu'ils ne doivent tenter.

31 Cela étant, les yeux très enfoncés[2], en règle générale, font partie des mauvais signes. Mais s'ils tremblent comme tremble l'eau dans un récipient à demi plein et s'ils sont grands, si aucun autre signe fâcheux n'intervient, on ne les condamnera pas. C'est en effet l'enfoncement qui est mauvais signe : la grandeur et l'humidité retirent et corrigent le défaut. Les petits yeux enfoncés sont fourbes et envieux ; si de plus ils sont secs, cela les rend encore déloyaux, traîtres et sacrilèges ; mais s'ils sont fixes, c'est une preuve de folie. Les yeux larmoyants sont de même signe de ruse et de méchanceté. Les yeux larmoyants dans l'obscurité[3] sont stupides. Les yeux très enfoncés de grandeur moyenne, gris, secs, fixes, avec en outre de larges sourcils, comme surplombant les joues, et le tour des yeux pâle et livide indiquent un impudent, méchant, ennemi des puissants[4], fauteur

1. *ueneri et amori gratos et obnoxios* : tentative gauche pour rendre le χάρισι καὶ ἀφροδίτῃ καὶ ἐρωσίν εἰσι φίλοι d'Adamant., 317, 2-3.

2. Version arabe, 136, 3 sq. ; Adamant., I, 12 (324, 1 sq.) ; Matrit., 2 (324, 7 sq.) ; Ps.-Polémon, 16 (324, 13 sq.).

3. *qui in obscuritate diffluunt* correspond à Adamant., 325, 4, εἰ μέντοι ἅμα ὑγρότητι (Ps.-Polémon, 325, 16, τῇ ἁβρότητι) ὑπορρέοιεν, et Version arabe, 136, 18 : *si uero cum umore fluunt*. Pourtant, au paragraphe 38, *qui humidi sunt* traduit correctement ἅμα ὑγρότητι d'Adamantius, du Matritensis et du Ps.-Polémon. Mais le Matritensis, 325, 9, donne ici la faute ἀμαυρότητι, qui était assurément la leçon de l'exemplaire utilisé par l'Anonyme.

est. Et quanto magis humidi fuerint et si plerumque palpebras iungunt, ueneri et amori gratos et obnoxios profitentur; si autem sicciores et patuli fuerint, impudentiae et iniquitatis esse designant. Si trementes fuerint, nihil non audebunt quod iniquum sit et improbum.

Caui igitur nimium oculi, quantum ad generalem regulam pertinet, in deterioribus signis habentur. **31**
Verum si idem submoueantur ut aqua conceptaculo semipleno mouetur, et magni sint, si nullum signum aliud molestum interueniat, non sunt recusandi. Nam quod caui sunt mali nota est; quod maiores et humidi sunt reuocat ac reformat uitium. Oculi caui, parui subdoli sunt atque inuidi; si accedat et siccitas, etiam infideles facit et proditores et sacrilegos; sed cum rigidi sunt, insaniae arguunt. Diffluentes similiter doli et malignitatis signa sunt. Qui in obscuritate diffluunt stulti sunt. Oculi caui nimium mediae magnitudinis, χαροποί, sicci, rigidi, praeterea si habeant supercilia lata tamquam genis imminentia et circa oculos pallorem atque liuorem, impudentem, malignum, potentibus in*imi*cum, concinnatorem

plerumque palpebras *LH* : -rique palpebras *S* palpebras plerique *CE* || fuerint *LCE* : *om. HS* || nihil *S* : nichil *LC*¹*H*, om. *E* del. *C*² || iniquum *CHS* : non iniquum *LE*.

31 *tit.* De cauis oculis *L* De oculis cauis *H* || igitur *LEHS*, *om. C*, *secl. Foer.* || submoueantur *CES* : summo- *H* sic mo- *L* sic moueatur *e* || conceptaculo semipleno *L* : concepta oculo semipleno *S* c.o. semiplena *H* c.o. semini pleno *C* -ta semipleno oculo *Ee* || mouetur *LCHS* : -entur *E* -eatur *e* || quod caui *LHS* : quidem caui *C*¹ quod concaui *C*²*E* || quod *LEHS* : qui si *C* || ac *L* : et *CEHS* || reformat *LCES* : refrenat *H* || diffluentes *LHS* : deflu- *CE* || doli *H*, *Rose*, *cf.* § *24* : doloris *LCES* -rum *Foer.* || diffluunt *LHS* : deflu- *C*²*E* deficiunt *C*¹ || χαροποί : xapoτoy *E* xpoΝoy *L* xpoΝoτ *CHS* || ḥabeant *L* : habent *CEHS* || potentibus *LCE* : parent- *HSe* || inimicum *Foer.* : iunctum *LCES* ĭctum *e* inoboedientem *H* || concinnatorem *LC*¹*HSe* : coinquina- *C*²*E*.

d'affaires et de procès, jamais calme, ne méditant jamais que méfaits. Polémon, notre source, sur ce point aussi, a donné dans son ouvrage un exemple de ce type pris à un de ses contemporains[1].

32 Les yeux hauts et saillants[2] doivent être comptés parmi les mauvais signes, mais, quand une enflure boursoufle un peu le tour de l'œil, c'est le siège de la folie ; quand le tour de l'œil est creusé et forme comme une fosse, c'est le signe d'un esprit fourbe et perfide. Les yeux proéminents et sanguinolents dénotent un ivrogne et, s'ils sont bleu clair, un être injuste, stupide, et plus encore que stupide[3], si la paupière supérieure est lourde et pesante. Les yeux proéminents et secs ⟨sont ceux des parricides, des assassins d'enfants et des empoisonneurs⟩[4]. Une seule espèce d'yeux proéminents est bonne : grands, brillants, très lumineux, humides, ils indiquent un esprit juste, porté à s'instruire, sage et porté à l'amour[5]. Tels étaient, croit-on, les yeux du philosophe Socrate qu'Apollon Pythien déclara le plus sage des hommes[6]. Les yeux très proéminents, rouges, petits dénotent un homme privé de bon sens, à la langue déchaînée, mais aussi au corps débile. Polémon en a présenté un exemple connu de lui[7].

1. La Version arabe, dans un long récit (138, 1-142, 2), nous apprend tous les méfaits de ce Corinthien.

2. Version arabe, 142, 3 sq. ; Adamant., I, 13 (325, 5 sq.) ; Matrit., 3 (325, 11 sq.) ; Ps.-Polémon, 3 (325, 17 sq.). — *alti atque elati* : deux termes, selon un usage fréquent de l'Anonyme (cf. Introduction, p. 36), pour rendre un mot grec unique, ici ἐξέχοντες des trois épitomés.

3. *stolidum et plus quam stolidum* : erreur de traduction provenant d'un texte fautif ; cf. Adamant., 326, 5, εἰ τὰ βλέφαρα αὐτοὺς βαρύνει, πλείων ἡ ἄνοια « la sottise est plus grande ». Comme l'a signalé Foerster, le texte dont disposait l'Anonyme portait ἤ au lieu de ἡ.

negotiorum atque causarum, numquam quietum, numquam non mali aliquid cogitantem declarant. P*o*lemon auctor etiam hac de causa huius ⟨speciei⟩ exemplum in libro suo extulit ex homine suorum temporum.

Alti atque elati oculi in deterioribus signis habendi **32**
sunt, sed ubi tumor circum oculos paulatim attollitur, insania inhabitat; ubi ambitus oculi cauus tamquam fossa est, subdolam mentem insidiosamque declarat. Prominentes oculi sanguinolenti temulentum hominem asseuerant, glauci iniustum et stolidum et plus quam stolidum, si superioribus ciliis onerentur ac praegrauentur. Si autem promineant et sicci sint ⟨.......⟩ Vna species prominentium bona est oculorum : si magni sint nitentes, perlucidi, humidi, iustum, docilem, prouidentem, am*a*torem indicant. Tales existimantur oculi Socratis philosophi fuisse, quem Apollo Pythius prudentissimum pronuntiauit. Oculi nimium prominentes, rubicundi, parui incompotem mentis hominem et linguae effrenatae, sed nec corpore stabilem esse declarant. Hoc exemplum tamquam a se cognitum P*o*lemon posuit.

numquam non *HSe* : non numquam *LE* numquam *C* || hac *LCE* : hanc *S* hac etiam *H* || speciei *add. Foer. ex cap. 28* || in libro — temporum *LCHS* : ex homine suorum temporum in libro suo intulit *E* || extulit *LHS* : intulit *E* posuit *C*.

32 *tit.* De oculis altis et elatis et aliis multimodis *H* || tumor C^2EH : furor tumor *LS* tumor furor C^1 || circum *LH* : circa *CES* || temulentum LC^2H : -tem *S* -tus C^1 tremulentum *E* || ciliis *LEH* : ciclis *CS* || sint *S* : sunt *LCEH* || *lacunam ind. Foer.* || prominentium bona est oculorum *LC* : b. est p.o. *E* p.o.b. est *HS* || si... sint *LCHS* : ut si... sunt *E* || prouidentem *codd.* : prudentem *Foer.* || amatorem *Foer.* : ammonitorem *LCH* amo- *ES* || pythius : pytius *L* pithius *H* pitius C^1 phi- C^2 phylosophus *E* || corpore *LCe* : debilem corpore uel *E*, *om. HS*.

33 Il ajoute que les yeux tremblotants, palpitants et sautillants, que les Grecs appellent παλλόμενοι (bondissants)[1], s'ils sont petits, montrent la ruse et l'astuce, et s'ils sont grands, sont la proie de la stupidité et de la folie furieuse. Mais les yeux de grandeur moyenne, humides et très lumineux, indiquent une personne noble, qui médite et réalise de grandes choses. Est réellement irascible, ivrogne, vaniteux, épris de gloire plus qu'il n'est permis à un homme, celui qui possède les signes de tels yeux. Il faut savoir que c'étaient, croit-on, les yeux d'Alexandre le Grand[2]. Les yeux dont le tour est enflé sont cruels, impies, gloutons, paillards et adonnés aux autres plaisirs ; n'étant fous que des oreilles et des yeux, un simple rappel à la raison suffit à les radoucir et à les calmer[3]. Certains yeux sont souvent cernés de bistre ; si les signes tirés de l'intérieur ne sont pas meilleurs[4], on les comptera au nombre des indices de parties ⟨corporelles⟩ mauvaises. Ils sont en effet audacieux, déloyaux et injustes.

34 Les yeux qui sont comme enténébrés[5] sont malfaisants et d'autant plus s'ils sont secs, et peu importe qu'ils soient grands ou petits, sinon que les petits révèlent une malveillance pire. Le type d'œil susdit, c'est-à-dire enténébré, s'il est enfoncé, de grandeur

1. Version arabe, 144, 16 sq. ; Adamant., I, 14 (328, 1 sq.) ; Matrit., 4 (328, 12 sq.).

2. Plutarque, *Alex.*, 4, 1, 1, signale justement τὴν ὑγρότητα τῶν ὀμμάτων d'Alexandre le Grand.

3. Foerster est d'avis que l'Anonyme disposait d'un texte différent de celui d'Adamantius. En effet, κιθάρας καὶ αὐλοῦ καὶ μουσικῆς ἥττους (κιθαριστάς, αὐλητάς, μουσικούς, Matrit., 329, 1 ; deest Ps.-Polémon ; *cantuum amorem*, Version arabe, 146, 4) ne répond pas du tout à *quod per aures — mitigantur.* Je penche pour l'insertion d'un texte emprunté à Loxos.

4. De l'intérieur, c'est-à-dire de l'œil lui-même par opposition au cerne ou à la boursouflure.

Addidit praeterea quod trementes micantesque oculi et salientes, quos Graeci παλλομένους dicunt, si parui, dolos et uersutias ostendunt, si magni, stultitia ac furiis attinentur. At ubi moderatae magnitudinis et humidi sunt atque perlucidi, magnificum hominem, magnarum rerum cogitatorem atque perfectorem indicant; sane iracundum et uino deditum et iactantem sui et cupidum gloriae ultra condicionem humanam ostendunt, cui huiusmodi oculorum signa contigerint. Scias quia his oculis aestimatur etiam Alexander Magnus fuisse. Circumtumentes oculi immites, sine pietate, uentri et ueneri studentes et aliis uoluptatibus dediti; qui quod per aures et oculos insipiunt, etiam sola ratione molliuntur atque mitigantur. Sunt oculi plerumque liuore circumdati; qui si interiora signa non meliora habuerint, inter malarum partium indicia accipito. Nam et audaces et infideles et iniusti sunt. 33

Oculi qui tamquam tenebrosi sunt nocentes sunt, tanto magis si fuerint sicci, nec interest an magni uel parui sint, nisi quod maiorem nequitiam cum parui sunt profitentur. Supradicta species oculi, id 34

33 παλλομένους *Rose* : παμωΝεΝωyc *L* παμωΝαιχ *C* tiamconenayc *E* παмωNenayc *H* παмcbHeHapc *S* || attinentur at *LCHS* : -nent ac *E* || atque *LCS* : ac *H* et *E* || atque *LCE* : ac *HS* || contigerint — oculis *om.* C^1 || contigerint LC^2HS : -tingunt *E* || scias *E* : sciat LC^2HS || dediti *LCES* : -tos significant *H* || qui quod C^2E : quod LC^1S et qui *H* || insipiunt *LHS* : inspiciunt *CE* || ratione LCE^1 : oratione E^2HS || plerumque *L* : -rique *CEHS* || interiora *LCHS* : deter- *E* || malarum LC^2E : malorum C^1HS || partium *LE* : parcium C^2 parium C^1HS || audaces — sunt *LCHS* : infideles et audaces sunt et etiam iniusti *E*.

34 tanto magis si *LCE* : et tam magis quam *HS* || uel parui sint *LEH* : sint an parui *C* an parui *S* || sunt *LCHS* : sint *E* || oculi *LES* : -lorum *C*, *om. H*.

moyenne et calme, signifie un esprit inquiet, porté à s'instruire, curieux, circonspect[1], mais peureux, très regardant et dissolu[2]. Les yeux embrumés sont imprégnés de vices, déloyaux, sans retenue. On en doit conclure que les yeux qui en sont le contraire, c'est-à-dire très lumineux, sont les meilleurs, si aucun autre indice ne s'y oppose. Tels furent, d'après Polémon, notre source, les yeux de l'empereur Hadrien : gris, humides, perçants, grands et très lumineux[3].

35 La luminosité n'est pas très bon signe, si elle s'accompagne de scintillement[4]. En effet[5] le scintillement des yeux bleu clair et rouge sang du moins indique la témérité et presque la folie ; celui des yeux gris dénonce une méfiance générale. Le scintillement des yeux noirs est détestable : il signifie crainte et ruse. Quand ils sont aussi rieurs, ils dénotent le plus haut degré d'impudence et de méchanceté.

36 Les yeux au regard perçant[6] ou, comme disent les Grecs, γοργόν[7], sont mauvais, mais, s'ils sont humides, indiquent une personne belliqueuse, véridique, rapide

1. La leçon manuscrite *maturum* correspond à εὐλαβής « circonspect » des trois épitomateurs. Landgraf a conjecturé *astutum*, et Foerster *cautum*. C'est cependant bien aussi le sens de *maturus* ; cf. *Thes. L. L.*, VIII, fasc. IV « fere i. q. prudens et moderatus et grauis. »

2. *minus continentem* : cf. version arabe, 146, 19, *eis... mulierum amorem adscribe* (manque dans les trois épitomateurs grecs).

3. La mention de l'empereur Hadrien ne figure que dans la Version arabe, 148, 6-9, *Sunt certe oculi Hadriani imperatoris huius generis nisi quod luminis pulcri pleni sunt atque charopi acres obtutu, cum inter homines uisus non sit quisquam luminosiore praeditus oculo.* Cf. E. C. Evans, *Roman description of personal appearance in History and Biography*, in *Harvard Studies in Class. Philol.*, 46 (1935), p. 50.

4. Version arabe, 148, 10 sq. ; Adamant., I, 16 (331, 1 sq.) ; Matrit., 6 (331, 8 sq.) ; Ps.-Polémon, 19 (331, 15 sq.) ; — *sanguinolentus* = αἱματώδης des épitomés grecs.

est tenebrosi, si cauus, temperatae magnitudinis et quietus fuerit, sollicitum, docilem, discendi cupidum, maturum, uerum timidum et satis parcum ac minus continentem significat. Oculi caligine obsiti malis artibus imbuti sunt, infideles, intemperantes. Vnde intelligendum est optimos esse contrarios, id est perlucidos oculos, si nullum extat aliud indicium quod impugnet. Tales P*o*lemon auctor refert fuisse oculos *H*adriani imperatoris : χαροπούς, humidos, acres, magnos, luminis plenos.

Lumen autem ⟨non⟩ ita bonum est, si corusci 35
sint. Oculi autem corusci si quidem glauci sint et sanguinolenti, temeritatem indicant et prope insaniam, χαροποὶ autem suspicacem in omnibus rebus hominem declarant. Nigri corusci t*a*eterrimi oculi : timidum ac subdolum designant. Cum autem risui permixti sunt, summam notam impudentiae ac malitiae proferunt.

Oculi acriter intuentes, ⟨id est γοργόν⟩, ut a Graecis 36
dicitur, molesti sunt, sed qui humidi sunt bellatorem

tenebrosi *LEHS* : -brosorum *C* || cauus *LEH* : caui *CS* || quietus fuerit *LEHS* : -ti fuerint *C* || discendi *codd.* : uisendi *Foer.* || maturum *codd.* : cautum *Foer.* astutum *Landgraf* || uerum *E*[1]*HS* : uirum *LCE*[2] uersutum *Landgraf* || timidum *EHS* : tum- *LC* || ac *L* : et *CEHS* || minus *codd.* : nimis *Foer.* || oculos *LC* : *om.* *EHS* || extat aliud *L* : aliud extat *H* errat aliud *C* erit aliud *S* aliud est *E* || palemon auctor refert fuisse *LS* : p.a.f.r. *E* fert p.a.r. fuisse *C* p.a. narrat fuisse *H* || χαροπούς : χαροπογc *L* χαροноуc *C* χαροcιoys *E* χαροποic *H* || humidos *LCE* : humiles *HSe* || acres *LCHSe* : alacres *E*.

35 non *add. Foer.* || sint *LEH* : sunt *C*[2]*S*, *om.* *C*[1] || autem *codd.* : enim *Foer.* || sint *LS* : sunt *CEH* || χαροποί *Foer.* : curui *codd.* || esse declarant *E* || taeterrimi : teter- *LCES* deter- *H* || timidum *E* : tum- *LCHSe* || summam *codd.* : summae *Foer.* || malitiae : -itie *e* -icie *HS* -itiam *CE* -iciam *L* || proferunt *LCE* : praefe- *HS*.

36 id est γοργόν *add. Foer.* : uel γοργόν *Rose.*

dans l'action, imprévoyante[1] et sans méchanceté. Mais les yeux au regard perçant qui sont également enfoncés, petits et secs indiqueront des gens cruels, insidieux[2], dissimulant leurs pensées criminelles, capables de tout oser et de tout exécuter, et d'autant plus qu'ils ont la surface de l'œil plus lisse[3]. Il est préférable qu'à ce type d'yeux s'ajoutent un front couvert, des paupières droites et des sourcils hérissés. Cette particularité est en effet signe de courage, d'audace et d'ardeur, mais aussi signifie irréflexion et absence de méchanceté. Mais, si le front, les sourcils et les paupières sont paisibles et lisses, alors que le regard par lui-même[4] de ces mêmes yeux est désagréable, farouche et dur, on leur attribuera la cruauté, l'inhumanité et la férocité, comme ci-dessus, ainsi que toutes les ruses possibles.

37 Les yeux rieurs et gais ne méritent pas tous des éloges[5]. En effet ceux qui sont secs et regardent en dessous sont indice de méchanceté. Mais aussi il faut considérer les yeux enfoncés et rieurs comme placés en embuscade, surtout si les joues[6], les sourcils et les lèvres s'agitent : cette sorte de rire indique en effet qu'on médite des crimes ou imagine des ruses. Et si, outre ces signes, les paupières tantôt se ferment, tantôt s'ouvrent, si parfois l'œil s'agite, cela dévoile en outre à l'intérieur

1. *improuidum* (*prouidum* codd.) ; correction de Rose d'après Adamant., 332, 5, ἀπρονόητοι (id. Matrit. et Ps.-Polémon).

2. *insidiosos* (*inuidiosos* codd.), correction de Rose d'après Adamantius, 333, 1, ἐπίβουλοι (id. Matrit. et Ps.-Polémon). Sur la confusion des manuscrits entre *inuidiosus* et *insidiosus*, cf. p. 71, n. 5.

3. *superficiem oculi* est une mauvaise traduction de ἐπισκύνιον « peau du front au-dessus des sourcils » : Adamant., 333, 2-3, Εἰ δὲ ἐπὶ τοιούτοις ὀφθαλμοῖς ἐπισκύνιον βαρὺ νεύει (ἐπισκύνιον ἔχουσιν ἐννεῦον Matrit., 333, 8 ; ἐπισκύνιόν ἐστιν ἐννεῦον Ps.-Polémon, 333, 15). Mais la version arabe, 152, 11, laisse soupçonner un autre texte : *cum pupillae sit frons grauis et corrugata.*

indicant, ueredicum, uelocem in agendis rebus, *im*prouidum, innoxium. Qui autem intendunt acriter et sunt idem caui, parui, sicci, saeuos, in*s*idiosos atque ex occulto nocentes, omnia audentes, omnia perpetrantes indicabunt, eo magis quo superficiem idem oculi habuerint leuiorem. Praestat enim iuxta huiusmodi oculos frontem obduci, palpebras erigi, supercilia exasperari. Est enim haec circumstantia fortitudinis, audaciae, animositatis index, inconsultos tamen ac minus nocentes significat. At ubi frons, supercilia, palpebrae tranquilla et leuia fuerint, aciem autem intrinsecus amaram, trucem, asperam idem oculi continuerint, crudelitatem et immanitatem atque saeuitiam supradictam et dolos omnes his oculis adiudicabis.

Oculi cum risui uoluptatique permixti sunt, non **37**
omnes laudabiles. Nam qui sicci sunt et subterintendunt malitiae sunt indices. Sed et caui oculi qui arrident tamquam in insidiis constituti habendi sunt, multo magis si gen*a*e et supercilia et labella commoueantur; nam hic risus aut cogitationes rerum nefandarum aut conceptos dolos indicat. Et si quidem cum his signis etiam palpebrae interdum coeant, interdum separentur atque interdum oculus commoueatur, detegunt intra cogitationem adhuc esse

ueredicum *L* : ueridi- *CSe* uerecundum ueridicum *H* iudicem *E* || improuidum *Rose* : proui-*codd.* || acriter *LCHS* : grauiter *E* || caui parui *LCE* : parui caui *HS* || insidiosos *Rose* : inuid- *LCHS* et inuid- *E* || indicabunt *LCE* : -cant *HS* || idem *L* : *om.* *CEHS* || habuerint *LCHS* : habebunt *E* || leuiorem *E*^{1}*HS* : leni- *LCE*^{2} || erigi *C*^{2}*E* : regi *LC*^{1}*HS* || nocentes *LCHS* : noxios *E* || leuia *E*^{1}*HS* : lenia *LCE*^{2} || atque *LC* : et *EHS*.

37 *tit.* De oculis ridentibus *H* || risui *LCe* : risu *CHS* || uoluptatique *LCe* : -tateque *HS* -tatibusque *E* || genae : -ne *CEHS* : -nas *L* || labella *LCE*^{1} : labra *E*^{2}*HS* || oculus *L* : -lis *C* -li *EHS* || commoueatur *L* : -eantur *CEHS*.

une intention malveillante. Mais si les yeux sont ouverts, rieurs et mobiles, ils avouent que la malveillance est passée aux actes. Donc, plus on verra les yeux rieurs, mais seulement les yeux secs, plus ils seront dangereux. Les yeux rieurs et humides révèlent un esprit sans méchanceté, mais sot, sans perspicacité, sans cœur, sans sagesse et sans retenue. Quand les yeux sourient doucement et sont humides, si une joie franche et entière règne sur tout le visage, avec les paupières relâchées, le front souple, le bord des paupières [1] assez détendu, dans cet état des yeux on aura un esprit noble, juste, doux, pieux, hospitalier, agréable, sage, porté à s'instruire et à l'amour.

38 Les yeux sombres ne sont pas tous redoutables [2]. En effet ceux qui sont humides sont portés à la méditation et indiquent l'existence d'un goût pour les arts libéraux. Si les sourcils sont détendus, si le front est détendu, si les paupières se ferment calmement et s'ils méritent des éloges [3], ils indiqueront un esprit loyal, bienveillant, réfléchi et doué de sérieux [4]. Si les yeux sombres sont également secs, avec en outre un front sévère, un regard perçant, des paupières presque droites, ils sont criminels, farouches, capables de tous les forfaits et de toutes les audaces.

1. *ciliis* : ici encore le « bord des paupières », cf. Adamant., 337, 2 : τὰ ἀμφὶ τὰ βλέφαρα (id. Matrit. et Ps.-Polémon).

2. Version arabe, 154, 22 sq. ; Adamant., I, 18 (337, 5 sq.) ; Matrit., 8 (337, 11 sq.) ; Ps.-Polémon, 21 (337, 16 sq.).

3. *et sint laudabiles* : la phrase n'est pas satisfaisante et l'Anonyme s'est embrouillé dans la traduction ; le rapprochement de la Version arabe, 154, 4, *laudes eum*, et du résumé (lacunaire) d'Adamantius permet de rétablir le développement : « si les sourcils sont détendus, si le front est détendu, si les paupières se ferment calmement, les yeux méritent les éloges : ils indiqueront... » Dans cette perspective, on pourrait penser à supprimer *et* devant *sint laudabiles*.

iniquam. Si uero propateant oculi cum risu et errent, perpetratam iniquitatem esse declarant. Quanto igitur oculi magis arridere uidebuntur, sicci dumtaxat, tanto erunt magis perniciosi. Si uero arrideant et sint humidi, innocentem quidem animum, uerum stolidum, sine sensu perspicaci, sine affectu, sine prudentia, sine continentia addicunt. Cum subrident molliter oculi atque humidi sunt, u*bi* totius uultus aperta atque absoluta laetitia fuerit remissis palpebris, fronte molli, ciliis aliquanto laxioribus, in hoc statu oculorum ingenium magnificum, iustum, mansuetum, religiosum, hospitale, gratum, prudens, docile, amatorium erit.

Tristes oculi non omnes timendi sunt. Nam qui **38**
humidi sunt in cogitatione constituti sunt et studia optimarum artium inesse indicant. Et si supercilia laxiora sint et frons laxior cumque tranquillitate coniueant palpebrae et sint laudabiles, ingenium indicabunt fidum, benignum, pensum, grauitate praeditum. Si autem tristes oculi etiam sicci s*i*nt et accedat ad hoc frontis asperitas, aciei intentio, palpebrae subrectae, sunt nocentes, feri, nihil intemptatum facinus, nihil inausum relinquentes.

propateant *LCE* : pateant *HS* || iniquitatem esse *LC* : e.i. *EHS* || erunt magis *LC* : magis erunt *EHS* || humidi *E* (ὑγροί *Adam.*) : tum- *LCHS* || sine sensu perspicaci *E* : superstitiosum *e*, *om.* *LCHS* || addicunt *LC* : addictum *S* indicant *EH* || ubi *Foer.* : cum *codd.* si *Rose* || hospitale C^2E : -lem LC^1S gratum *H* || prudens *E* pudens *LC* pudentem *HS* || erit *LC* : indicant *E* declaratur *H* -rant *S*.

38 *tit.* De oculis tristibus *H* || timendi *LE* : timidi *CHSe* || indicant *LCE* : significant *HS* || laxiora sint *LE* : -ra sunt *S* sint laxiora *C* sunt lax- *H* || coniueant *HS*, *Rose* : conueniant *LCE*, *Foer.* || palpebrae et *Foer.* : et palpebrae *codd.* || indicabunt *LCES* : -cant *H* || pensum *LCHS*, *Foer.* : *om.* *E* || praeditum *Ce* : predi- *L* dedi- *E*, *om.* *HS* prudens *Foer.* (pensum grauitate, prudens) || etiam *LHS* : et *CE* || sint *Rose* : sunt *codd.* || sunt *H* : *om.* *LCES* erunt *Foer.* || intemptatum — nihil *L* : *om.* *CEHS*.

39 Les yeux clos, aux paupières jointes[1], si du moins ils se ferment et s'ouvrent fréquemment, font reconnaître un esprit malveillant, insidieux et malfaisant. Humides, ils indiquent un homme qui cultive les arts libéraux. S'ils ne sont pas humides, mais accompagnés de tremblement et de pâleur, ils annoncent l'apoplexie[2] ou en tout cas la déraison. Ceux qui gardent leur fixité, s'ils joignent du moins presque leurs paupières et se lèvent eux-mêmes vers le haut, ⟨annoncent⟩ la folie ⟨.....⟩[3]. Ils sont plutôt féminins que masculins, mais ils veulent cacher leur défaut, et c'est cela même qui les dénonce davantage aux yeux des personnes expérimentées.

40 Nous en avons terminé avec les yeux clos. Passons maintenant aux yeux ouverts[4]. Les yeux fréquemment et largement ouverts et fixes indiquent des pensées, mais, pour savoir si elles sont bonnes ou mauvaises, on devra juger d'après les qualités rappelées ci-dessus. Il est en effet établi que, s'ils sont humides, lumineux, assez grands, profonds et mous, ils recèlent de meilleures pensées, mais que, s'ils sont secs, sombres, petits, saillants[5], durs et fixes, ils révèlent de mauvaises pensées et le regret de mauvaises pensées. Mais si les yeux ouverts ⟨.....⟩[6], ils donnent un esprit vain et hébété. Les yeux largement ouverts, scintillants, au regard doux, comme

1. Version arabe, 156, 11 sq. ; Adamant., I, 19 (339, 3 sq.) ; Matrit., 9 (339, 9 sq.) ; Ps.-Polémon, 22 (339, 15 sq.).

2. ἀποπληξίαν est donné par la tradition manuscrite de l'Anonyme. Mais c'est ἐπιληψίαν qui figure dans Adamant., 339, 1, Matrit., 339, 11, et Ps.-Polémon, 339, 18, et qui conviendrait mieux pour le rapprochement avec *insania*. La Version arabe, 156, 18, ne traduit pas le mot.

3. Il y a là une lacune importante, car ceux qui sont *potius feminae quam uiri* ne sont pas les yeux fixes de la phrase précédente. La Version arabe et les trois épitomés grecs permettent de la combler ainsi : « ceux dont les yeux sont incapables de tenir les paupières droites et les sourcils immobiles, et sont atteints de tremblement, et dont le regard vibre sont des androgynes. »

Oculi subclausi et coniungentes palpebras si quidem frequenter concluduntur et reserantur, malignos mores et insidiosos et nocentes dant intelligendos. Si autem humidi fuerint, bonae artis studiis indicant hominem occupatum. Et cum humidi non sunt, sed tremore et pallore permixti, ἀποπληξίαν uel certe insaniam nuntiant. Quibus autem status suus permanet, cum palpebras quidem propemodum coniungunt, ipsi autem superius extolluntur, insaniam ⟨. . . . . . .⟩. At hi potius feminae quam uiri sunt, sed celare uitium gestiunt atque hoc ipso magis apud experientes deteguntur. **39**

Satis de conclusis. Nunc de patentibus disputemus. Oculi cum frequenter et lat*e* *pat*escunt atque consistunt, cogitationem quidem indicant, uerum bona necne sit cogitatio ex supra memoratis qualitatibus colligendum erit. Constat enim, si humidi, si lucidi, si maiores, si profundi, si molles fuerint, meliores cogitationes continere, si autem sicci, si obscuri, si parui, si a*lt*i, si duri, si directi fuerint, malas cogitationes et male cogitatae rei paenitentiam eos profiteri. Sin autem patentes oculi ⟨. . . .⟩, uanum et attonitum faciunt. Oculi late patentes **40**

39 subclausi *L* : obcl- *CES* occl- *H* || palpebras *LCHS* : -bre *E* || concluduntur *LCES* : coniunguntur *H* || mores et *LC* : mores *ES*, *om.* *H* || *post* fuerint *lacunam suspicatus est Foer. in app.* || ἀποπληξίαν : αποπλαnξιαn *L* αποπαhτιαh C^1 αποπλeξιαn *H* apoplexiam C^2E || palpebras *LCHS* : -bre *E* || coniungunt *LCS* : -guntur *EH* || insaniam *LHS* : -iam notant *E* -iam significant *C* || *lacunam ind. Foer.*

40 satis — disputemus *L* : *om.* *CEHS* || et *LC* : *om.* *EHS* || late patescunt *Rose* : latescunt *LCH* laces- *ES* || cogitationem *LCHS* : -ni *E* || cogitatio *LCE* : *om.* *HS* || alti *ego* : caui *codd.* || malas cogitationes *LCHS* : cogitationem malam *E* || male *E* : malae *C* malam *LHSe* || cogitatae *LC* : tate *Ee* -tare *HS* || sin *LCHS* : si *E* semper *Foer.* || *lacunam ego ind.* || oculi *LEHS* : -li qui *C*.

faits pour la douceur et la grâce ⟨......⟩ s'accordent ⟨..... C'est ce que⟩ rapporte du moins Polémon, notre source, qui a décrit ainsi un eunuque son contemporain. Il n'en a pas donné le nom, mais on comprend qu'il parle de Favorinus[1]. Il lui attribue aussi les signes physiques suivants : front tendu, joues molles, bouche lâche, cou étroit, grosses jambes, pieds volumineux formant comme un amas de chair, voix féminine, langage de femme, tous les membres et toutes les articulations sans vigueur, lâches et détendus. Incapable de résister à la débauche, il subissait, dit-il, toutes les turpitudes et faisait tout ce qu'il subissait ; il était de plus médisant et irréfléchi, mais s'intéressait aussi aux maléfices, car on disait même qu'il vendait secrètement un poison mortel.

41 Les yeux qui se ferment et s'ouvrent fréquemment[2] signifient la crainte et la faiblesse ; mais quand en outre ils sont secs, on reconnaît qu'ils méditent des ruses et préparent en secret des embûches ; s'ils sont révulsés ou pâles, qu'ils indiquent la sottise. Quand les yeux ne clignent pas, mais sont ἀσκαρδάμυκτοι (incapables de cligner), comme disent les Grecs, et si de plus leur regard

1. Les trois textes grecs ne font aucune allusion à cet eunuque, mais seulement la Version arabe, 160, 12 sq., qui, sans le nommer, le dit gaulois. Pour le type de l'eunuque, cf. Adamant., II, 3 (351, 10) ; Matrit., 14 (351, 12) ; Ps.-Polémon, 84 (351, 14). Le rhéteur et philosophe sceptique Favorinus d'Arles, eunuque, né vers 80-85, disciple de Dion Chrysostome, ami de Plutarque, qui résida à Rome sous Trajan, Hadrien et Antonin. Sur sa nature, ses mœurs et son style efféminés, cf. Philostrate, *Vit. soph.*, 1, 8. Lucien, *Demonax*, 12-13, cite les bons mots de Démonax se moquant de l'absence de virilité et de barbe de Favorinus : « Je veux vous rapporter quelques-uns des bons mots qu'il assénait avec tant de justesse et d'esprit. Je ne saurais mieux commencer que par Favorinus et les traits qu'il lui lança. Favorinus ayant appris qu'il tournait en ridicule ses conférences et en particulier ses phrases d'un style trop haché, qui lui paraissait vulgaire, efféminé et peu convenable à la philosophie, il alla lui demander qui il était pour se moquer de ses leçons. « Un homme, répondit-il, dont les oreilles ne sont pas faciles à tromper ». Comme le sophiste lui demandait en insistant : « Quelle était, Démonax,

micantes leniter intendentes tamquam concinnati ad suauitatem et gratiam ⟨....⟩ congruunt ⟨.....⟩ a P*o*lemone quidem auctore referuntur, qui *eunuch*um sui temporis fuisse hunc hominem descripsit. Nomen quidem non posuit, intelligitur autem de Fauorino eum dicere. Huic cetera corporis indicia huiusmodi assignat : tensam frontem, genas molles, os laxum, ceruicem tenuem, crassa crura, pedes plenos tamquam congestis pulpis, uocem femineam, uerba muliebria, membra et articulos omnes sine uigore, laxos et dissolutos. Hunc dicit impatientia libidinum quae turpia sunt omnia passum esse et egisse quae passus est, praeterea maledicum, temerarium, sed et maleficiis studentem ; nam et letiferum uenenum dicebatur clanculo uenditare.

Oculi qui frequenter clauduntur atque reserantur ti- **41**
midum atque imbecillem declarant ; sed cum etiam sicci sunt, dolos uersare atque ex occulto insidias tendere, si autem peruersi sunt uel pallidi, stultitiam indicare noscuntur. Cum autem non coniunguntur oculi, sed, *u*t [hoc] Graeci aiunt, ἀσκαρδάμυκτοι sunt praetereaqu*e* aciem terribiliter intendunt, hi ini-

leniter *LCHS* : qui len- *E* || intendentes *L* : -dunt *CEHS* || concinnati *LHSe* : concauati *CE*, *Rose* || *lacunas ind. Foer.* || a palemone... auctore *C* : ad palemonem... auctorem *LEHS* || eunuchum *Foer.* : innocuum *codd.* || autem *H* : enim *LCES* || huic *LCe* : hinc *EHS* || *post* huic *add.* habuerunt *C^2E* || assignat *Rose* : -gnata *codd.* || plenos *LC^1E^2HS* : planos *C^2E^1* || articulos omnes *EH* : omnes articulos *C* articuli omnes *LS* || laxos *C^2e* : laxus *L* laxum *E* luxos *C^1* luxus *S* luxum *H* || dissolutos *Ce* : -tus *LS* -tum *EH* || impatientia *LC^1eHS* : -tientem *C^2E* || libidinum *LCHS* : -nis *Ee* || quae *LC^1* : *om. CHSe* || sunt *LE* : *om. CHSe* || omnia *C* : omnia eum *LE* eum *S*, *om. He* || uenditare *E* : -dicare *C* uindicare *LHSe*.

41 etiam *LC* : *om. EHS* || uel *LCHe* : et *ES* || indicare *LCS* : -cant *EH* || cum *CEHS* : cui *L* || sed *LES* : *om. CH* || ut *Foer.* : et *LCEH*, *om. S* || hoc *codd. secl. Foer.* hos *Rose* || ἀσκαρδάμυκτοι : ackaρʌa-мyктoι *L* (*qui* ascaraamictos *superscr.*) ackacaιmιpτoy *C* acpaρaτηκeoy *E* ackapaʌιʌaakτoy *H* || praetereaque *Foer.* : -rea qui *codd.*

est terrifiant, ils sont en proie à des pensées malveillantes. Paisibles et un peu humides, ils sont méditatifs, studieux, tranquilles et portés à l'amour. Mais si, étant immobiles, ils sont pâles ou rouges, et également secs, on doit être sûr qu'ils sont habités par la colère et la fureur et que la colère divine les menace[1]. Si, outre les signes susdits, ils tournent sur eux-mêmes un certain temps[2] comme par un mouvement circulaire, ils trahissent une très grande déraison.

42 Les yeux mobiles et agités disent la rapacité[3]. Les hommes qui agitent et joignent des paupières flottantes avec des mouvements variés des pupilles et qui ramènent mollement le bord de la paupière supérieure sur les yeux sont des invertis. Ceux qui abaissent insensiblement une des paupières supérieures, la remontent doucement et ont le regard fixe aiment l'élégance[4], mais se révèlent débauchés et adultères. Parfois la paupière supérieure est si abaissée en son centre que, les côtés en étant ramenés et remontés de chaque côté, l'œil brille faiblement, et, en même temps, ils agitent des paupières mal assurées. Ces signes aussi sont attribués aux débauchés et aux adultères.

43 Les cils noirs, raides et durs, sur une tête dont les signes sont mauvais, indiquent un caractère assez bon et ferme[5]. Rares, fins et rouges, ils marquent la faiblesse de carac-

ta préparation scientifique en abordant la philosophie? — Ma virilité » répondit-il. Une autre fois, ce même Favorinus, s'approchant de Démonax, lui demanda : « Quelle est la doctrine à laquelle tu tiens le plus en philosophie? — Qui t'a dit que j'étais philosophe? » Et comme il se retirait en riant, Favorinus lui demanda de quoi il riait. « C'est qu'il m'a semblé plaisant que tu veuilles qu'on juge les philosophes à la barbe, toi qui n'en as pas. » Cf. E. C. Evans, *The Study of the Physiognomony in the second Century A. D.*, in *Amer. Phil. Assoc. Trans. and Proc.*, 72 (1941), p. 98 et 100, sur les rapports de Polémon et de Favorinus, cf. R. Megow, *Antike Physiognomonielehre*, p. 216.

1. Notes 1-5, voir Notes complémentaires.

quis cogitationibus att*i*n*e*ntur. Si uero status oculorum sit mansuetus et habeant aliquid humoris, cogitatores sunt, studiosi, mansueti, amatores. At si immobiles idem pallidi uel rubicundi erunt cum siccitate, sit certum his iras et furias inesse et diuinitatis iram imminere. Si autem cum supradictis signis etiam in tempore semet ipsos tamquam in gyrum torqueant, insaniam uehementissimam produnt.

Oculi c*it*i perturbati rapacem dicunt. Qui autem **42**
incertas palpebras permouent atque coniungunt sub diuersis motibus pupillarum ac superius cilium molliter oculis superducunt, cin*a*edi sunt. Qui autem alteram ex superioribus palpebris paulatim deprimunt et molliter reuocant et aciem dirigunt, affectatores pulchritudinis sunt, sed m*o*echos et adulteros se profitentur. Interdum palpebra superior ad medium ita deducitur ut hinc atque illinc reflexis atque retractis angulis subluceat oculus simulque incertas palpebras agunt. Haec etiam signa m*o*echis et adulteris attributa sunt.

Palpebrarum capilli cum sunt nigri ac rigidi ac soli- **43**
diores in eo capite cuius deteriora sunt signa, meliorem ac fortiorem animum indicant. Rari autem et tenues et rubicundi infirmitatem animi declarant

attinentur *Rose* : attenuantur *codd.* || oculorum *LCS* : -li *EH* || habeant *L* : -beat *CEHS* || idem *LCE* : *om.* *HS* || iras *LCE* : iram *HS* || inesse et diuinitatis (diunimitatis *C*) iram imminere *C*, *Rose* : imminere et diuinitatis iram *LEHS*, *Foer.*

42 citi *Foer.* : ceci *codd.* caeci *Rose* || dicunt *L* : indicant *CEHS* || permouent *L* : promo- *CHSe* mouent *e* || molliter *LEHS* : molliunt *C* || cinaedi : cynedi *L* timidi *CHS* timidi sunt uel cinedi *E* || sed *LCHS* : set *E* sed et *Foer.* et *Rose* || mechos *codd.* || ad medium ita *LC* : ita ad medium *EHS* || reflexis atque retractis *LC* : retractis atque (et *HS*) reflexis *EHS* || subluceat *LCE* : -ant *HS* || oculus *LE* : -lis *C* -li *HS* || agunt *LCES* : agant *H* || mechis *codd.*

tère et l'arrivée de la vieillesse, mais les cils de cette sorte ne demeurent pas : ils tombent facilement.

44 ***L'interprétation des signes.*** Nous en avons terminé avec les yeux[1]. N'allez pas croire qu'on trouve dans les yeux les seuls signes énumérés : il en est bien davantage, et qui peuvent et doivent être examinés de plus près. Mais, une fois pénétré des indications données, qui sont pour ainsi dire générales, on examinera et étudiera encore les signes plus favorables, et il faudra assurément faire preuve de perspicacité, car notre exposé a retenu les signes défavorables plutôt que les signes favorables[2]. Car, dans les choses humaines, les anciens l'ont dit, le plus important est ce qui vient après, et c'est l'essentiel[3]. En effet, la matière du mal est multiforme, de sorte que, même s'il ne s'étale pas trop largement, il se manifeste sous des aspects multiples et divers. Après tout, les contes aussi, qui imaginent et créent à partir de corps différents les hydres, les chimères et les géants, veulent faire comprendre la diversité du mal. Mais si on considère la détermination des signes, on verra que les signes du mal recueillis et interprétés parmi ces signes ne sont pas si nombreux. C'est en effet à des signes nombreux et variés qu'on reconnaît la sauvagerie et la cruauté, à des signes divers la grossièreté, la faiblesse de caractère et l'avarice. Cela étant, les preuves du mal ne sont pas si nombreuses ni si diverses.

1. Ce chapitre ne figure ni dans les épitomés de Polémon ni dans la Version arabe ; il doit provenir ou de Loxos ou du Pseudo-Aristote.

2. Bormans, suivi par Rose, établissait ainsi le texte : *deteriora potius quam bona*, et Foerster : *potius deteriora quam bona.* Si une addition s'avérait nécessaire, *plura* expliquerait mieux la faute. Mais toute addition est inutile, *quam* étant bien attesté au sens de *potius quam*, surtout dans les traductions du grec, pour rendre ἤ ; cf. J.-B. Hofmann-A. Szantyr, *Lat. Syntax und Stilistik*, p. 593-594.

et prorepere senectutem, sed nec perseuerant huiusmodi capilli : facile enim defluunt.

Haec de oculis. Nec putes ea sola signa in oculis 44 inueniri quae *e*numerata sunt, sed multo plura et quae artius considerari queant et debeant. Sed si quis imbutus his quae dicta sunt fuerit, sunt enim prope generalia, etiam meliora p*e*rspiciat atque perpendat, et nimirum debet esse perspicuus, nam his quae exposita sunt deteriora quam bona signa sunt comprehensa. Nam et maiorem partem in rebus humanis ueteres posteriorem esse dixerunt, quod est potissimum. Nam malitiae res multiformis est, ut, etiam si non latius tendatur, constet tamen per multas diuersitates. Denique et fabulae quae hydras et chimaeras et gigantes ex uariis corporibus fingunt atque constituunt malitiam multiformem intelligi uolunt. *A*t si quis ad diffinitionem signorum respiciat, signa quidem malitiae, quae tamen ex signis his colliguntur atque intelliguntur, non adeo multa esse percipiet. Nam et multis et uariis signis feritas et immanitas, diu*ers*is *in*humanitas, imbecillitas et auaritia deputantur. Igitur non tam malitiae indicia multa atque diuersa sunt.

senectutem *LCH* : in sen- *E* et sen- *S* || huiusmodi capilli *LC* : c.h. *E* his capilli *H* capilli hic *S* || defluunt *LC* : deffl- *S* diffl- *EH*.

44 inueniri *L* : fieri *CHS* ea fieri *E* || enumerata *Foer.* : numer- *L* minime rata H^1 -me rara *CS* nunc enarrata H^2, *Rose* relata *E* || multo *LCES* : -ta *H* || plura *LCE* : *om.* *HS* || artius *LC* : arcius *S* arctius *EH* accuratius *Foer.* || sed *L* : *om. cett.* || prope *LE* : proprie *HS*, *om.* *C* || perspiciat *Foer.* : prospi- *codd.* || potius deteriora *Foer.* potius quam *Bormans* || maiorem *LCES* : magnam *H* || posteriorem *codd.* : deter- *Rose* || at *Rose*, *Foer.* : et *codd.* || multa *post* malitiae *add.* *Rose*, *Foer.* || percipiet LCE^1 : perspiciet E^2HS || diuersis *Rose* : diuinis LCE^2HS : largitati E^1 || inhumanitas *Rose* : hum- *codd.* || auaritia *Rose* : -tiae *LC* -tie *EHS* || *post* tam *add.* malitia quam *Foer.*, -tiae quam *Rose*.

45 *Les signes du corps*[1]. Donc, après les yeux, on accorde de l'importance aux signes fournis par le voisinage des yeux et par le visage, car les signes l'emportent sur tous les autres à proportion de leur proximité des yeux. En effet, après les yeux, sont convenables et utiles les signes du front, du nez, de la bouche, des joues et de la tête elle-même. Suivent les signes du cou et de la poitrine, puis des épaules, des mains, des jambes et des pieds. En dernier lieu, d'après Polémon, viennent les signes de la région du ventre. Le teint, la voix et la respiration ont aussi une très grande importance, mais bien plus ⟨........⟩[2]. Un important indice est fourni par le mouvement tant de l'ensemble du corps que de chacune de ses parties, mais aussi par l'aspect général résultant de toutes les particularités et des caractéristiques physiques, que les Grecs nomment ἐπιπρέπεια, dans lequel tous les auteurs placent l'essentiel de la physiognomonie. Il est indispensable de saisir et de reconnaître la signification de ce terme, car les signes y renvoient souvent. En effet, l'aspect général du corps[3] indiquera aussi bien la timidité que l'audace, la douceur que l'impiété, la franchise que la fourberie, tandis que les menues et minimes particularités ne conviennent qu'à un de ces traits : ainsi, quand on examine l'aspect général, se présente une particularité établie dans ce même corps, qui révèle le caractère et les traits mal déterminés de l'esprit.

1. Version arabe, 166, 18 sq. ; Adamant., II, 1 (348, 12 sq.).

2. L'hypothèse d'une lacune permet de maintenir *sed multo*. On supposera, en conformité avec la doctrine générale : « mais bien plus si plusieurs signes sont réunis. »

3. *Facies* = gr. εἶδος.

Post oculos igitur uis signorum est quae iuxta oculos et in uultu sunt; nam prout quaeque signa proxima sunt oculis, potiora sunt ceteris. Nam post oculos frontis et narium, oris et genarum ipsiusque capitis idonea signa atque officiosa sunt. Sequuntur autem ceruicis signa et pectoris et post haec humerorum, manuum, crurum ac pedum. Postrema autem sunt signa, ut P*o*lemoni uidetur, quae iuxta uentrem sunt. Et maxima uis ⟨est⟩ et coloris et uocis et spiritus, sed multo ⟨...Motus⟩ magnum est indicium tam totius corporis quam etiam singularum partium, sed et omnis aspectus qui ex omni circumstantia et qualitate corporis *o*ccurrit, quem Graeci ἐπιπρέπειαν dicunt, in quo auctores omnes ph*y*siognom*on*iae maximam partem constituunt. Eius nominis significatio concipienda tibi est atque dinoscenda. Frequenter enim ad ea*m* signa referuntur. Nam timidum et audacem, mitem et impium, apertum et subdolum uniuersi corporis facies indicabit, et singula quae minuta sunt et paruula in unam speciem conueniunt ita ut aspicienti faciem occurrat proprietas aliqua quae in eodem corpore conspicitur constituta, quae mentem et animi incerta declarat. 45

45 igitur *LES* : autem *H*, *om. C* || uultu *LCE* : uisu *HS* || signa atque officiosa (officia *L*) sunt *LC*, *Rose* : atque officiosa signa sunt *H* atque officiosa signa sunt *S* sunt atque officiosa sunt *E* || est *add. Foer.* || sed multo *codd.* : et motus *Rose* || *lacunam ind. ego* || motus *add. ego ex Rose* || magnum est *L* : est magnum *C* magis est *ES* maius est *H* || occurrit *Foer.* : accu- *codd.* || quem *LEH* : quam *C* quod *S* || ἐπιπρέπειαν *Rose* : πγπρεγαм *LC* πιπρнιаm *H* nytipeyam *E* πγπpeiam *S* || omnes *LCE* : -nis *HS* || physiognomoniae : phisiognomiae *LCH* phisia- *E* phisno$\overset{s}{m}$ *S* || eius *LCHS* : cuius *E* || atque *LC* : et *EHS* || eam *Rose* : ea *codd.* || referuntur *Foer.* : -runt *C*, *Rose* refertur *LEHS* || incerta *LCE*[1]*HS* : secreta *E*[2].

46 *Les signes et les animaux.* ⟨......⟩ puis encore[1], en comparant mes indications avec un animal, on découvrira ainsi qu'un tel ressemble à un lion, un autre à un léopard, un autre à un aigle, un autre à une perdrix, surtout si les types masculin et féminin sont nettement différenciés selon la distinction que nous avons exposée ci-dessus[2]. On n'hésitera pas à déclarer cruel et perfide celui qui ressemble à l'ourse ; violent, courageux et sans ruse celui qui ressemble au lion[3] ; perfide, au cœur dur, cruel et audacieux celui qui ressemble au léopard ; noble, fier, aimant les honneurs et les éloges celui qui ressemble au cheval. Chacune des espèces animales, autant qu'elles sont, a ses particularités, auxquelles doit être confronté chaque homme. Aussi déterminera-t-on s'il correspond au type masculin ou féminin et auquel des animaux il ressemble le plus, et, suivant le caractère de l'animal, on prononcera autant en considération de chaque partie que d'après l'ensemble, dont il a été souvent question.

47 *Les oreilles.* Traitons maintenant des oreilles[4]. De grandes oreilles sont indice de sottise ou d'impudence et d'un peu de méchanceté. De toutes petites oreilles, comme rognées, sont associées à la sottise. Elles doivent être à peu près

1. Adamant., II, 2 (349, 6 sq.).

2. Sur les types masculin et féminin, cf. §§ 3-7, et § 8 pour les animaux.

3. *leoni* : correction de Foerster pour *lupo* des manuscrits, d'après Adamant., 349, 10 : οἷον λέοντος ἦθος θυμικὸν καὶ ἄλκιμον et le paragraphe 122 de l'Anonyme. Le type du loup (§ 126) ne convient absolument pas ici.

4. Ps.-Arist., 66 ; Version arabe, 234, 1 sq. ; Adamant., II, 29 (380, 7 sq.) ; Ps.-Polémon, 16 (380, 16 sq.).

⟨.......⟩ nam mox etiam ad similitudinem animalis alicuius inspicienti ea quae diximus occurret ita in animo alium leoni, alium pardo, alium aquilae, alium perdici esse similem, ubi maxime clara est masculini et feminini distantia, quorum discretionem supra prosecuti sumus. Nec dubium erit pronuntiare de eo qui ursae est similis crudelem quidem esse et insidiosum ; de eo autem qui l*eoni* est similis, quod uiolentus, quod fortis, quod simplicior ; qui pardo est similis, insidiosus, rigidus, saeuus, audax ; qui e*qu*o est similis, erectus, iactans, honoris et laudis cupidus. Quotquot sunt species animalium, proprietates suas quaeque habent, ad quas similitudo singulorum hominum referenda est. Quare discernes utrum masculino an feminino respondeat et cui animalium sit propinquius similis, et iuxta animalis ingenium pronuntiabis tam ex consideratione singularum partium quam ex uniuersitate quam frequenter nominauimus. 46

Nunc de auribus disputandum est. Magnae aures stultitiae uel impudentiae, paruae malignitatis sunt indices. Aures perbreues tamquam praecisae ad stultitiam referuntur. Esse autem quadratae propemodum 47

46 *Plura uerba excidisse recogn. Foer.* || mox etiam *L* : etiam mox *CE* et mox *HS* || ita *LCEH* : ita etiam *S* tibi *Foer.* || prosecuti sumus *L* : persecuti su- *HS* secuti su- *C* exposuimus *E* || ursae *LE*^{2} : urso *CE*^{1}*HS* || crudelem — similis *L* : *om. CEHS* || leoni *Foer.* : lupo *L* ; *an* leoni... lupo *cum lacuna?* || pardo *Foer.* : leopardo *LEHS* leoni pardoque *C* || rigidus *Ce* : ringulus *LHS* ungulis *E* || equo *Foer.* : eogo *L* leoni *CEHS* || et *E* : *om. cett.* || quotquot *LCE* : quot *HS* || discernes *CEH* : -nens *L* decernes *S* || propinquius *LE* : -quus *C* -quior *HS* || similis *LCE* : *om. HS.*

47 *tit.* De signis aurium *E* De auribus *CH* || nunc — disputandum est *L* : *om. cett.* || impudentiae paruae *LCHS* : -cie sunt signum paruae autem *E* || indices *LCHS* : indicium *E* || esse autem quadratae propemodum et (autem et *LS*) mediae magnitudinis debent *LHS* : quadrate autem propemodum esse debent et mediae magnitudinis *E* quadre autem debent propemodum et mediae magnitudinis *C.*

carrées, de grandeur moyenne, paraître modelées et bien formées, et être convenablement attachées à la tête. Les oreilles très rondes indiquent un être ignare, les oreilles allongées et étroites sont signe de jalousie.

48 *Les lèvres et la bouche.* Traitons maintenant des lèvres et de la bouche[1]. Les lèvres minces dans une grande bouche, si la lèvre supérieure est sensiblement plus saillante[2], comme si elle surplombait la lèvre inférieure, indiquent la noblesse et le courage : c'est le type du lion. Des lèvres minces avec une petite bouche montrent un esprit pacifique, peureux et rusé. Le meilleur type de bouche est celle qui n'est ni trop saillante ni trop plate. Une bouche plate appartient à une personne peureuse et dénonce la méchanceté ; une bouche saillante signifie sottise, verbosité et audace. Une petite bouche est plutôt féminine et va aussi bien avec un visage qu'avec un caractère féminin ; une grande bouche va avec un caractère et un visage masculins. Une bouche trop fendue et trop rentrée indique la voracité, la cruauté et l'impiété. Ainsi sont en effet également les monstres marins. Quand les lèvres sont soulevées par les dents que les Grecs appellent κυνόδοντες (canines), c'est l'indication d'un esprit médisant, irascible, braillard et prompt à commettre des actes injustes. Le type de ce genre est très proche du chien. Une bouche très saillante, ronde avec des lèvres

1. Ps.-Arist., 60 ; Version arabe, 224, 13 sq. ; Adamant., II, 24 (372, 9 sq.) ; Ps.-Polémon, 36 (372, 17 sq.).

2. *promptius* : cf. *promere* « tirer hors de », d'où « faire saillir ». La correction *prominentius* de Foerster est inutile ; cf. § 83 : *promptos satis oculos*.

et mediae magnitudinis debent et quae uideantur figuratae atque formatae et quae decenter capiti adhaereant. Aures nimium rotundae indociles significant, aures oblongae et angustae inuidiae indicium habent.

Nunc de labiis et ore disputandum est. Labia 48
tenuia in ore maiore, si aliquanto labium superius sit promptius tamquam superpositum inferiori, magnanimum, fortem indicant : refertur ad leonem. Paruo ori cum tenuia sunt labia, imbellem, timidum, uersutum ostendunt. Optimus autem oris status est quod nec nimis prominens nec nimis humile est. Nam humilitas timidi est et malignitatis arguit, pronitas stultitiam, loquacitatem tribuit et audaciam. Os paruum muliebre est potius et tam uultibus quam animis muliebribus conuenit ; quod maius est, uirilibus animis et uultibus conuenit. Cum autem ultra modum recisum os ac reductum est, uoracem, immitem, impium indicat. Ita enim et maris beluae sunt. Quando eminent labia super eos dentes quos κυνόδοντας Graeci uocant, maledicum, iracundum, clamosum atque ad inferendam iniuriam promptum declarat. Canibus enim proxima est huiusmodi species. Quando os longe prominet et est

aures — significant *LCE* : *om. HS* || significant *LC* : esse ostendunt *E*.

48 *tit.* Labiorum signum *C* De signis oris et labiorum *E* || nunc — disputandum est *L* : *om. CEHS* || promptius *LCEH* : promt- *S* prominentius *Foer.* || sunt labia *L* : labia sunt *C* labia insunt *H* sint labia *E* labia *S* || imbellem *LHS* : inbecillem *CE* || prominens nec nimis humile est *Foer.* : humile est nec minus prominens *E* ingens nec minus humile est *L* humile nec nimis pronum est *H* humile *S* humile est C^2 utile est C^1 || pronitas *LCHS* : promi- E^1 prominentia E^2 || κυνόδοντας : ΚΥΝΟΑΟΝΤΑϹ *L* кунoaoнтac *CS* quinoroste *E* κιvoΔONTAC *H* || declarat *LCS* : -rant *EH*.

épaisses, et retroussée montre un être sale, vorace et stupide : ce sont les signes des porcs. Si la lèvre inférieure dépasse extérieurement, elle dénonce non pas, à vrai dire, la méchanceté, mais l'irréflexion. Selon Loxus, la lèvre inférieure qui avance montre aussi le goût des éloges et des honneurs. Quand la bouche est petite ⟨.......⟩. Une bouche en retrait, comme en creux, donne aussi la même indication. Ce type est aussi, au même degré, la marque de la méchanceté, de la jalousie et de la démesure. Selon Aristote, les hommes ayant ce genre de bouche, c'est-à-dire en retrait, sont plus portés à la débauche. Les lèvres qui pendent mollement trahissent le manque d'énergie. Ce signe se trouve chez les vieux ânes et les vieux chevaux[1].

49 *Les joues et les mâchoires*[2]. Ceux qui ont les joues charnues sont nonchalants et ivrognes ; ceux qui les ont très minces sont méchants. Ceux dont les mâchoires sont comme séparées des yeux, très pleines, très lourdes et rondes sont convaincus de jalousie. Les mâchoires lisses et allongées[3] dénotent une fâcheuse verbosité.

50 *Le visage*[4]. L'ensemble du visage plein et charnu signifie un esprit nonchalant et porté à la volupté ; maigre, il atteste un

1. Cette dernière indication figure seulement dans le Ps.-Polémon, 428, 16-18.

2. Version arabe, 232, 1-9 ; Adamant., II, 27 (378, 7 sq.) ; Ps.-Polémon, 31 (378, 15 sq.).

3. *leues* (*lenes* codd.) n'a pas de correspondant grec : Version arabe, 232, 8, *genis longioribus loquacitatem de rebus inutilis et proteruitatem adiudica* ; Adamant., 379, 2, αἱ δὲ λίαν μακραὶ [sc. παρειαὶ] φλυάρων καὶ ματαιολόγων ; Ps.-Polémon, 379, 10, παρειαὶ μακραὶ φλύαρον καὶ ματαιολόγον ἄνδρα δηλοῦσι. Faute de lecture ou texte grec fautif : λίαν a été lu λεῖαι.

4. Ps.-Arist., 62 ; Version arabe, 232, 9-19 ; Adamant., II, 28 (379, 3 sq.) ; Ps.-Polémon, 31 (379, 12 sq.).

rotundum cum crassitate labiorum et retortum, immundum, uoracem, stultum ostendit. Porcorum enim haec signa sunt. Si labium inferius forinsecus excedat, non quidem malignum, uerum non prudentem designat. Loxus dicit cum inferius labium excedit, etiam studiosum laudis uel honoris ostendere. Cum paruum os sit ⟨......⟩. Declarat idem et cum oris situs in concauo tamquam in defosso est. Nam et haec species pariter malignitatis et inuidiae et intemperantiae nota est. Aristot*e*les huiusmodi oris homines, id est concaui, libidinosos magis ostendit. Labia cum soluta dependent, inertem significant. In asinis et in equis senibus hoc signum est.

Qui genas crassiores habent ignaui et uinolenti **49**
sunt, qui nimium tenues habent maligni sunt. Quorum malae tamquam ab oculis abscisae sunt plenitudine ac pondere suo praegrauatae et sunt rotundae, inuidiae arguuntur. Le*u*es malae et prolixae importunam loquacitatem designant.

Omnis uultus cum est plenus et crassus, ignauum **50**
significat et uoluptatibus deditum, deductus cogi-

crassitate *LHS* : -ssitudine *CE* || ostendit *ES* : -dunt *LCH* || non prudentem *LCe* : impru- *H* inpru- *S* inpu-*E* || loxus — excedit *om. E* || dicit *LHSe* : dixit *C* || etiam studiosum *LCHS* : et hic studiosus *E* || ostendere *LS* : -dunt *C* -dit *He* est *E* || paruum os sit *L* : sit os paruum *CEHS* || *lacunam ind. Foer.* || *post* nota est *add.* et magis sunt libidinosi *E* || oris homines *LCH* : homines oris *E*, *om. S* || in equis *LCHS* : equis *E*.

49 *tit.* De genis *L* || *uerbis* qui genas *rursus incip. A*, *Mo* || qui genas *LA* : genas qui *CEHS* || uinolenti *L* : uiol- *cett.* || qui *LCHS* : qui eas *A* cum *E* || maligni *LCEHS* : magni *A*, *Mo* || abscis(a)e *CEHS* : incisae *LA* || et sunt *LA* : sunt *CS* si *E*, *om. H* || arguuntur *LA* : -guunt *CEHS* || leues *ego* : lenes *codd.* || importunam loquacitatem *LACHS* : -ne loquacem *E*.

50 *Capit. om. A* || *tit.* De uultu *L*, *Mo* || omnis *L* : -nis autem *CEHS* || significat *L* : *om. CEHS*.

esprit méditatif, fourbe, peureux et rusé. Un petit visage témoigne de petitesse et d'étroitesse d'esprit, un très grand, de sottise et de nonchalance.

Les tics des lèvres, des joues et du front qui agitent un visage farouche indiqueront la folie ou la sottise ; sur un visage gai, ils montrent de la sensualité. Il est donné à tous de distinguer un visage triste et un visage gai ; de même, de discerner un visage gracieux ou sombre ou méchant, et aussi un visage éveillé et un visage endormi.

51 *Le nez*[1]. L'extrémité du nez effilée montre un homme aisément irascible[2]. Un nez épais dénonce un homme malpropre : ainsi sont les porcs et les oiseaux immondes. La base du nez épaisse, comme obtuse et ronde, dit le courage et la noblesse : c'est le nez des lions et des chiens de race. Les nez longs et minces ressemblent au bec des oiseaux et donneront les mœurs correspondantes. La partie du nez voisine du front, si elle en est bien séparée et distincte — ce que les Grecs appellent διηρθρωμένον (ajusté) — est signe de virilité : c'est le type du lion, et c'est aussi

1. Ps.-Arist., 61 ; Version arabe, 228, 5 sq. ; Adamant., II, 25 (375, 4 sq.) ; Ps.-Polémon, 29 (375, 13 sq.) et 78 (429, 33 sq.). A Rome, comme en Grèce, le nez était surtout le siège de la raillerie et du dédain ; cf. ci-dessous p. 117, n. 2.

2. La Bible mentionne déjà les narines comme siège de la colère : *Exode*, 34, 6, et *Nombres*, 14, 18 (voir les notes de l'édition de la Pléiade, I, p. 275, n. 6 et 431, n. 18). Chez les Latins, cf. Afranius, *com.* 304, *animam in naribus primoribus / uix pertuli edepol* ; Lucil. *ap.* Fest., 427, 31, *eduxique animam primoribus naribus.*

tatorem, subdolum, timidum, astutum asseuerat. Vultus paruus paruum et angustum ingenium, enormis stult*iti*a*m* et ignauia*m* testatur.

Σπασμοὶ labiorum et genarum et frontis si truces uultus exagitent, insaniam uel stultitiam indicabunt, si laetis uultibus contingant, libidinosum ostendunt. Palam est autem p*e*ruidere tristem uultum et laetum, item liberalem atque obscurum et malignum discernere, item peruigilem et eum qui somno est deditus.

Nares cum extimae [et] acutae sunt, facilem ad 51
iracundiam hominem ostendunt. Crassae nares immundum hominem dant intelligi. Porci uero et aues sordidae ita sunt. Cum imae nares solidae tamquam obtusae et rotundae sunt, fortem et magnanimum dicunt. Huiusmodi nares sunt leonibus et canibus generosis. Nares longae et tenues auibus sunt proximae et mores huiusmodi dabunt. Narium pars quae iuxta frontem est, si a fronte disposita sit honeste et seiuncta, ⟨quod Graeci dicunt διηρθρωμένον⟩, uirile signum est. Refertur enim ad leonem nec non et

astutum *L* : *om. CEHS* || uultus — testatur *L* : *om. CEHS* || stultitiam et ignauiam *Rose* : -ciae et -ie *L* || Σπασμοί — deditus *post cap. 47 habent codd., huc transt. Rose, Foer.* || Σπασμοί *Rose* : cπacmon *L* cπacmohi *C* Hacayon *E* Spasmon *H* (*qui* cπacmoh *superscr.*) || indicabunt *LC* : -cant *EHS* || contingant *CE*[1]*H* : -gat *LE*[2]*S* || ostendunt *LCH* : -dit *S* indicant *E*[1] -cat *E*[2] || peruidere *Foer.* : proui- *codd.* || item *LCE* : inter *HS* || atque *LC* : et *EHS* || item *LCES* : inter *H* || deditus *LCHS* : -tum *E*.

51 *tit.* De naribus *LC* De signis narium *E* || cum extimae *LA* : cum extreme *EHS* extremae *C* || et *LA*, *om. CEHS*, *secl. Rose* tenues et *Foer.* || sunt *LEH* : sint *A*, *om. CS* || porci — ita sunt *LCE*, *om. AHS* || leonibus *LA* : in leonibus *CEHS* || canibus generosis *Mo* : in c.g. *C* c. generosioribus *L* c. grossis *A* ingeniosis c. *E*[1] generosis animalibus *E*[2] in generosis auibus *HS* || si a fronte disposita sit *LCEHS* : deposita et a fronte *A* || honeste *CEHS* : -tae *L* -to *A* || quod — διηρθρωμένον *add. Foer. ex Mo* || refertur enim *LA* : refertur *e* nam fertur *C* nam refertur *EHS* || nec non et *LA* : sed et *CEHSe*.

une marque de sagesse. Si la naissance du nez n'est pas marquée ni séparée, c'est signe de sottise et de manque de caractère : c'est un signe féminin. Un nez droit indique l'intempérance de langage. Un grand nez est un meilleur signe qu'un petit. Un petit nez en effet est l'apanage des esprits serviles, des voleurs et de ceux qui tergiversent. Les nez aquilins, que les Grecs appellent γρυποί (crochus), sont l'apanage des âmes nobles, les nez camus, que les Grecs appellent σιμοί, des libertins. Les nez épatés sont indice d'ardeur et de courage. Très étroits, ronds et fermés, ils dénotent la sottise. Les nez de travers indiquent aussi un esprit de travers.

52 *Le menton*[1]. Un menton allongé révèle une personne peu irascible, au caractère peu émotif, mais la montre assez loquace et assez vaniteuse. On évitera ceux qui ont un petit menton, car ils sont par-dessus tout cruels et insidieux : c'est le type des serpents. Si le menton finit en arrondi, c'est l'indication d'un caractère féminin, car c'est aussi un signe féminin. Un menton viril doit être presque

1. Version arabe, 222, 16 sq. ; Adamant., II, 23 (371, 7 sq.) ; Ps.-Polémon, 35 (371, 15 sq.).

prudentiae notam tribuit. Si origo narium indiscreta atque indisposita sit, stultitiam et imbecillitatem animi indicat. Nam signum est femininum. Cum directae sunt nares, linguae intemperantiam produnt. Nares maiores esse melius signum est quam minores. Minores enim seruilibus ingeniis et furibus et tergiuersatoribus assignantur. Curuae nares, quas Graeci γρυπὰς uocant, magnanimis attributae sunt, humiliores, quas Graeci σιμὰς dicunt, libidinosis. Nares patulae alacritatis et fortitudinis indicium produnt. Cum autem perangustae sunt et rotundae et conclusae, stultitiam profitentur. Nares peruersae peruersam etiam mentem esse demonstrant.

Mentum cum prolixius est, minus iracundum et 52
minus perturbatis moribus esse manifestat hom*inem*, aliquanto tamen loquacem, aliquanto sui iactantem ostendit. Qui paruum habent mentum uitandi sunt. Nam praeter cetera immites et insidiosi sunt. Referuntur ad serpentes. Si in rotundum desinat mentum, muliebres mores indicat; nam et signum femininum est. Virile autem mentum prope quadra-

prudentiae notam *LCEHS* : prudentiam *A* || indiscreta *LEH* : discreta *ACS* || indisposita *L* : dispo- *A* indisposicior *E* in dispositior C^2 in disputatior C^1 indisputacior *HS* || quas — uocant *om.* AE^1 || γρυπάς : PyPyayc *L* pıpıнaıc *CH* pypypayc E^2 pıpнaıc *S* || quas — dicunt *om.* AE^1 || σιμάς : yмyc *L* yaıc *C* ymyt E^2 yaaıcн *S* || indicium produnt *LA* : dant indicium *CEHS* || peruersam etiam *LA* : etiam peruersam *CEHS* || esse *L* : om. *cett.* || demonstrant *LA* : indicant *CHS* significant *E*.

52 *tit.* De mento *LCH* : De signis menti *E* || prolixius est *LCEHS* : -xum *A* || iracundum *LACE* : *om. HS* || et *LE* : *om. ACHS* || minus *LACE* : *om. HS* || perturbatis moribus *LA* : -ti animi *EHS* turbato animo *C* || manifestat *Rose* : -tatur *LA* ostendit *CEHS* || hominem *Foer.* : homo *A*, *om. cett.* || aliquanto *LA* : -ando *CHS* et aliquando *E* || tamen — iactantem *LA* : sui pietatem *CE* pietatem sui *HS* || insidiosi *LA* : inuid- *CHS* inuidi *E* || referuntur *LCE* : -fertur *AHS* || femininum est *LCHS* : est fem- *E* femininum ostendit *A*.

carré. Un menton fendu à son extrémité de façon à présenter comme deux bosses, si du moins la division est longue et étendue, indique un esprit accoutumé aux ruses, mais, si la fossette médiane est peu profonde, c'est un signe de charme et de grâce.

53 *Le cou*[1]. Un cou long et mince annonce la crainte et la méchanceté. Un cou large et long garantit un esprit irascible, vain et orgueilleux. Un cou modérément long et large sans être rond prouve des qualités morales et des aptitudes physiques. Un cou flasque et sans force annonce des gens malfaisants et insidieux. Un cou raidi par des tendons apparents montre la sottise et l'ignorance et, si d'autres signes s'y ajoutent, on proclamera aussi la folie d'après la netteté apparente des tendons. Mais les entrelacs de grosses veines bien visibles dans le cou donneront aussi la même indication que les tendons. Ceux dont le cou est très large sont irascibles et ignares. Des esprits de ce genre ne sont pas loin d'être criminels : ainsi sont les porcs. Il est bien connu par les faits et par des exemples qu'un cou court est l'indice d'un homme

1. Ps.-Arist., 59 ; Version arabe, 218, 15 sq. ; Adamant., II, 21 (366, 10 sq.) ; Ps.-Polémon, 36 (366, 19 sq.).

tum esse debet. Mentum cum in ultimo diuisum est ita ut tamquam duos uertices habeat, si quidem longe atque in prolixum discernatur [mentum], dolis assuetam mentem indicat, sed si non nimium medietas depressa sit, ueneris et gratiarum signum est.

Ceruix longa et tenuis timiditatem et malignitatem declarat. Vasta ceruix cum prolixitate animosum, iactantem, superbum asseuerat. Quae ergo moderate et prolixa et uasta ceruix est ac minus rotunda et uirtutem animi approbat et habilis est corpore. Ceruix quae soluta et inualida est nocentes et insidiosos homines praedicat. Ceruix quae neruis euidentibus tenta est ineptum atque indocilem demonstrat et si alia signa conueniant, insanum etiam ex claritate neruorum pronuntiabis. Sed et uenae clarae et enormes intextae ceruici idem quod nerui indicabunt. Qui uastam nimium ceruicem habent, iracundi et indociles sunt. Sceleri proxima sunt huiusmodi ingenia : sues huiusmodi sunt. Breuis ceruix re atque exemplis cognita est quod sit indicium hominis cum 53

mentum cum — habeat *LA*, *Mo* : *om.* *CEHS* || ut *L* : *om.* *A*, *Mo* || prolixum *LCEHS* : proximo *A*, *Mo* || mentum *codd.*, *secl.* *Foer.* || indicat *L* : -cant *A* ostendit *C* designat *E* esse designat *HS* || sed *L* : *om. cett.*

53 *tit.* De ceruice *LCH* De signis ceruicis *E* || timiditatem et *LA* hominem meditantem *CEHS* || declarat *LA* : signat *C* significat *EHS* || iactantem — ac minus *LA* : *om.* *CEHS* || moderate *A* : -ta *L* || et *L* : *om.* *A* || et *L* : est ac *A* || est corpore *LA* : corpori *EHS* -ris C^2 corpus C^1 || ceruix — praedicat *LCEHS* : *om.* *A*, *Mo* || et inualida est *L* : est et inualida *CEHS* || insidiosos *LCE* : inuid- *HS* || tenta est *L* tensa est *A* inter est *CH* interest *ES* || demonstrat *L* : monstrat *CEHS* declarat *A* || sed *LCEH* : si *AS* || *alt.* et *LA* : *om.* *CEHS* || intextae *LCEHS* : intenta *A* || indicabunt *LA* : -cant *CEHS* || iracundi et indociles LC^2 : -di indociles C^1ES indociles et iracundi *A* -les iracundi *H* || sceleri — ingenia *LA* : *om.* *CEHS* || huiusmodi *L* : huius hominum *A* || sues (senes *S*) huiusmodi sunt *LCEH* : *om.* *A*, *Mo*, *secl.* *Foer.* || sit indicium *L* (*qui* inditium *scr.*) : indicium sit *C* indicium *AE* uitium sit *H* inicium sit *S*.

à la fois poltron et audacieux, en grec θρασύδειλος. Lorsque, entre le point de jonction des omoplates et la naissance du cou, une vertèbre est saillante et que les autres, au lieu d'être uniment soudées, sont liées avec des intervalles, de sorte que la surface des nœuds est inégale, c'est signe d'orgueil et d'arrogance.

54 Un cou rigide[1] indique un homme ignare, un cou ὑγρός un homme porté à s'instruire — les Grecs disent ὑγρός du corps au sens de délicat et souple, mais sans faiblesse ni langueur ; il faut préciser et retenir la signification de ce terme, d'autant plus que les Grecs l'emploient aussi par métaphore, car il sera souvent indispensable[2]. Un cou inégal et même comparable à une crête[3] dénote non seulement l'ignorance, mais aussi l'arrogance. Un cou raide et comme fixé signifie ignorance et arrogance. Ce signe est aussi parfois lié à la sottise. Les autres signes feront donc reconnaître si le cou est immobile et fixe par sottise ou par arrogance. Mais si certains cherchent et visent à roidir le cou et à l'affer-

1. Pour ce chapitre, cf. Adamant., II, 21 (368, 6 sq.) ; Ps.-Polémon, 36 (368, 12 sq.).

2. ὑγρός : le mot sera repris en effet aux §§ 66, 88, 100 et 109.

3. *cristata* : cf. Adamant., 368, 5, τραχὺς αὐχὴν ὥσπερ λοφιὰ ἀμαθοῦς σὺν ὕβρει ; Ps.-Polémon, 368, 13, τραχὺς αὐχὴν ὥσπερ λοφιά. Il s'agit des vertèbres cervicales.

timiditate audacis, qui gr*a*ece θρασύδειλος dicitur. Cum autem inter coniunctionem scapularum et ceruicis originem uerticulus eminet nec ceteri leniter sibimet conueniunt, sed per interualla cohaerent, ut sit nodorum superficies aspera, superbi et insolentes sunt.

Ceruix dura indocilem hominem ostendit, ceruix 54
ὑγρὰ docilem, ὑγρὸν autem in corporibus Graeci molle quidem et flexibile, non tamen euisceratum nec enerue uideri uolunt, elimanda uero ac retinenda est huiusmodi significatio *n*ominis eo magis quod et a Graecis per metaphoram dicitur, erit enim frequenter necessaria. Aspera ceruix eaque cristata non solum indocilem, sed etiam insolentem declarat. Rigida ceruix et tamquam defixa indoctum et insolentem significat. Interdum et stultis hoc signum coh*a*eret. Ceteris igitur signis discernes utrum per

timiditate *LC*^{1} : tūdate *A* temeritate *C*^{2}*EHS* || qui —dicitur *LA* : *om.* *CEHS* || grece *L* : greci *A* || θρασύδειλος *Rose* : thrasilidos *L* trassi- *A* || dicitur *L* : dicunt *A* || coniunctionem *LE* : -num *A* iunctionem *CHS* || uerticulus *CEHS* : ceruiculus *L* -lis *A* || leniter *LCEHS* : leui- *A*.

54 ὑγρα : yppa *L* p rpa *C* nipa *E* πιpa *H*^{2} yτpa *S* mollis *AH*^{1} || ὑγρόν : yPo *L* ypo *C* ypoy *E* yπo *H* pπo *S*, *om.* *A* || autem *LCEHS* : aut *A* || molle quidem *LC* : q.m. *H* molle quod *A* mollem quidem *e* mollem *E* || flexibile *LA* : -lem *e* inflexibile *CHS* -lem *E* || enerue *LAH* : -uem *ES* -uum *C* || uideri *LCEHS* : -re *A* || elimanda *LCEHS* : eligenda *A* || ac *LEH* : atque *C* et *S* uel *A* || retinenda *LE*^{2} : redim- *CE*^{1}*HS* eliminanda *A* || est huiusmodi significatio nominis *Foer.* : e.h.s. hominis *LA* huiusmodi hominis significatio est *C* significatio eiusmodi (huiusmodi *S*) hominis est *HS* signa sunt eiusmodi hominis *E* || quod *C*^{2}*E*^{1}*HSe* : quo *LC*^{1} co *A* quos *E*^{2} || a gr(a)ecis *LAC* : greci *E* grece *HSe* || metaphoram *Rose* : -phoran *C* -foram *LHSe* methaforam *E* mensa foram *A* || dicitur *LACHSe* : dicunt *E* || eaque *LA*^{2}, *Rose* : eamque *A*^{1} ea quam *CEHS* tanquam *Foer.* || cristata *LA* : -tam dicunt *CEHS* || ceruix et tanquam defixa *E* : et tamquam defixa *LA* tamquam defixa ceruix *C* et t.d.c. *HS* || stultis *LCHSe* : -tus *A* -tissimis *E* || coheret *LA* : conuenit *CEHS*, *Foer.* || discernes *ACEH* : -nens *S* decernes *L*.

mir par une sorte de raideur, sachant bien qu'il est mou et sans consistance, ils sont d'autant plus reconnaissables. En effet la crispation des lèvres, la révolution des yeux, les déplacements bizarres et désordonnés des pieds, la position des reins[1], l'agitation des mains, le tremblement d'une voix émise avec effort les font très aisément reconnaître comme efféminés ; mais, même alors, leurs cous ne demeurent pas fixes ; à bien les examiner, on verra ces personnes agitées parfois de tremblements du cou : car toute imitation est instable et dure peu.

55 Le porteur d'un cou fléchi doit de toute évidence être ou sot ou efféminé[2] : ce sont les autres signes qui dirigeront l'interprétation. Une raideur moyenne témoigne donc du meilleur caractère. Un cou redressé vers le haut indique l'arrogance, la cruauté, la sottise et la vanité ; mais il faut l'examiner à plusieurs reprises et déterminer d'après les autres signes si le cou est redressé par folie ou par arrogance. Un cou incliné sur la poitrine peut montrer un esprit accaparé par les

1. *statu lumborum* ne traduit évidemment pas exactement ὀσφύος κίνησις d'Adamant., 369, 6 (ὀσφύων κίνησις, Ps.-Polémon, 369, 15), mais la correction *motu* de Rose, adoptée par Foerster est-elle indispensable, quand font sur ce point défaut et le Ps.-Aristote et la Version arabe?

2. Version arabe, 220, 22 sq. ; Adamant., II, 21 (369, 9 sq.) ; Ps.-Polémon, 36 (369, 18 sq.).

stultitiam an per insolentiam stabilis ac defixa sit ceruix. Sed dum quidam student et affectant intendere atque rigore quodam firmare ceruicem, cum intelligant se fluxae ac dissolutae esse ceruicis, eo magis deteguntur. Nam et labiorum spasmo et conuersione oculorum et incongruis ac dissonis translationibus *pe*dum et statu lumborum et manuum inconstantia et uocis tremore quae conatu proficiscitur facillime effeminati deteguntur ; sed nec ipsarum ceruicum in his status certus est, sed si diligenter consideres, interdum contremiscere eos ceruicibus peruidebis : facile enim labat ac deficit omnis imitatio.

Cum autem infracta est ceruix, palam esse debet **55**
quod uel stultus uel effeminatus sit qui eam gerit ; cetera enim signa intellectum dirigent. Stabilitas ergo cum temperata est, tunc ostendit optimos mores. Ceruix superius retorta insolentem, immitem, stultum et inanem indicat, sed considerandum iterum atque iterum est et ceteris signis discernendum an per insaniam an per insolentiam retorta sit ceruix. Cum inflexa est ceruix ad pectoris partes, potest

ac *A* : an *LCHS* et *E* || sed dum *LA* : *om.* *CEHS* || student et *LA* : -dentes *CEHS* || rigore (rigare *A*) quodam firmare *LA* : rigorare *CEHS* || cum *LA* : sed cum *CEHS* || intelligant *LA* : -gunt *CEHS* || spasmo et conuersione (-nem *A*) *LA* : -mus et conuersio (-si *S*) *CEHS* || incongruis ac (et *A*) dissonis translationibus *LA* : incongrua ac (et *ES*) dissona translatio *CEHS* || pedum *Rose* : dum *C*¹*EHS* cum *LA*, *Mo*, *del.* *C*² || et *CEHS* : *om.* *LA* || statu *LA*, *Mo* : -tus *C*²*EH* -tum *C*¹*S* motu *Rose*, *Foer.* || *alt.* et *LA* : cum *CEHS* || tremore quae *L* : -re quem *A* tremul(a)e *CEHS* || sed nec *LCEHS* : si *A* || peruidebis *LHS* : proui- *CE* uidebis *A* || labat *LEHS* : labitur *Ç* laborat *A*, *Mo* || imitatio *LHe* : inmuta- *AC* muta- *ES*.

55 intellectum *LAE* : -tu *CHS* || dirigent *LA* : -ge *CEHS* || stabilitas *HCES* : -bilis *LA* || ergo *LA* : igitur *CEH*, *om.* *S* || discernendum *LCES* : discutien- *H*, *om.* *A*, *Mo* || insaniam an per insolentiam *LA* : insolentiam an per insaniam *CEHS* || cum inflexa est ceruix *L* : cum i. sit c. *A* cum est i.c. *C* enim cum i. est *E* cum infixa est ceruix *HS*.

pensées ; il peut marquer la parcimonie, il peut marquer la méchanceté, selon l'accord des autres signes ; mais on doit être certain qu'il n'indique ni la franchise ni la sûreté ni l'indulgence. Un cou penché à gauche signifie dans une certaine mesure un sot et bien plus un inverti. Aristote a attribué aussi aux invertis la tête penchée à droite[1]. Un cou solide, large, sans souplesse donne des gens rapaces ⟨et θρασύδειλοι (fanfarons)⟩ : c'est le type du loup et du singe.

56 *La gorge*[2]. Une gorge inégale signifie frivolité et verbosité : c'est le type des oiseaux. Si une seule protubérance fait saillie[3], formant comme un nœud de la gorge, elle indique pareillement la frivolité, sans toutefois montrer l'audace ni la médisance ; elle atteste aussi un esprit chagrin, chagrinant et soupçonneux.

57 *Les clavicules*[4]. Les clavicules resserrées et comprimées contre les épaules et la poitrine indiquent des sens peu éveillés, la stupidité et l'inaptitude manuelle au travail ou à l'art[5]. Les clavicules très écartées des épaules et dessinant un ample et large creux dénotent la faiblesse d'esprit.

1. Le Ps.-Aristote, 21, donne en effet, parmi les signes du κίναιδος : ἐγκλίσεις τῆς κεφαλῆς εἰς τὰ δεξιά. L'Anonyme donne au paragraphe 115, comme signe de l'inverti, *declinato ad latus capite*, sans plus de précision (encore moins la version arabe, 276, 17 : *collo inclinato*).

2. Adamant., II, 22 (371, 1-6) ; Ps.-Polémon, 37 (371, 9 sq.) ; *guttur* = φάρυγξ.

3. Cf. Adamant., 371, 2, et Ps.-Polémon, 371, 10, εἰ δὲ εἷς τῶν τοῦ βρόγχου σπονδύλων ἐξέχοι.

4. Ps.-Arist., 58 ; Version arabe, 214, 11-18 ; Adamant., II, 17 (364, 3-5) ; Ps.-Polémon, 38 (364, 12-16).

5. Voir également la description du sot au paragraphe 93, *iugulis nimium coniunctis atque conclusis*. Cela est conforme au jugement porté sur Socrate par le physiognomoniste Zopyre : Cic., *De fato*, 5, 10, *Stupidum esse Socraten dixit et bardum, quod iugula concaua non haberet ; obstructas eas partes et obturatas esse dicebat.*

a cogitationibus occupatum animum ostendere, potest ad parsimoniam, potest ad malignitatem pertinere, prout cetera signa congruerint, certum autem sit nihil simplex huiusmodi, nihil securum, nihil remissum continere. Ceruix in sinistram partem declinata stultum aliquatenus ac cin*a*edum magis significat. Aristot*e*les etiam ad dexteram partem declinationem capitis cin*a*edis attribuit. Solida ceruix et uasta et quae difficile flectatur rapaces ⟨et θρασυδείλους facit⟩ : refertur ad lupum et simiam.

Guttur asperum leuitatem animi significat et loquacitatem : refertur ad aues. Si singularis uertex tamquam nodus gutturis eminet, leuitatem quidem pari modo indicat, non tamen audacem nec maledicum ostendit; tristem quoque atque tristificum et suspicacem asseuerat. 56

Si iuguli conclusi sunt et compressi ad humeros et pectus, tarditatem sensuum et stoliditatem animi indicant nec operi uel arti idoneas manus. Iuguli qui longe ab humeris separati sunt et largum ac latum sinum faciunt imbecillitatem animi decla- 57

a *LA* : *om. CEHS* || congruerint *L* : ingru- *A* fuerint *EHS* docebunt *C* || *post* continere *lacunam ind. Foer.* || in *LA* : si in *CEHS* || declinata *LA* : -ta fuerit *CEHS* || cinaedum *Rose* : cine- *HS* cyne- *E* cinendum *C*[1] timidum *C*[2]*e* et molle *LA* || magis *LA* : *om. CEHS* || etiam *LHS* : autem *E*, *om. AC* || cinaedis *Rose* : cine- *HS* cyne- *E* etiam cine- *C* mollibus *LA*, *Mo* || solida *LEHS* : sola *C*, *om. A* || quae *LCEHS* : quae diffusa est *A* || flectatur *LA* : -titur *CEH* uertatur *S* || et θρασυδείλους *add. Foer. ex Mo.*

56 *tit.* De gutture *LCH* De signis gutturis *E* || animi *CEHS* : *om. LA* || significat *LAS* : indicat *CEH* || si *CEH* : cuius *L* cum *A*, *om. S* || singularis uertex tamquam (quasi *S*) *CEHS* : *om. LA* || quidem *LCEHS* : quod *A* || pari modo *LA* : parum *C*[2] partim *C*[1]*ES*, *om. H* || lingua *post* tamen *add. Foer.* || quoque *LA* : uero *CEHS* || suspicacem *LA*[2]*CE*[2]*H* : -ce *S* -cet *A*[1] suspicantem *E*[1].

57 si iuguli *LCEHS* : iuguli si *A* || *alt.* et *LCHS* : ad *A* et ad *E* || uel *LAES* : nec *CH*.

En conséquence, ici aussi le juste milieu sera le mieux et pour le courage et pour la clairvoyance.

58 *Les épaules*[1]. Les épaules solides sans être épaisses indiquent le courage, mais, lâches[2], elles montrent la faiblesse de caractère et la crainte. Les épaules minces et allongées en pointe indiquent une personne perfide. Les articulations et les jointures indistinctes concernent la sottise. Les épaules aux mouvements aisés, bien dégagées et libres indiquent la beauté morale ; ⟨elles concernent l'aspect général⟩. Mais les épaules fléchies et anormalement repliées ⟨sont signe de laideur morale ; elles concernent l'aspect général⟩[3].

59 *Les mains*[4]. Quand les mains sont assez longues pour atteindre les genoux si on les abaisse en tenant le corps droit, elles révèlent des gens habiles et sont indice de courage. Quand elles sont courtes et arrivent à mi-cuisse, elles montrent des gens malveillants et heureux du malheur d'autrui. Mais, afin de pouvoir se prononcer sur une personne de ce type, tous ceux qui, en prenant de la nourriture, avancent la bouche et la tête pour aller au-devant de la main et ont de petites mains, sont malveillants et heureux du malheur d'autrui.

1. Ps.-Arist., 57 ; Version arabe, 214, 20 sq. ; Adamant., II, 18 (364, 6-9) ; Ps.-Polémon, 39 (364, 17-19).

2. Foerster, en corrigeant *enim* en *uero*, a méconnu la valeur adversative de la particule à basse époque ; sur *enim* et *nam* adversatifs, cf. M. Leumann-A. Szantyr, *Lat. Gramm.*, II, p. 508-509 ; *laxi* correspond ici à ἄναρθροι du Ps.-Aristote.

rant. Secundum haec quoque medietas erit optima et ad uirtutem et ad prudentiam.

Humeri non crassi, sed solidi uirtutem indicant. 58
Laxi enim infirmitatem animi et timiditatem ostendunt. Humeri tenues et qui in acutum erecti sunt insidiosum hominem indicant. Si autem indiscretis articulis et nodis sunt, ad stultitiam referuntur. Humeri faciles, bene discreti et absoluti honestatem indicant. ⟨Referuntur ad ἐπιπρέπειαν⟩. Humeri enim fracti et impliciti incongruenter ⟨inhonesti. Referuntur ad ἐπιπρέπειαν⟩.

Manus cum ita sunt prolixae ut, cum demittuntur 59
erecto corpore cetero, genibus propinquent, habiles homines aperiunt et fortitudinis sunt indices. Cum autem breues ⟨sunt⟩ et intra medium femur desinunt, maliuolos homines ostendunt, gaudentes alienis malis. Vt autem de huiusmodi homine pronuntiare possis, quicumque cibos appetentes protendunt os et caput ut occurrant manui, paruas habent manus et maliuoli sunt, gaudentes aliorum malis.

haec *om.* *A* || medietas *LCEHS* : -tatem *A* || *alt.* ad *LCHS* : *om.* *AE*.

58 enim *codd.* : uero *Foer.* || humeri — indicant *LA* : *om.* *CEHS* || referuntur ad ἐπιπρέπειαν *add. hic et infra Foer. ex Mo* || humeri — incongruenter *A*, *Mo* : *om.* *LCEHS* || enim fracti *A* : confracti *Mo* contracti *Foer.* || incongruenter *Mo* : -tes *A* || inhonesti *ego e Foer. in app.*

59 cum demittuntur *L* : cum dim- *A*, *om.* *CEHS* || corpore cetero *LA* : cetero corpore *CEHS* || propinquent *LCHS* : -quant *A* appropinquent *E* || aperiunt *L* : apparent *A* ostendunt *E*, *om.* *CHS* || breues *LA* : ad femur *CEHS* || sunt *add. Foer.* || intra *LCEH* : inter *AS* || ostendunt *LA* : declarant *CEH* -rat *S* || gaudentes alienis malis *LA* : -tes m.a. *CE* m.a. (a.m. *S*) gaudentem *HS* || cibos *LA* : cibum *CEHS* || et *LA* : ut *CEHS* || ut *L* : et *A*, *om.* *CEHS* || habent manus *L* : -entes manus *A* manus habent *CEHS* || gaudentes aliorum malis *LA* : gaudent malis alienis *E* malis gaudent alienis *H* gaudent de malis aliorum *CS*.

Les avant-bras minces dénoncent la faiblesse, très charnus, l'ignorance. Moyennement fermes et remarquablement articulés et musclés, ils montrent un esprit énergique et des aptitudes physiques. Cela concerne l'aspect général. Les mains molles signifient un homme porté à s'instruire ; dures, elles indiquent un homme énergique, mais ignare. De petites mains très courtes sont faites pour voler et sont habiles [1]. Des mains épaisses et courtes, aux doigts excessivement brefs, indiquent aussi les faux-fuyants, la perfidie et le vol. Les mains fines et tordues montrent la verbosité et la voracité.

60 *Les ongles* [2]. Les ongles blancs, larges, tirant sur le rouge sont l'indice d'un excellent caractère, mais les ongles étroits et allongés le sont de la sottise et de la sauvagerie. Les ongles recourbés et crochus dénotent l'impudence et la rapacité : c'est le type des oiseaux et des animaux féroces. Les ongles enfoncés et très enveloppés de chair dénotent plutôt la sauvagerie et la sottise. Les ongles très courts indiquent la malveillance. Les ongles jaunâtres, noirs et raboteux ont la même signification.

1. *furtis opportunae* : R. Foerster, *Introduction*, p. CXXXIV, suppose ici une variante fautive du texte grec suivi par l'Anonyme ; cf. Adamant., 366, 3-4, Χεῖρες πάνυ κολοβαὶ μωρίας σημεῖον « les mains très courtes sont signe de folie ». L'exemplaire utilisé aurait porté φωρίας (pour φωράς) au lieu de μωρίας. Cependant la Version arabe (218, 9) est en faveur de φωρίας : *De manibus tenuibus subtilibus rapacitatem iudica*, et c'est donc plutôt le texte d'Adamantius qui serait fautif. Mais il n'y a pas correspondance parfaite entre le chapitre d'Adamantius et celui de l'Anonyme.

2. Version arabe, 198, 12-26 ; Adamant., II, 4 (352, 5-354, 2) ; Matrit., 15 (352, 10-354, 8) ; Ps.-Polémon, 54 (352, 16-354, 8).

Tenues cubiti imbecilles, pleni nimium indociles ostendunt. Cum autem mediae soliditatis sunt et articulis et musculis insigniti, fortem animum et habile corpus ostendunt. Referuntur ⟨ad ἐπιπρέπειαν⟩. Manus cum molles sunt, docilem hominem significant, cum dur*ae*, fortem, sed indocilem demonstrant. Nimium breues manus et exiguae furtis opportunae et sagaces sunt. Crassae quoque manus et exiguae, si digitos ultra modum breues habeant, tergiuersatorem, insidiosum et furem indicant. Manus tenues et intortae loquacem demonstrant et uoracem.

Vngues albi, lati, subrubentes optimi ingenii dant **60**
indicium, angusti autem et oblongi stoliditatis et feritatis indices sunt. Qui inflexi et curui sunt, impudentes et rapaces sunt. Refertur ad aues et feras quae uiolentae sunt. Vngues qui impressi sunt et nimium accorporati, magis feri et stolidi sunt. Nimium breues ungues malignum hominem declarant. Hoc idem significant pallidi et nigri et asperi. Vngues

ostendunt *LA* : *om.* *CEHS* || autem *CEHS* : ergo *LA* || insigniti *CEHS* : -gnibus *L* -gnes *Mo* in singulis *A* || animum *LA* : -mum indicant *C* -mum declarant *EHS* || referuntur *CEHS* : *om.* *LA* refertur *Foer.* || ad ἐπιπρέπειαν *add. Foer. ex Mo* || manus *CEHS* : digiti *LA* || hominem *LA* : *om.* *CEHS* || cum — demonstrant *LA* : *om.* *CEHS* || durae *Rose* : duri *LA* || sed *L* : et *A* || nimium *CEHS* : digiti *A*, *om.* *L* || exigu(a)e *CEHS* : digiti *L*, *om.* *A* || furtis *LA* : fortes *CEHS* || oportunae *CEHS* : -ni *L* optimi *A* || et sagaces CE^1 : sine et sagaces E^2 sagaces *HS*, *om.* *LA* et rapaces *Foer.* || crassae quoque *LA* : et quae crassae *CEHS* || manus et exiguae *LA*, *Rose* : *om.* *CEHS* manus *Foer.* || et furem *LA* : furem *CEHS*.

60 *tit.* De unguibus *LH* De signis unguium *E* || lati *LACE* : *om.* *HS* || curui *LACE* : incurui *HS* || rapaces sunt *LAE* : rapaces *CHS* || refertur — uiolentae sunt *L* : *om. cett.* || ungues qui *LA* : qui autem *CEHS* || accorporati *H* : ac cor- *S* acor- AC^1 ad cor- *L* incor- C^2E || ungues *CES* : *om.* *LAH* || hominem *LA* : *om.* *CEHS* || significant *LA* : *om.* *CEHS* || et asperi *A* : asperi *cett.* || ungues *LA* : *om.* *CEHS*.

Les possesseurs d'ongles très ronds sont portés à l'amour. Ces signes attribués aux ongles ne sont pas suffisants par eux-mêmes, mais, réunis à d'autres plus importants, ils ne sont pas sans force.

Les doigts[1]. De même, les doigts joints et soudés désignent un homme grossier. Les doigts ramassés et serrés indiquent un méchant et un avare. Les doigts petits et fins dénotent un sot ; petits et épais, un irréfléchi, un audacieux et un sauvage. Les doigts très longs et très fins sont loin d'indiquer la sagesse. Excessivement écartés, ils sont signe de légèreté et de loquacité. Les doigts d'une juste grandeur et d'un bel aspect indiquent un excellent caractère.

Ceci vaut pour les ongles et les doigts tant des mains que des pieds.

61 *La poitrine*[2]. Une poitrine large, bien ordonnée et articulée, dont chaque partie est distincte — les Grecs disent διηρθρωμένον —, est la meilleure. Une poitrine grêle et sans force est signe aussi de faiblesse de caractère. Une poitrine bardée de chair indique l'ignorance et l'apathie[3]. Aux

1. Version arabe, 200, 2-13 ; Adamant., II, 5 (354, 16-355, 8) ; Matrit., 16 (354, 16-355, 10) ; Ps.-Polémon, 53 (354, 9-355, 18).

2. Ps.-Arist., 54-55 ; Version arabe, 212, 2-14 ; Adamant., II, 15 (362, 3-363, 2) ; Ps.-Polémon, 42 (362, 11-363, 11).

3. *ignauos* : la correction *ignaros* de Foerster n'est pas nécessaire. Les textes grecs ne sont pas d'accord entre eux : σκαιότητα « gaucherie » (Adamant.), δειλόν « pusillanime » (Ps.-Polémon), *parum scientiae* (Version arabe). D'autre part, l'abondance des chairs est un signe de l'*ignauia* aux paragraphes 49 (des joues) et 50 (du visage).

qui perrotundi sunt in uenerem proni sunt. Haec signa quae unguibus attributa sunt per semet ipsa non sunt satis idonea, uerum coniuncta potioribus nonnullam habent efficaciam.

Item digiti cum coniuncti sunt et cohaerent, immundum hominem significant. Qui collecti sunt et conglobati malignum et auarum indicant. Parui et tenues stultum, parui et crassi i*mpro*uidum, audacem, ferum hominem declarant. Qui nimium prolixi et nimium tenues sunt longe a sapientia sunt. Qui immoderato spatio inter se distant leues et loquaces sunt. Qui autem moderatae magnitudinis sunt et honestae speciei mores optimos indicant.

Haec tam de manuum quam pedum unguibus ac digitis dicta sint.

Pectus latum, dispositum et discretum, cuius **61**
clarae sunt singulae partes, ⟨quod Graeci dicunt διηρθρωμένον⟩, optimum est. Pectus tenue et inualidum etiam animi imbecillitatem significat. Quod autem congestum est carnibus indociles et ignauos

perrotundi *L* : prope rot- *A* rot- *CEHS* ‖ proni sunt *AE*[1]*HS* : sunt proni *C* prompti sunt *LE*[2] ‖ *post* efficaciam *praebent* haec tam — dicta sint *LA e fine capit. sumpta* ‖ *tit.* De signis digitorum *E* ‖ item *LA* : *om. CEHS* ‖ inmundum *LA* : inuidum *CEHS* ‖ significant *LA* : ostendunt *CEH* -dit *S* ‖ improuidum *Foer. ex Adam.* : inuidum *codd.* ‖ prolixi *LA* : proximi *C*[2]*EHS*, *om. C*[1] ‖ et *LEHS* : *om. AC* ‖ longe a sapientia sunt *LEHS* : sunt longe a sapientia *C* longe a sapientia *A* ‖ inmoderato *LAC*[2]*E* : moderato *C*[1]*HS* ‖ sunt *L* : significant *A* ostendunt *CH* -dit *S*, *om. E* ‖ moderatae *L* : -te *A* temperate *CEHS* ‖ mores *LAE* : etiam mores *CHS* ‖ pedum *LA* : de pedum *CEH* et de pedum *S* ‖ unguibus ac digitis dicta sint *L* : u. et d. dicta sunt *AS* d. et u. dicta sunt *C*[2] d. dicta sunt et u. *E* et d. et u. dicta *H* unguibus dicta sunt *C*[1].

61 latum *CEHS* : *om. LA* ‖ et *LA* : *om. CEHS* ‖ clarae *Foer.* : clare *A* latae *LC* late *EHS* ‖ quod διηρθρωμένον *add. Foer. ex Mo* (διορθώμενον *Mo*) ‖ pectus tenue *LA* : tenue pectus *CEHS* ‖ etiam *LCHS* : *om. AE* ‖ ignauos *LCEHS* : inbecilles et inguanos *A* ignaros *Foer.*

gens dont les seins pendent et dont la poitrine est enveloppée de chair molle sont assignés l'ivrognerie et les excès sexuels.

62 ***La partie supérieure du dos*[1].** Ce qui a été dit de la poitrine vaut aussi pour le haut du dos, c'est-à-dire pour la partie opposée à la poitrine. Le haut du dos ferme est signe de virilité ; grêle et faible, de pusillanimité. Une abondance de chair dans cette partie du dos indiquera la sottise, mais cela vaut également si le haut du dos est étroit. Le haut du dos large convient donc aux hommes. Mais, même légèrement arrondi, on ne doit pas l'écarter, car il indique la présence d'esprit, accompagnée d'un certain charme tant dans le langage que dans la conduite. Le haut du dos voûté ramenant les épaules vers la poitrine indique la méchanceté jalouse, surtout si le corps tout entier est ainsi voûté et courbé. En effet, outre ce que je viens de dire, c'est aussi la marque d'un désir immodéré de profits.

63 ***Du cou au nombril*[2].** Il faut aussi mesurer la distance du nombril au bas de la poitrine et de même du bas de la poitrine à la nais-

1. Ps.-Arist., 56 ; Version arabe, 212, 16-213, 9 ; Adamant., II, 16 (363, 3-364, 2) ; Ps.-Polémon, 42 (363, 12-364, 11).

2. Version arabe, 210, 16-23 ; Adamant., II, 15 (362, 3-363, 2) ; Ps.-Polémon, 42 (362, 11-363, 12).

indicat. Quibus mamillae dependent et molli carne circumdatum pectus est, his uinolentia et intemperantia ueneris assignatur.

Ea qu*a*e de pectore dicta sunt etiam de meta- 62
*ph*reno dicta s*i*nt, quae pars est dorsi opposita pectori. Nam solidum metaphrenum uirile est, tenue ⟨et⟩ infirmum timidum. Et caro si nimia sit in hac parte dorsi, stultitiae index erit, sed si parui spatii metaphrenum fuerit, idem indicabit. Latum igitur esse metaphrenum uiris conuenit. Sed etiam si rotundum leniter fuerit, non est recusandum, nam praesentis ingenii hominem indicat, habentem aliquid gratiarum tam in sermone quam in factis. Quorum autem incuruum est metaphrenum et inflectit humeros ad pectus, malignitatem cum inuidia indicat, et tunc magis si omne corpus ita incuruum atque inflexum sit. Nam et lucrorum immoderatum studium cum his quae praedicta sunt indicat.

Emetiendum quoque est spatium ab umbilico 63
usque ad pectoris finem, item a pectoris fine usque

circumdatum *L* : -datae *C* -date *EH* -dati *S* -dant *A* || pectus est *LA* : sunt *CEHS* || his uinolentia *L* : uinolencia hiis *S* uinolentia *CEH* uiolencia *e* -ciam *A* || intemperantia *LCEHS* : -anciam *A* || assignatur *LCEHS* : -gnant *A*.

62 ea quae — dicta sint *A* : *om. cett.* || ea que *A* || metafreno *A* || sint *Foer.* : sunt *A* || quae pars est dorsi *A* : quae pars dorsi *CEHS* pars dorsi designanda est . quae est *L* || opposita *L* : oppressa *A* postposita *CEHS* || solidum metaphrenum (-frenum *A*) uirile est *LA* : et affri qui hoc habent non uirile esse testantur *E* et affri hoc uirile non (hoc non uirile *HS*) esse testantur *CHS* || tenue *LA* : -nuae *C* -nuis *E* -nuem *HS* || et *add. Foer.* || sed si — conuenit *LA* : *om. CEHS* || fuerit *L* : erit *A* || latum *L* : laterum *A* || leniter *LCES* : leui- *A*, *om. H* || praesentis *LC¹HS* : -ti *A* praescientis *C²E* || autem *CEHS* : *om. LA* || metaphrenum *L* : -frenum *A* dorsum *CEHS* || praedicta *LA* : dicta *CEHS*.

63 emetiendum *LCHS* : et met- *E* merendum *A* || quoque est spatium (-cium *L*) *LA* : est autem (autem est *H* est *E*) spatium (-cium *E*) quod *CEHS* || a pectoris fine *LCEHS* : *om. A*, *Mo.*

sance du cou. Si la poitrine est plus longue, cela indique la sagesse ; si la partie au-dessous de la poitrine jusqu'au nombril l'est davantage, cela dénote la voracité.

64 *Le ventre*[1]. Un gros ventre avec une masse de chair molle et pendante indique un homme inintelligent, ivrogne et sans retenue, adonné à la volupté et à l'amour. Une chair surabondante, mais ferme, annonce la malveillance et la malfaisance. Un ventre très creux et comme vide indique la pusillanimité, la méchanceté et la voracité[2]. Un ventre assez mou et assez déprimé montre l'énergie et la noblesse.

65 *Les flancs*[3]. Les flancs minces, étroits et creusés dénoncent la pusillanimité, et les flancs charnus et fermes montrent l'ignorance. Les flancs arrondis et comme enflés indiquent un bavard vaniteux : c'est le type des grenouilles.

66 *Le dos*[4]. Un dos large et solide est viril ; son contraire est féminin. Un dos voûté dans un corps délicat — en grec ὑγρός, comme nous l'avons dit plus haut[5] — ne doit pas

1. Ps.-Arist., 51 ; Version arabe, 210, 5-14 ; Adamant., II, 14 (361, 5-362, 2) ; Ps.-Polémon, 46 (361, 16-362, 10).

2. Autre point de vue dans Pline, *H. N.*, 11, 200, *magis auidi ciborum quibus ab aluo longius spatium* ; cf. Arist., *P. A.*, 675 b 26 sq.

3. Ps.-Arist., 53 ; Version arabe, 208, 19-210, 3 ; Adamantius, II, 13 (361, 1-4) ; Ps.-Polémon, 45 (361, 12-15).

4. Ps.-Arist., 52 ; Version arabe, 208, 2-17 ; Adamant., II, 11-12 (360, 3-10) ; Ps.-Polémon, 43 et 44 (360, 17-361, 11).

5. Cf. § 54.

ad originem colli. Si maior pars pectoris fuerit, prudentiam indicat, si quod infra pectus est usque ad umbilicum maius fuerit, uoracem hominem declarat.

Venter cum est magnus et congestis carnibus, 64
si quidem mollibus et pendentibus, sine sensu hominem et uinolentum atque intemperantem, deditum luxuriae ac ueneri indicat. Si nimia caro, uerum solida sit, maliuolum hominem et malorum artificem declarat. Venter si nimio recessu est tamquam inanis, timidum, malignum et uoracem indicat. Venter aliquanto mollior atque impressior uirtutem animi et magnificentiam monstrat.

Latera tenuia et angusta et depressa timiditatis 65
arguunt, et quae referta sunt carnibus et dura indociles homines ostendunt. Quae autem rotunda sunt tamquam tumentia, loquacem, inanem declarant : nam refertur ad ranas.

Dorsum latum, solidum uirile est et contrarium 66
muliebre. Quorum dorsum incuruum est, si in molli corpore fuerit, quod superius ὑγρὸν a Graecis nomi-

si quod — ueneri indicat (*cap. 64*) *LA* : *om. CEHS* || infra *L* : intra *A*.

64 *tit.* De uentre *L* || uinolentum *L* : uiol- *A* || deditum luxuriae *L* : l.d. *A* || si *LA* : et si *CEHSe* || nimia *LACHSe* : summa *E* || caro uerum solida *CHSe* : caro uel solida *L* caro uenit solida *E* solida carne plenum *A* || sit *LA* : etiam *CHS*, *om. E* || et *LA* : non *CHS* nec non *E* || malorum — malignum et *LA* : *om. CEHS.*

65 *tit.* De lateribus *LCH* : De signis laterum *E* || arguunt *CH* : -uuntur *LE* -uit *S* argumentum *A* || et quae *LA* : quae autem *CEHS* || referta *LCEHS* : tecta *A* || indociles homines *LA* : -lem hominem *CE HS* || quae autem — nam *LAH* : *om. CES.*

66 *tit.* De dorso *L* || est *LACE* : *om. HS* || et *LAC* : et in *HS*, *om. E* || muliebre *A* : -bri *L* -bri generi *C* est muliebri generi *EHS* || corpore *LA* : carne *CEHSe* || fuerit *LAE* : -rint *CHSe* || quod superius — diximus *A*, *Mo* : *om. cett.* || ὑγρόν *Mo* : metafreñ *A*.

être jugé aussi mauvais que dans un corps épais et solide. Ceux dont les flancs sont assez étroits, comme s'ils avaient la taille serrée[1], brilleront par toutes les qualités et aimeront assez la chasse.

67 *Les lombes*[2]. La partie inférieure de l'épine dorsale, qu'en grec on nomme ὀσφύς, si elle est large et plate, très ample et enveloppée de chair molle, est signe de féminité : elle concerne l'aspect général. Allongée et terminée en pointe, elle indique la démesure dans la débauche et la pusillanimité. Est donc virile celle dont les os sont apparents, et qui est moyenne et ferme.

68 *Le bassin*[3]. Le bassin (ἰσχία) est l'ensemble des os fermant le ventre, sur lesquels s'appliquent aussi les fémurs. Donc, si le bassin est solide, dur, avec des os bien distincts, il montre un homme courageux et belliqueux : c'est en effet le type des lions ; vaste et enveloppé de chair, il révèle un caractère féminin, selon l'aspect général. Un bassin très maigre entouré d'une peau ridée et fine, comme chez les singes, indiquera la méchanceté.

1. *succincti* = εὔζωνος des trois épitomés grecs ; cf. aussi Ps.-Arist., 50.
2. Adamant., II, 10 (360, 3-5) ; Ps.-Polémon, 47 (360, 13-16).
3. Ps.-Arist., 46 ; Adamant., II, 9 (359, 6-360, 2) ; Ps.-Polémon, 49 (359, 17-360, 2).

nari diximus, non tam malum accipiendum est quam quod in spisso et solido corpore fuerit. Qui iuxta ilia angustiores sunt tamquam succincti, et in omni parte uirtutis excellent et uenationum studiosiores erunt.

Spinae pars inferior, quae ὀσφύς graece dicitur, 67
si late iaceat et nimia sit et molli carne circumdata, femininum est : refertur ad ἐπιπρέπειαν. Quae prolixa est et in acutum desinit, intemperantiam libidinis et timiditatem ostendit. Virilis ergo est quae clara ossibus et moderata ac solida est.

'Ισχία sunt ossa concludentia uentrem, quibus etiam 68
ossa femorum impressa sunt. Si igitur ἰσχία solida et dura et discreta ossibus fuerint, fortem et bellatorem hominem monstrant : refertur enim ad leones ; si uasta et carne complexa, muliebre ingenium designant secundum ἐπιπρέπειαν. Quae autem nimium exesa sunt, rugosa et tenui cute circumdata, ut sunt simiarum, malignitatem indicabunt.

non tam — fuerit *LA*, *Mo* : *om.* *CEHS* || quod *L* : cum *A*, *Mo* || spisso et solido *L* : solido et spisso *A* || ilia *LCH* : illia *S* illya *E* alia *A* || et *LCHSe* : *om.* *AE* || in *CEHSe* : ex *L* sex *A* || parte *om.* *H* || uirtutis *LACSe* : -tute *EH* || excellent *L* : -llunt *A* praecellent *CS* -llentes *E* -llunt *He* || uenationum *H* : uenera- *LASe* uenationis *CE* || studiosiores *LA* : -sissimi *HSe* studio summi *CE*.

67 *tit.* De spina *LCH* || quae — dicitur *om.* *A* || ὀσφύς : ocωyc *L* occbc *C* ocybyc *E* ocωπc *H* occuyc *S* || refertur ad ἐπιπρέπειαν *om.* *A* || ἐπιπρέπειαν : ΕπyπPENEyaM *L* eπyπpeнeyaн *C* epynneneaym *E* epilemsiam *H* || ergo est *L* : est ergo *A*, *om.* *CEHS* || clara ossibus *LA* : clarior sibi *CEHS* rarior *e*.

68 ἰσχία *Rose* : Icxia *CH* ιcxya *E* Iexia *S* ischia *LA* || concludentia *LA* : condentia *CEHS* || etiam *LA* : *om.* *CEHS* || ἰσχία *Rose* : ιcxιa *C* ιcxya *E* ycxιa *H* Iexia *S* licxia *e* ischia *LA* || bellatorem *LCEHS* : debell- *A* || monstrant *LA* : indicant *CEHS* || enim *L* : *om.* *cett.* || uasta et *LA* : ue stent *S* uero stent *Ce* uero sunt *E* sint *H* || complexa *LAC* : -pleta *EHS* || ἐπιπρέπειαν : ΕπyπPENEyaM *L* eπynpeнeyaм *C* enynpeneyam *E* epilempsiam *H* || cute *LAE*[1]*HS* : carne *CE*[2] || ut sunt *om.* *A*.

69 ***Les cuisses et les jambes***[1]. Les cuisses présenteront, d'après Polémon, les mêmes signes que nous allons donner du haut de la jambe, que les Grecs appellent κνήμη, dont la face antérieure, le tibia, forme la partie supérieure, tandis que la face postérieure va jusqu'aux pieds. Cela étant, nous reprendrons le point de vue d'Aristote[2], qui est différent : donc, ⟨la κνήμη⟩, c'est-à-dire la face postérieure de la jambe au-dessous du genou, c'est-à-dire après le jarret, quand elle est pleine et comme enflée, signifie un individu grossier, sans retenue et impudent, avec même un esprit servile. Quand ⟨les jambes⟩ sont d'une grosseur et d'une grandeur moyennes, fermes et bien détachées — ⟨ce que les Grecs appellent διηρθρωμένον (bien articulé)⟩ —, elles sont l'indice d'un excellent caractère. Molles ⟨et sans articulations apparentes (ἄναρθροι)⟩, elles doivent être assignées au sexe féminin.

70 Les genoux cagneux[3] qui s'entrechoquent se réfèrent au type féminin.

71 ***Les chevilles***[4]. ⟨Les chevilles (σφυρά)⟩ sont le bas des jambes et touchent au cou-de-pied. Quand ⟨les chevilles⟩, l'extré-

1. Ps.-Arist., 46 ; Version arabe, 204, 5-12 ; 206, 12-18 ; Adamant., II, 8 (358, 1-359, 3) ; Matrit., 19 (358, 8-359, 3) ; Ps.-Polémon, 50 (358, 15-359, 14).

2. Dans le Ps.-Arist., 46, la κνήμη est le mollet ; mais dans Arist., *H. A.*, 493 b 4 sq., c'est la partie de la jambe au-dessous de la rotule, comprenant deux os, dont la face antérieure est l'ἀντικνήμιον, la postérieure, la γαστροκνημία, i. e. le mollet. La discussion porte donc sur le mot κνήμη qui, chez Polémon, la source de l'Anonyme, désigne la jambe entière (faces antérieure et postérieure), et, chez Aristote, seulement le mollet.

3. Ps.-Arist., 47, οἱ γονύκροτοι κίναιδοι ; Version arabe, 204, 19-206, 2 ; Adamant., II, 9 (359, 4-6) ; Matrit., 20 (359, 10-12) ; Ps.-Polémon, 49 (359, 15-16).

Femorum eadem erunt signa secundum Polemonem quae mox de superiori parte crurum dicentur, quam Graeci κνήμην uocant, cuius prior pars tibia superior est, posterior uero usque ad pedes. Ea igitur repetemus quae Aristoteles aliter posuit : ⟨κνήμη⟩ ergo, id est pars cruris quae sub geniculo est posterior, id est in*f*ra suffraginem, quotiens plena est tamquam grauida, sordidum hominem, intemperantem impudentemque significat, seruiles etiam mores comprehendit. Cum autem moderatae plenitudinis sunt ⟨κνῆμαι⟩ moderataeque magnitudinis, solidae et discretae — ⟨quod Graeci appellant διηρθρωμένον⟩ — optimi ingenii sunt indices. Molles autem ⟨et ἄναρθροι⟩ muliebri sexui assignandae sunt. **69**

Genicula cum in se conuersa sunt atque colliduntur, ad femineam speciem referuntur. **70**

⟨Σφυρὰ⟩ sunt crurum partes imae proximae talis. **71**

69 *tit.* De femoribus *LH* || crurum *LEH* : -rium C^2S -ruum C^1, *om. A* || dicentur *LCEHS* : -cuntur *e* diximus *A* || quam — uocant *om. A* || κνήμην : KNHMHN *L* кннмəɴ *C* κπнααнн *E* кннɔ-снн *H* || prior *LA* : superior *CEHS* || tibia superior est *L* : tibia supra est *CHSe* supra tibia est *E* superius est geniculo *A* || ea — quae *LA* : *om. CEHS* || ea *LA*, *Mo* : postea *Foer.* || aristotiles aliter *L* : -les autem *HS* aliter aristotiles *C* harum (arum *E*) aliter *AE* || posuit *LA* : dicit *CEHS* || *post* posuit *praebent* genicula — referuntur (*cap. 70*) *CEHS* || κνήμη *Mo* : *om. codd.* || ergo id est *Foer.* : ergo idem dicit *L*, *Rose* ergo eadem *A*, *Mo* prima *EH* ·i· *CS* || infra suffraginem *Foer.* : intra suffr- *Mo* frustraginem *A* suffragines *L*, *om. CEHS* || hominem *CEHS* : *om. LA* || intemperantem *LH* : -ratum *CES* et temperatam *A* || impudentemque *L* : impudentem *CHS* imprud- *AE* || significat *LAH* : indicat *CES* || etiam *LA* : enim *CEHS* || plenitudinis sunt moderataeque (-rate *A*) magnitudinis *LA* : sunt magnitudinis et plenitudinis *E* sunt plenitudinis et moderate *CHS* || κνῆμαι *ad. Foer. ex Mo* || quod διηρθρωμένον — *add. Foer. ex Mo* (διορθωμένον *Mo*) || et ἄναρθροι *add. Foer. ex Mo.*

70 *tit.* De genibus *L* || in *LA* : inter *CEHS* || colliduntur *LCEHS* : coneidunt *A*.

71 *tit.* De cruribus *L* || σφυρά *Mo* : *om. codd.* || sunt *LA* : sunt autem *EHS* cum autem *C* || crurum partes imae *L*, *A* (crurium) : imae partes crurum *CEHS*.

mité des pieds et les talons sont très gros et charnus, ils indiquent un sot ou un fou — c'est ce que Polémon dit avoir consciencieusement observé —, et d'autant plus si ces mêmes pieds ont les orteils courts et de gros ⟨mollets. Les chevilles⟩ fortes, dont le tour est net, délimité, bien fait, et ne choque pas la vue, dénotent un homme respectable. Une cheville fine indique la pusillanimité et l'absence de retenue.

72 *Les pieds*[1]. Le bas des pieds aux tendons bien distincts et aux articulations nettes annonce un esprit noble et viril. Les pieds mous, très enveloppés de chair, montrent un esprit mou et féminin. Les pieds épais et très courts indiquent une nature sauvage. Des pieds très allongés montrent un homme qui prépare maintes fourberies et médite de pernicieux projets. Des pieds très fins et courts trahissent la méchanceté. Des pieds arqués, dont la plante est très voûtée et en retrait, sont à condamner. Ceux dont les pieds sont absolument plats, non cambrés

1. Ps.-Arist., 44 ; Version arabe, 200, 15-202, 9 ; Adamant., II, 6 (355, 5-356, 6) ; Matrit., 17 (355, 11-356, 13) ; Ps.-Polémon, 52 (355, 19-356, 21).

⟨Σφυρὰ⟩ igitur et imi pedes et calcanea cum nimium uasta sunt et referta carnibus, stultum hominem indicant uel insanum, hoc a se obseruatum esse diligenter P*o*lemon refert, et eo magis si et humiles digitos et ⟨κνήμας⟩ uast*a*s in isdem pedibus esse contigerit. ⟨Σφυρὰ⟩ solida, quorum ambitus certus, circumscriptus et honestus est et qui non offendat oculos, uirum sanctum demonstrant. Tenuitas timidum et intemperantem declarat.

Pedes imi discreti neruis et articulis clari generosum et uirile ingenium declarant. Molles et ampla carne circumdati molle ingenium et femininum ostendunt. Crassi pedes et breues admodum ferinos mores indicant. Nimium prolixiores inuigilantem dolis hominem multis ac perniciem cogitantem demonstrant. Pertenues et breues malignum produnt. Curui pedes et qui plantam longe cauam ac reductam habent improbandi sunt. Qui aequaliter plani sunt et nullum habent recessum in medios pedes, sed **72**

σφυρά *Mo* : *om. codd.* || cum *LCEHS* : si *A* || nimium *LA* : *om. CEHS* || sunt *LCEHS* : sint *A* || indicant uel (et *C*) insanum *LCEHS* : et insanum indicant *A* || κνήμας *Mo* : *om. codd.* || uastas *Mo* : -tos *LCEHS* -tam carnem habere *A* || isdem : hisdem *L* his *CH* hiis *AES* || pedibus *LA* : partibus *CEHS* || esse contigerit *L* : contigerit esse *CHS* contingit esse *E* contingit *A* || σφυρά *Mo* : *om. codd.* || solida quorum ambitus certus *A* : quorum ergo (uero *E* igitur *S*) ambitus solidus certus *LCEHS* || demonstrant *L* : -trat *A*, *om. CEHS* || tenuitas *LA* : tenacem *CES*, *om. H* || intemperantem *LA* : intemperatum *HSe* attemp- *C* temp- *E*.

72 *tit.* De pedibus *LC* De signis pedum *E* || molles et *LA* : molles si *CEHS* || carne *LE* : -nes *A* pelle *CH*, *om. S* || crassi *LA* : -ssos *CEHS* || mores *LA* : *om. CEHS* || prolixiores *LA* : -xos refer (refert *E*) ad *CEHS* || multis ac *L* : multis *A* et multam *CEHS* || demonstrant *L* : -trat *A*, *om. CEHS* || et breues *LAC* : et breues pedes *ES* pedes et breues *H* || malignum produnt *LA* : hominem malignum produnt *C* p.m.h. *E* m.h. ostendunt *H* || et nullum — atterunt C^2*mg*, *om.* C^1 || nullum — parte *om. HS* || habent recessum *LA* : recessum habent C^2E || sed *L* : sed et *A* sub C^2E.

en leur centre, et qui marchent sur leurs talons[1] et usent le côté intérieur de leurs chaussures montrent un esprit fourbe et méchant. Aristote ajoute que sont également fourbes les gens aux sourcils arqués, comme sur les masques des vieillards de comédie[2].

73 *Le système pileux*[3]. A propos des différentes espèces de cheveux nous avons fait ci-dessus[4] la distinction suivante : les cheveux frisés indiquent la pusillanimité ; raides, la sauvagerie, de même que les cheveux drus ; clairsemés, la traîtrise ; très souples, la mollesse ; noirs, une extrême pusillanimité et l'avarice ; rouge pâle, l'avarice ; le milieu entre tous ces contraires est ce qu'il y a de mieux, mais il faut condamner les cheveux rouge vif, couleur de fleur de grenadier[5] : ils signifient en effet avarice, sauvagerie et ignorance. Mais, en dehors de la tête, des sourcils et des yeux, des poils poussent aussi sur d'autres parties du corps ; aussi appliquera-t-on à ces parties la règle indiquée ci-dessus pour les cheveux, mais on assignera en outre des particularités spéciales à toutes les autres

1. *cruribus ambulant* : cf. dans les trois épitomés, ὡς τοῖς σφυροῖς βαίνοντες, où σφυρόν (au sens strict « cheville ») désigne la partie postérieure du pied (cheville et talon), comme aussi le talon seul dans Pindare, *Isthm.*, 7, 13.

2. Nous n'avons pas retrouvé le texte dans le Ps.-Aristote. De toute façon, cette indication aurait dû être placée au paragraphe 18. Sur la symbolique des sourcils au théâtre, cf. p. 65, n. 3.

3. Ps.-Arist., 69 ; Version arabe, 248, 13-254, 15 ; Adamant., 37 (392, 1-397, 3) ; Matrit., 25 (392, 6-397, 17) ; Ps.-Polémon, 8 (392, 11 sq.).

4. Cf. § 14.

5. Adamant., 394, 1, Πυρρότης δὲ ἄκρατος κατὰ τὸ τῆς ῥοιᾶς ἄνθος οὐκ ἀγαθόν. La fleur du grenadier est d'un rouge orangé.

cruribus ambulant et ex interiori parte calciamenta atterunt, uersutam et malignam mentem ostendunt. Aristoteles addit etiam hos esse uersutos qui habent inflexa supercilia, sicut sunt in personis senum comicorum.

De capillorum uarietate haec superius quidem 73
discretio facta est, quod crispi timidum ostendant, quod directi ferum, hoc idem et spissi, quod rari insidiosum, quod molles nimium effeminatum, quod nigri timidum nimium et auarum, quod rubei subalbi auaros mores et quod harum omnium contrarietatum medietas optima sit, sed qui uehementer rubicundi sunt, ut flos mali granati, repudiandi sunt : nam et auarum et ferum et indocilem significant. Sed quoniam et praeter caput et supercilia et oculos in aliis etiam partibus corporis exoriuntur capilli, retinenda est quidem in his partibus regula de capillis superius dicta, sed et specialiter assignandae pro-

ambulant *LA*E^1 : *om.* C^2, *del.* E^2 || ex interiori *LA* : exter- C^2*E* || atterunt *LA* : terunt C^2*EHS* || aristoteles : -tiles *LCHS* harum *A* arum *E* || addit *LCEH* : addidit *A* || etiam hos *L*C^2 (os C^1) : etiam hoc *A* hos etiam *E* hos *S*, *om.* *H* || senum *LA* : *om.* *CEHS*.

73 *tit.* De capillorum qualitate *L* || de capillorum uarietate *LA* : *om.* *CEHS* || superius quidem discretio *L* : superius quod discretio (des- A^1) *A* quidem superius discretio *H* superius descriptio quidem *E* superius descriptio *C* || quod *LCEHSe* : qui *A* || crispi *LCHSe* : -pidi *A* scripsi *E* || timidum *LEe* : tum- *CS* timidi *A* tum- *H* || ostendant *L* : -dunt *cett.* || quod *LCEHSe* : qui *A* || quod *LCHS* : qui *A* || rari insidiosum quod *L* : rari infidiosum qui *A*, *om.* *CEHS* || quod nigri — auaros mores *om.* *A* || nimium — mores et *L* : *om.* *CEHS* || optima sit *Foer.* : sit optima *L*, optima est *A* -ma sit tenenda E^1*HS* -ma sit dicenda E^2 -ma erit tenenda *C* || mali granati *LAHS* ; -ti rubicundus est *C* malignati *E* || et *LAC* : *om.* *EHS* || et *ACHS* : *om.* *LE* || et *LCHS* : *om.* *AE* || significant *CEHS* : -cat *LA* || quoniam et *LA* : *om.* *CEHS* || exoriuntur capilli *L* : -tur etiam capilli *A* capilli exoriuntur (oriuntur *HS*) *CEHS* || quidem *CE* : autem *H* quodlibet *S*, *om.* *LA* || superius *LA* : supra *CEHS* || assignandae proprietates ceteris partibus sunt *L* : ceteris partibus assignandae sunt proprietates *CEHS* partibus sunt proprietates *A*.

parties. Les jambes couvertes de poils longs et drus indiquent l'ignorance et la sauvagerie. ⟨L'ὀσφύς, c'est-à-dire⟩ la partie inférieure de l'épine dorsale, et les cuisses semblablement velues donnent la même indication. Si le ventre et la poitrine sont recouverts d'un abondant système pileux, ils dénotent un homme léger et instable, ⟨que les Grecs appellent ἀλλοπρόσαλλος (inconstant)⟩ ; on le proclame en outre sans scrupule ni piété. Quand la poitrine seule est velue, elle signifie un caractère bouillant et énergique[1]. Quand les épaules et le haut du dos sont couverts de poils, ils indiquent un caractère d'oiseau, c'est-à-dire léger et instable. Quand le corps tout entier est recouvert de poils, cela indique une nature de quadrupède plutôt que d'homme. Quand la nuque, au-dessous de la tête, est velue, c'est signe de courage et d'énergie : c'est en effet le type du lion. Et quand les cheveux descendent à mi-front, mais sont repoussés ou ramenés de chaque côté, c'est le type du cheval.

74 ***Les mouvements du corps*[2].**

Les mouvements du corps sont soit naturels soit affectés. Il existe trois sortes de mouvements affectés. La première, quand, recherchant les honneurs ou le pouvoir ou le profit ou un

1. *calidum et animosum* : cf. Adamant., 395, 3, θερμοβούλους καὶ εὐψύχους.

2. Version arabe, 256, 6-258, 21 ; Adamant., II, 38 (397, 4 sq.). Ce chapitre, qui manque dans le Ps.-Aristote, le Matritensis et le Ps.-Polémon, paraît en conséquence être empruntée à Loxos. — L'importance du geste et du mouvement dans l'art oratoire, notée par Cicéron, Sénèque et Pline le Jeune, a été particulièrement soulignée par Quintilien, *I. O.*, 11, 3, 65-67 : « L'importance du geste pour l'orateur est suffisamment visible du seul fait que, même sans les paroles, il fait comprendre la plupart des choses. En effet, les mains, mais aussi les signes de tête manifestent notre volonté et, pour les muets, les gestes tiennent lieu de langage ; la danse également, sans l'aide de mots, est souvent expressive et émouvante et, d'après la physionomie et la démarche d'une personne, on devine son caractère ;

prietates ceteris partibus sunt. Crura densis et longis capillis obsita indocilem et ferum hominem indicant. ⟨'Οσφύς, id est⟩ ima pars spinae, et femora similiter capillosa idem indicant. Venter et pectus si nimio capillo circumtecta fuerint, leuem et instabilem hominem produnt, ⟨quem Graeci ἀλλοπρόσαλλον uocant⟩; praeterea sine religione, sine pietate esse hoc ingenium declaratur. Cum solum pectus capillos praefert, calidum et animosum significat. Cum humeri et meta*ph*rena capillis circumdata sunt, auium mores id est leues et instabiles indicant. Cum omne corpus contectum est capillis, animum quadrupedis potius quam hominis indicat. Cum ceruix a capite capillosa est, fortem et animosum indicat : refertur enim ad leonem. Et cum ad mediam frontem capillus decurrit, ex utraque autem parte repressus uel reflexus est, ad equi speciem refertur.

Motus corporis alius est naturalis, alius affectatus. **74**
Affectati tres sunt species. Vna cum homo honorem uel potestatem uel lucrum uel nuptias captans, prout

densis et *LC²E* : densis *C¹HS* diuersis *S*, *om. A* || longis capillis obsita *LC²E* : capillis obsita *C¹HS* capilli longi *A* || ὀσφύς id est *add. Foer. ex Mo* || circumtecta fuerint *LA* : contectum fuerit *C²in ras.*, *E* tectum fuerit *HS* || et instabilem hominem produnt *A* : hominem et instabilem designat *C* (*om.* et), *EHS* || quem — uocant *add. Foer. ex Mo* || ingenium *LAC¹E²HS* : signum *C²E¹* || calidum *A* : calli- *cett.* || significat *LE* : -cant *A* designat *CH* refert *S¹* prefert *S²* || cum — indicant *LAC²E* : *om. C¹HS* || metaphrena : -frena *C²E* -frene *A* -phrenae *L* || sunt *LC²E* : sint *A* || auium *L* : animi *AC²E* || id est *LE* : et *A*, *om. C²* || leues *LC²E* : lenes *A* || contectum *LCe* : -textum *AE* tectum *HS* || animum quadrupedis potius *L* : a.p.q. *A* quadrupedem potius *CEHS* || hominis *LA* : -nem *CEHS* || cum *LA* : *om. CEHS* || a capite *LA* : iuxta caput *HS* iuxta capud cum *E* quae iuxta caput *C* || enim *L* : *om. cett.* || frontem capillus decurrit *L* : d.c.f. *A* f.c. percurrit *CEHS*.

74 *tit.* De motibus corporis *LCH* De signis motus corporis *E* || est *LA* : *om. CEHS* || affectatus *ACHS* -tus est *E* est affectatus *L* || una *L*, *Mo*, *Foer.* : prima *AH*, *Rose* prima species *C²mg*, *E*, *om. C¹S*.

mariage, on compose son maintien selon ce qu'on croit être le plus agréable aux supérieurs [1]. On revêt en effet les apparences du luxe et de la vertu, on est fier, humble, négligé, apathique, compatissant, zélé, selon qu'on pense devoir imiter la pauvreté, la grossièreté, l'économie, l'humilité ou la compassion. La seconde sorte d'affectation consiste à s'embellir et à composer son visage et l'ensemble de son corps de façon à séduire les vierges ou à troubler les ménages ; mais ceux qui raffolent des garçons ou se donnent à eux-mêmes des allures de femmes afin de pouvoir attirer les hommes ont aussi des mouvements du corps affectés et étudiés. La troisième sorte comprend les vrais invertis, qui veulent cependant, en s'efforçant d'écarter d'eux ce soupçon, se donner une allure virile. Ils imitent en effet la démarche des jeunes gens, se donnent de l'assurance par une certaine raideur, tendent leur regard et leur voix et redressent tout leur corps ; mais on les reconnaît facilement, car le naturel

chez les animaux aussi, qui sont dépourvus de langage articulé, on peut saisir l'irritation, la joie, la flatterie qu'expriment leur regard et certains autres indices physiques. Et il n'est pas étonnant que ces gestes, qui cependant comportent quelque mouvement, produisent une impression si profonde sur l'âme, quand la peinture, qui est un ouvrage silencieux et qui fixe des attitudes immuables, agit sur notre sensibilité la plus intime au point d'avoir parfois l'air d'être plus éloquente que la parole même. Au contraire, si le geste et la physionomie sont en désaccord avec ce que nous disons, que nous affirmions en faisant des signes de dénégation, que nous ayons l'air gai en disant des choses tristes, nous n'enlevons pas seulement à nos paroles toute autorité, mais aussi tout crédit » (trad. J. Cousin, C. U. F.).

1. *Potioribus* : Adamant. II, 397, 12, οὓς θεραπεύουσιν.

acceptissimum esse potioribus arbitratur, ita se constituit. Nam et luxuriae et bonitatis similitudinem induit et erectus et deiectus et squalidus et ignauus est et misericors et industrius, ubi pauperiem, rusticitatem, parsimoniam, paruitatem et misericordiam imitandam putat. Secunda species est affectationis eorum qui ad pulchritudinem student quique uultum et omne corpus ita informant ut aut uirginibus insidientur aut matrimonia perturbent; sed et qui in pueros dementes sunt aut mulierum loco se ipsos constituunt, quo uiros in se prouocare possint, affectatum atque elaboratum corporis motum habent. Tertia species est eorum qui cin*a*edi quidem certa fide sunt, uerum suspicionem a se remouere conantes uirilem sumere speciem sibimet laborant. Nam et incessum pedum iuuenilem imitantur et semet ipsos rigore quodam confirmant et oculos uocemque intendunt atque omne corpus erigunt, sed facile deteguntur uincente se ac nudante natura.

esse potioribus *LA* : potius esse *CEHS* || similitudinem *LCE* : speciem E^2*mg*, *HS* || et deiectus *ego* : deiectus *LA* et affectatus est et *C* est et affectatus et *E* est affectatus et *H*, *S* (est et) et deiectus est et *Foer.* || squalidus *LA* : ualidus *CEHS* || et ignauus est et *ego* : ignauus (ingna- *A*) est et *LA* et ignauus et *CES*, *Foer.* et ignauus est *H* || misericors *CEHS* : inmiser- *LA* || industrius *LHS* : -tris *ACE* || rusticitatem *L* : et rus- *A*, *om.* *CEHS* || paruitatem *LA* : et par- *CES* paruitatem animi ut *H* || misericordiam *LA* : mansuetudinem *CEHS* || imitandam *CEHS* : -dum *LA* || sed et qui *LCE* : sed quidem *A* sunt qui et *HS* || mulierum *LA* : muliebri *CEHS* || quo *LA* : qui *CHS*, *Mo* quique *E* || prouocare *LAC*^{2}*mgE* : probare C^1*HS* || possint *L* : possunt *CEHS* possum *A* || affectatum *CES* : et aff- *LA* hii aff- *H* || quidem *L* : quod *Mo* dicuntur *A*, *om.* *CEHS* || suspicionem a se *LA* a suspicione se *CE*^{2}*H* a suspectione se E^1*S* || conantes *L* : -tur et *CEHS* curantes *A* || pedum iuuenilem *LA* : iuuenilium pedum *CEHS* || rigore — confirmant *LA* : rigorant *CEHS* || uocemque *L* : uocem *A* et uocem *CEHS* || uincente se ac nudante *LA* : nudante eos *CEHS*.

l'emporte et les dévoile : ils fléchissent généralement le cou et baissent la voix, laissent aller les pieds et les mains, et ils sont facilement trahis par d'autres indices occasionnels ; une crainte subite ou une joie imprévue les arrachent à cette imitation empruntée et les ramènent à leur naturel. Souvent aussi leurs bâillements[1] les ont trahis. Tous les indices tirés des mouvements du corps se ramèneront donc à ces quatre types : un vrai et naturel, et trois que nous avons définis comme feints et simulés.

75 Ceux qui vont à grands pas[2] sont généreux et efficaces ; les petits pas serrés indiquent l'inefficacité, l'économie, la mesquinerie[3], l'art de la ruse et la dissimulation. La rapidité du mouvement, jointe à un corps droit, beau et distingué, indique un homme ardent, qui entreprend plus qu'il n'achève. Les mouvements rapides, si on baisse les yeux, si on se ferme, si on détourne le visage, ramasse et rassemble le corps tout entier, in-

1. Les bâillements sont signe de mollesse et d'insouciance ; cf. Gell., *N. A.*, 4, 20, 8-9 : « On délibéra pour savoir si l'on flétrirait quelqu'un qui avait été appelé par un ami comme témoin et qui, debout au tribunal, bâilla trop ostensiblement et bruyamment, s'exposant à une sanction pour avoir fait montre d'un esprit incapable de se fixer et rêveur, d'une insouciance inconsistante et désinvolte. Mais, il fut dispensé de la flétrissure déjà décidée, lorsqu'il eut juré que c'était malgré lui et en dépit de ses efforts qu'il avait bâillé, étant atteint de la maladie qu'on appelle *oscedo* ».

2. Ps.-Arist., 70 ; Version arabe, 260, 1-262, 9 ; Adamant., II, 39 (398, 9 sq.) ; Matrit., 26 (398, 15-399, 20).

3. *parci, paruae mentis sunt* = Adamant. et Matrit. ἄπρακτοι, πικροί. Le texte dont disposait l'Anonyme portait donc μικροί (cf. Foerster, I, CXXXIV). La version arabe n'indique rien, ni le Ps.-Aristote.

Nam et collum et uocem plerumque submittunt et pedes manusque relaxant aliisque temporariis indiciis facile produntur ; nam et timor subitus et gaudium improuisum ab imitatione procurata eos excutit atque ad suum ingenium reuocat. Plerumque etiam oscitantes detecti sunt. Signa igitur omnia quae ex motibus corporis colliguntur ad quattuor has species referenda sunt : ad unam quae uera et naturalis est, ad tres quas fictas et simulatas esse constituimus.

Qui longis passibus incedunt magnanimi sunt **75**
et efficaces ; parui autem et restricti passus inefficaces, parci, paruae mentis sunt, dolorum artifices et obscurae mentis. Celeritas motus cum [est] erecto corpore et honesto atque claro calidum hominem indicat, qui aggrediatur res agendas magis quam perficiendas. Si autem celeriter quidem mouetur, uerum submittit oculos et se comprimit et uultum deducit atque omne corpus implicat et colligit, ni-

collum et uocem *L* : -um uocemque *A* pollutam uocem *CEHS* || submittunt *L* : summ- *A* emittunt *CEHS* || aliisque *LA* : et sic *CEHS* || temporariis *CEHS* : *om.* *LA* || improuisum *LA* : subitum *CEHS* || procurata eos *EH* : -tam eos *CS* eos curata *L* eos perturbat *A* || atque *LA* : et *CEHS* || suum ingenium *LA* : i.s. *CEHS* || etiam *LEH* : et *C*, *om.* *AS* || colliguntur *LCEHS* : intelli- *A* || referenda sunt *LCEHS* : referuntur *A* || et simulatas *esse* *LA* : esse et simulatas *CEHS*.

75 *tit.* De passibus *L* De incessu *C* De signis incessus *E* De passibus longis et breuibus *H* || parui autem et restricti (-tique *A*) passus *LA* : qui angustis passibus ambulant *CEHS* || parci paruae mentis sunt *L* : parue mentis sunt *A* paruo mentis parci C^{1} praue mentis parci $C^{2}E$ parce mentis *H* || dolorum *LA* : atque dolore (dolo C^{2}) astricti *CHS* atque dolo constricti *E* || artifices *L* : etiam arti- *A* et arti- *CEHS* || et *LA* : *om.* *CEHS* || celeritas *Rose* : -tatis *CEHS* distorti passus celeris *L* d.p. sceleris *A* d.p. celeritas *Mo* || est *secl. ego* || erecto... honesto *LACE* : honesto... erecto *HS* || claro *LACE* : callido *HS* || calidum CE^{2} : calli- *LHSe* clali- E^{1}, *om.* *A* || aggrediatur *L* : -ditur *CEHS* egreditur *A* || mouetur *L* : -uet *A* -ueatur *CEHS* || submittit *C* : -ttat *LEHS* summitatem *A* || comprimit... deducit *LA* : -mat... -cat *CEHS* || implicat et colligit *LA* : -cet et colligat *CEHS*.

diquent une personne très pusillanime, économe, artificieuse et grossière. Observe-t-on des mouvements et une démarche rapides, des yeux troubles, une tête instable, une respiration haletante, ces signes annoncent un auteur de grands malheurs et d'une extrême audace. Un homme aux petits pas rapides sera tenu pour malveillant, pusillanime à l'excès et sans caractère. Une démarche lente, mais naturelle, indique aussi une assez grande paresse de l'esprit, si des signes plus importants ne s'y opposent pas. Mais si la lenteur est empruntée, s'il s'arrête de temps à autre, regarde autour de lui, dresse le cou, ce sera signe d'orgueil, et on pourra même
76 le déclarer avec raison débauché et adultère.

Quand les mouvements des mains et des pieds s'accordent avec ceux de l'ensemble du corps[1] et quand les épaules se soulèvent modérément et doucement avec une légère inclinaison du cou, c'est signe de grandeur d'âme et de courage : c'est l'allure du lion. Celui qui roule les épaules en dressant et tendant le cou sera jugé à bon droit orgueilleux et arrogant : c'est l'allure des chevaux. Polé-

1. Version arabe, 262, 9-264, 3 ; Adamant., II, 40 (399, 12 sq.) ; Matrit., 27 (399, 20 sq.).

mium timidum, parcum, uersutum, minus liberalem indicat. Cum autem celeritatem motuum peruideris atque incessus, oculorum perturbationem, capitis inconstantiam, anhelitum spissum, haec indicia hominem cladium magnarum auctorem et nimiae audaciae declarant. Qui breues passus habet eosdemque accelerat, malignus et plus quam timidus et imbecillis habendus est. Tardus incessus si naturalis sit, etiam animum pigriorem indicat, si non potiora signa dissentiant. Si autem procurata sit tarditas et interdum resistat, circumspiciat, ceruicem erigat, superbiae dabit signum recte autem eum etiam m*o*echum et adulterum pronuntiabis.

Cum autem manuum ac pedum motus cum 76
totius corporis consentiunt motibus et cum humeri moderate tranquilleque inferuntur cum leni inclinatione ceruicis, magnanimum hominem dicunt et fortem : huiusmodi leonis incessus est. Qui autem humeros commouet, erigit tamen collum atque tendit, superbus atque insolens rectissime iudicabitur : est enim talis equorum inces-

celeritatem *L* : -tate *Hs* -tati *C* sceleritatem *A* -tati *E* || peruideris *L* : proui- *A*, *om.* *CEHS* || incessus *ACEHS* : -ssum *L* || oculorum perturbationem... inconstantiam anhelitum spissum *LA* : accidit perturbatio oculorum... inconstancia anhelitus spissus *CEHS* || cladium magnarum *LA* : m.c. *CEHS* || auctorem *LA*[2]*E* : act- *A*[1], *om.* *CHS* || nimiae *L*[1], *Mo* : nimie *E* minime *A* immanis *L*[2] *supra l.*, *Ce* immunis *H* in munis *S* || eosdemque *LAS* : eosque *CH* et eosdem *E* || et *LAC* : est *EHS* || quam *LA* : tamen *CEHS* || et *LAS* : atque *CEH* || *pr.* sit *L* : est *cett.* || et *LA* : ut *CEHS* || resistat (recis- *A*) circumspiciat *LA* : r. et c. et *CEe* c. et r. et *HS* || eum *L* : cum *A* euntem *CEHS* || etiam *L* : *om. cett.*

76 manuum ac pedum *L* : m. et p. *A* p. et m. *CEHS* || consentiunt motibus *LA* : m.c. *CEHS* || humeri *LA* : bene *CEHS* || tranquilleque *L* : -llam *A* ac tranquille *CEHS* || ceruicis *LA* : capitis uel (atque *H*) ceruicis *CEHS* || huiusmodi leonis incessus est *LA* : referunt (refertur *ES*) ad leonem cuius incessus huiusmodi est *CES*, *om.* *H* || erigit *C* : et eri- *EHS* dirigit *L*, *Mo* || talis *L* : *om. cett.*

mon voit là une détermination suffisante, car chaque détail et chaque analogie obtenue par une stricte précision peuvent être caractérisés sans difficulté d'après ce qui vient d'être dit. Ceux dont tout le corps est en mouvement sont manifestement et de toute évidence des invertis. Ceux d'entre eux qui, dans leurs mouvements, inclinent le corps à droite sont plus supportables, mais ceux dont le corps penche à gauche sont assez sots et violents. Ceux qui sont courbés et dont tout le corps est comme cassé sont des flatteurs malhonnêtes, que les Grecs appellent κόλακες (flatteurs) : c'est le type des chiens [1].

77 ***La respiration* [2].** Une respiration si calme que l'inspiration et l'expiration sont peu ou pas du tout perceptibles indique une nature de penseur, mais ce sont généralement aussi les yeux qui révéleront la nature de ses pensées. Quand la respiration parfois s'arrête et, après un long intervalle, reprend avec de fortes inspirations et expirations, comme

1. Sur le type du chien, cf. § 123, *facile blanditur.*
2. Version arabe, 264, 5-22 ; Adamant., II, 41 (401, 4 sq.) ; Matrit., 28 (401, 10 sq.) ; Ps.-Polémon, 30 (401, 14 sq.).

sus. Haec satis esse arbitratur Polemon ad institutionem : minuta enim quaeque et similitudines subtilius atque artius comparatae ex his quae dicta sunt haud difficile constitui possunt. Qui autem omni corpore mouentur, manifeste atque euidenter effeminati sunt. Ex his tolerabiliores sunt qui cum mouent*ur*, corpus inclinant ad dextram partem, stultiores autem et acres sunt, quorum corpus declinat ad sinistram partem. Qui autem submittunt sese atque omne corpus infringunt, inhoneste blandi sunt, quos Graeci κόλακας uocant : refertur hoc ad canes.

Cum quietus est spiritus ita ut aut nullum aut pertenuem praebeat sensum incurrens ac recurrens, in cogitatione constitutum hominem declarat, *c*uiusmodi autem cogitationes fere et oculi indicabunt. Cum spiritus interdum quiescit, longo autem post **77**

institutionem *LCEHS* : instruct- *A* || minuta *CHS* : -tae *L* inuta *E* minime *A* || enim quaeque et *CEHS* : inquisitionis unde *LA* || artius *LACEH* : arcius *S* arctius *Mo* accuratius *Foer.* || difficile *ACES* : -culter *H* facile *L* || constitui possunt *L* : possunt constitui *CEHS* dici possunt *A* || corpore *L* : tempore *cett.* || mouentur *LA* : permo- *CHSe* promo- *E* || effeminati—mouent(ur) *LA* : *om. CEHS* || mouentur *Mo, Foer.* : mouent *LA* || inclinant *L* : -nant se *A* declinant *CEHS* || stulti autem et acres sunt *L, Rose* : stulti sunt acres autem *CHS* recte stulti sunt acres autem *E* stultiores autem sunt *Foer. ex Mo* || sinistram partem *ACE* : partem sinistram *L, Mo* sinistram *HS* || infringunt *LCEHS* : instringunt *A, Mo* || quos — canes *om. A* || κόλακας : κοαακος *LC* soaaRoc *E* κολλkoc *H* koaakos *S* || refertur *LH* : -runtur *CES* || hoc *L* : *om. cett.*

77 *tit.* De anhelitu *L* De signis spiritus *C* De spiritu *E* || cum *LCS* : dum *AEH* || incurrens ac (atque *A*) recurrens *LA* : incurrentium ac recurrentium *CEHS* || in cogitatione *LA* : et in cog- *C²mg* cogitationum genera *C¹HS* -num genera et in cogitatione *E* || constitutum — fere et *LAC²E* : *om. C¹HS* || cuiusmodi *Rose* : huius- *LAC²E* || et *secl. Foer.* || indicabunt *LA* : -cabunt (-cant *E*) cum supradictis *CEHS* || cum spiritus interdum quiescit *LA* : interdum cum quiescit spiritus *E* interdum cum quiescit *C* autem cum quiescit *H* cum quiescunt *S* || longo autem post interuallo *LA* : longo autem temporis interuallo *E* post longum autem interuallum *Ce* longum autem (aut *S*) post interuallum *HS*.

roulée dans une houle, cela indique un homme en proie à une grande tristesse. S'il agite aussi la tête en gémissant, il regrette une mauvaise action ou une médisance. Si cependant on le voit rouler des pensées, les yeux ouverts et attentifs, on devra croire qu'il accomplit une mauvaise action plutôt qu'il n'en regrette une. Quand la respiration est ronflante, l'inspiration et l'expiration pénibles, c'est indice de grossièreté et d'ivrognerie. Ceux dont le souffle est irrégulier et précipité, comme il peut l'être chez un homme après une course, sont des personnes irréfléchies et irascibles, disposées et prêtes à faire et à dire n'importe quoi. Ceux qui ont l'inspiration et l'expiration courtes, dont le souffle est léger et précipité sont pusillanimes, pacifiques, et parfois efféminés, si les autres signes concordent.

78 *La voix*[1]. Ceux qui ont une voix grave et fêlée, comme le son d'un vase fêlé, sont sots et voraces. Une sonorité désagréable, qu'elle soit tenue ou ressemble au bêle-

1. Ps.-Arist., 71 ; Version arabe, 266, 2-268, 18 ; Adamant., II, 42 (404, 1 sq.) ; Matrit., 29 (404, 6 sq.) ; Ps.-Polémon, 34 (404, 11 sq.).

interuallo nimium trahitur uel editur tamquam in aestu reuolutus, in magna tristitia indicat hominem constitutum. Cum autem etiam caput quatit et ingemiscit, paenitentiam rei a se male gestae *uel* male dictae continet. Si tamen oculis in officio constitutis ac uigentibus ita uideatur cogitationem uersare, rem potius malam agere credendus est quam rei gestae paenitentiam sustinere. Spiritus cum mugit et grauiter concipitur atque editur, feritatem et ui*n*olentiam indicat. Quorum anhelitus ita perturbatus ac spissus est, ut post cursum hominis esse solet, inconsulti, iracundi sunt, quibus omne sit actu dictuque facile et satis promptum. Qui desuper trahunt spiritum et sursum uersus reuocant quibusque leuis et spissus est anhelitus, timidi, imbelles, interdum effeminati sunt, si cetera signa conueniant.

Qui uocem grauem et quassam tamquam ex quassato uasculo promunt, stulti sunt et uoraces. Et 78

nimium *LA* : si nimius *C*²*EH* si minus *C*¹ si nimis *S* || uel editur — reuolutus *CEHS* : uelut hedi in aestu reuoluti *L* uelud edi in estu constituti *A* || indicat hominem constitutum *L* : h.i.c. *C* h.c.i. *E* h. esse indicat reuolutum *A* indicat resolutum *H* indicat constitutum *S* || etiam *LC* : *om.* *AEHS* || paenitentiam *L*²*CEHS* : precium *L*¹*A* || rei (et rei *A*) a se male gestae *LA* : rei male acte *E* male acte rei *HS* rei *C* || uel *Rose* : et *LA*, *om.* *CEHS* || male dictae *LAC* : *om.* *EHS* || uigentibus *LEH* : ingen- *AS* urgen- *C* || cogitationem *L* : in cog- *CES* in cogitatione *H* cogitare *A* || rem potius malam *L* : specie potius mala *A* potius ad rem *C* potius malam rem *EHS* || agere *LA* : gerendam *H* -dam esse *CES* || grauiter concipitur *LCEHS* : granditer concitatur *A*, *Mo* || uinolentiam *Mo* : uiol- *codd.* || perturbatus *LCHS* : -batur *AE* || ut *LA* : sicut *CEHS* || hominis esse *CEHS* : -ni esse *A* esse hominis *L* || quibus — promptum *LA* : *om.* *CEHS* || sit *L* : fit *A* || aui — reuocant *LAC*²*E* : *om.* *C*¹*HS* || quibusque *L* : quibus *A* quibus autem (etiam *E*) aequ(a)e *CEHS* || imbelles *H* : inbe- *LS* inbecilles *CE* et inbec- *A* || signa *LA* : *om.* *CEHS* || conueniant *L* : -niunt *cett.*

78 *tit.* De uoce *LCH* || grauem et quassam *E* : quassam (crassam *H*) et grauem *CHS* grauem et *L* grandem et *A*.

ment des moutons, indique la sottise. Ceux dont la voix commence au grave et finit à l'aigu pleurent facilement et ont l'esprit lugubre. Ceux qui ont une voix aiguë et sèche sont retors et rusés. Ceux qui ont une voix aiguë et molle sont efféminés. Ceux qui émettent comme d'une caverne une voix grave et sans souplesse ont un caractère viril et généreux. Ceux qui ont une voix traînante et grave sont calmes, plaisants, affables. Ils ont aussi des mœurs convenables. Ceux qui ont la voix tendue des oiseaux sont portés à l'amour, vains et faibles. Une voix brisée, grêle et lugubre indique la tristesse, l'avarice et le soupçon. Ceux dont la voix passe dans le nez et le fait résonner sont menteurs, malveillants, jaloux et se réjouissent des malheurs d'autrui. Une voix tendue et forte, associée à une sorte de sonorité fêlée, signifie la violence, l'injustice et une haine générale. Une voix traînante indique l'indolence ; précipitée, l'irréflexion[1]. On rapportera aussi la voix, comme le

1. La correction *inprudentem* de Rose (*inpudentem* codd.) repose sur la Version arabe, 268, 7, *grauitas uocis acceleratae stultitiam et imprudentiam designat*, et sur Adamant., 406, 7, ταχὺ δὲ (sc. φθέγγεσθαι) ἀβουλίας καὶ ἀνοίας σημεῖον ; Matrit., 407, 8, ταχὺ δὲ ἀβούλευτον καὶ ἀνόητον ἄνδρα δηλοῖ. D'autre part, l'un des signes de l'*impudens* (§ 94) est au contraire *uox acuta*.

quorum sonus ingratus est, siue sit solidus siue sit ouium uoci proximus, stultitiam indicat. Qui incipiunt a graui uoce et in acutam desinunt, faciles ad fletum ac lugubri animo sunt. Qui acutam uocem cum siccitate promunt, uersipelles ac subdoli sunt. Qui acutam et mollem habent uocem, effeminati sunt. Qui uocem tamquam ex concauo depromunt grauem et inflexibilem, ingenio sunt uirili et magnanimi. Qui tardum et grauem uocis edunt sonum, tranquilli sunt, iocundi, affabiles. Horum et iusti mores sunt. Qui in modum auium uocem intendunt, proni in uenerem, inanes facilesque sunt. Infracta uox et tenuis ac lugubris tristem, auarum ac suspicacem indicat. Quorum uox incurrit in nares, ita ut resonent nares, mendaces, maliuoli, inuidi, gaudentes malis alienis sunt. Intenta uox uehemens cui tamquam sonus quassus permixtus est, uiolentum, iniustum, odia gerentem omnibus significat. Tarda uox inertem, praece*ps* imp*r*udentem declarat.

ingratus *CEHS* : in gutture *LA* || sit *LACHS* : *om.* *E* || sit *LA* : *om.* *CEHS* || uoci proximus *HS* : uoci sit proximus *C* sit proximus uoci *E* proximus *LA* || promunt *LAC* : depro- *EHS* || et mollem habent uocem *CHS* : uocem et mollem habent *E* et (ac *A*) mollem habent *LA* || ingenio sunt uirili *L* : ingenio sunt uiriles *A* uirilis ingenii sunt *CEHS* || et grauem *CEHS* : grauemque *L* grauem *A* || affabiles. horum et iusti mores *Foer.* : horum affabiles et iusti mores *CHS* affabiles morumque (morum *A*) iustorum *LA* affabiles et iusti *E* || in uenerem inanes facilesque (faciles *A*) sunt *LA* : sunt in uenerem inanes (-nes et C^2E) faciles *CEHS* || infracta *LA* : inflata *CEHS* || auarum *LA* : asperum *L supra l.*, *CEHS* || incurrit in *CEHS* : currit in *A* currit per *L* || ita ut resonent nares *L* : ut consonent *CEHS*, *om.* *A* || gaudentes malis alienis *CEH*, *Mo*, *Rose* : -tes alienis malis *S* -tes malorum alienorum *L* malorum gaudentes alienorum *A* || cui *LA* : *om.* *CEHS* || sonus quassus (squassus *A*) permixtus est *LA* : permixtus sonus *CEHS* || uiolentum *AS* : uinol- *LCEH* || odia *LA* : odium *CEHS* || gerentem *CEHS* : generantem *LA* || praeceps *Rose* : -cipitem *LCEHS* principem *A* || imprudentem *Rose* : inpud- *codd.*, *Mo*.

reste, aux ressemblances avec les animaux : c'est ainsi qu'existent chez les hommes des voix qui ressemblent aux cris des chiens, des singes et des oiseaux, qu'un tel émet une voix presque chevaline, un autre, presque porcine. L'interprétation reposera donc sur la ressemblance. Ce que nous avons dit jusqu'ici des contraires, en jugeant que, dans la plupart des cas, le mieux était le juste milieu, doit être affirmé aussi pour les mouvements du corps et pour la voix, c'est-à-dire considérer l'excès comme un mal et juger le juste milieu et la mesure comme ce qu'il y a de mieux.

79 *Le teint*[1]. Les nations n'ont pas toutes la même couleur de peau. On devra donc connaître la couleur correspondant au caractère des nations[2]. Un teint noir indique une personne légère[3], pacifique, pusillanime et retorse : c'est le type des habitants des régions méridionales, comme sont les Éthiopiens, les Égyptiens et leurs voisins. Un teint blanc rosé indique des gens doués de courage et de force d'âme : c'est le type des habitants des

1. Ps.-Arist., 67-68 ; Version arabe, 244, 4-246, 5 ; Adamant., II, 33-35 (386, 8 sq.) ; Matrit., 21 (386, 12 sq.) ; Ps.-Polémon, 6 (386, 16 sq.).

2. L'existence d'une certaine correspondance entre la couleur et le caractère des nations a déjà été affirmée à propos des cheveux au paragraphe 14. L'influence du climat sur l'aspect physique est une constante de l'ethno-géographie antique : cf. Onésicrite *ap.* Strabon, 15, 1, 22 ; Vitruve, 6, 1, 1-4 ; Pline, *H. N.*, 2, 78 ; Firm. Mat., *Math.*, 1, 1. L'aspect physique d'un individu permet donc d'en déterminer le caractère en relation avec celui des nations ; cf. ci-dessus § 9.

3. Pour notre correction *leuem* (*lenis* codd.) : *Color niger leuem, imbellem, timidum, uersutum indicat*, cf. ce qui a été dit des Égyptiens au § 14, *Aegyptii autem sunt callidi, dociles, leues, temerarii...* Cf. Curt., 4, 1, 30, *Aegyptii, uana gens* ; Tert., *Nat.*, 2, 3, 16, *uanitate.*

Referenda est etiam uox sicuti cetera ad similitudines animalium : nam et canibus et simiis et auibus uoces similes sunt in hominibus, et alius equo, alius porco proximam uocem emittit. Ex similitudine igitur intellectum capies. Quod autem supra de contrarietatibus constituimus et medium esse in plerisque optimum iudicauimus, hoc etiam de motu corporis et de uoce pronuntietur, ut nimietatem ad malam partem accipias, medietatem ac temperamentum optimum iudices.

Colorum species in corporibus gentibus attributae sunt. Prout sunt igitur gentium ingenia, ita colo- 79
rum similitudo noscenda est. Color niger le*uem*, imbellem, timidum, uersutum indicat : refertur ad eos qui in meridiana plaga habitant, ut sunt Aethiopes, Aegyptii et qui his iuncti sunt. Color albus subrubeus fortes et animosos indicat : refertur ad eos qui

etiam *LCHS* : *om. AE* || sicuti *LCH* : sicuti est et *E* sicut *S*, *om. A* || cetera *om. A* || similitudines *LA* : -dinem *CEHS* || et *CEHS* : *om. LA* || canibus *LCEHS* : animalibus *A* || et *CEHS* : *om. LA* || simiis et auibus *CE*, *Mo* : simiis auibus *LA* auibus et simiis *HS* simiis et asinis *Rose*, *Foer.* || uoces similes (similes uoces *C*) sunt in hominibus *CEHS* : uoces hominum similes sunt *L* uox hominis similis est *A* || et LC^1HS : ut et C^2E, *om. A* || porco *LA* : sui *CEHS* || intellectum *LEHS* : -tu *A* -tus *C* || capies *L* : capias *A* mutuabis *CHS* mutabis *E* || contrarietatibus LC^2EHS : continentibus *A* tractatibus C^1 || et *LA* : *om. CEHS* || esse *L* : *om. cett.* || iudicauimus *L* : indica- *A* iudicandum *CE* -dum est *HS* || ut *LA* : *om. CEHS* || accipias *LA* : accipi *CEHS* || iudices *L* : indi- *A* iudicari *CEH* indi- *S*.

79 *tit.* De coloribus corporis *L* De coloribus *C* De signis colorum *E* De colore *H* || in corporibus *LA* : *om. CEHS* || ita colorum similitudo noscenda est *L* : ita et colorum similitudo nocenda est *A* ita (*om. EH*) ut colores sunt constituenda (constituenda sunt *H*) *CEHS* || leuem *ego* : lenis *LCEHS*, *om. A*, *Mo* || imbellem *L* : inb- *AHS* inbecillem *CE* || timidum *LA* : *om. CEHS* || in meridiana plaga *L* : meridionam plaga *A* circa meridiem *CEHS* || ut — aegyptii *LA* : et ad egyptios *CE* ·i· egiptios *HS* || et qui his iuncti sunt *L* : et qui his coniuncti *A*, *om. CEHS* || subrubeus *LA* : et rubeus *C* rubeus *EH* rubenus *S* || indicat *L* : -cant *A* ostendit *CEHS*.

contrées septentrionales. Un teint très blanc est à l'opposé du courage. Quand le corps tout entier est nettement d'un rouge vif, cela dénonce un homme méditant des fourberies et retors. Un teint enlaidi par le jaune signifie un homme pacifique, pusillanime, usant aussi de faux-fuyants, à moins que son teint jaune ne soit dû à la maladie. Quand du gris se mêle au jaune — ce que les Grecs appellent μελάγχλωρος —, cela dénonce une personne vorace, bavarde, sans mesure dans sa colère et dans son langage. Un teint rouge-feu est enclin à la fureur. Le rouge moyen et sans éclat indique un esprit porté à s'instruire et agile. Quand la poitrine seule est colorée de rouge, c'est la marque d'un esprit enflammé de colère. Quand les veines du cou et des tempes sont saillantes et les yeux couleur de sang[1], cela montre un esprit irascible et violent, parfois même insensé. Un visage rouge dénote ou la pudeur ou l'ivrognerie. Nous interpréterons donc cette rougeur d'après les signes des yeux : en effet les yeux rouges et un peu humides sont l'indice d'un penchant pour le vin ; secs et rouges, d'irascibilité ; rouges sans excès, de pudeur[2].

80 Nous devons reprendre maintenant, comme nous

1. Adamantius, 388, 4-6, mentionne « les veines du cou et des tempes enflées, au point d'être visibles et couleur de sang » (καὶ αἱματώδη ἔχειν τὴν χρόαν). D'où la correction de Foerster *sanguineique sunt coloris* (*oculi* codd.). Conjecture inutile : la Version arabe a été faite sur le même texte qu'a suivi l'Anonyme (244, 21-23) : *Venae in collo et temporibus adparentes uehementem iram indicant. Vehementem* in acie *rubedo impudicitiam notat.*

2. Pour ces signes des yeux, cf. Version arabe, 246, 8-10 ; Adamant., II, 36 (389, 3 sq.) ; Matrit., 24 (389, 10 sq.) ; Ps.-Polémon, 26 (389, 16 sq.).

in septentrione commorantur. Color uehementer albus uirtuti est contrarius. Cum color rubicundus est euidenter in omni corpore, dolis hominem studentem uersutumque declarat. Color qui pallore deformatur, imbellem, timidum eundemque tergiuersatorem significat, si non aegritudo sit causa palloris. Cum fuscior color pallori permixtus est, ⟨quod Graeci μελάγχλωρον uocant⟩, uoracem, loquacem, intemperatum irae linguaeque denuntiat. Color ignitus ad insaniam uergit. Color tranquille et moderate rubeus docile ingenium ueloxque declarat. Cum pectus solummodo rubore obductum est, iracundia inflammatum animum demonstrat. Cum uenae ceruicis et temporum extant sanguineique sunt oculi, iracundum animum et uehementem ostendunt, nonnunquam et insanum. Cum uultus rubet, aut uerecundum aut uinolentum declarat. Discernamus ergo hunc ruborem oculorum indiciis. Nam si oculi rubeant cum aliquo liquore, uino indulgentem ostendunt; si sicci *si*nt et rubeant, iracundum, si temperati, uerecundum.

Nunc repetenda sunt, ut supra proposuimus, quae **80**

in septentrione commorantur (morantur *A*) *LA* : septentrionales plage sunt (sunt plage *E*) *CEHS* || hominem *ACEHS* : -num *L* || uersutumque *L* : -tum *A*, *om. CEHS* || deformatur *LA* : -tus est *CEHS* || eundemque *L* : eundem *A*, *om. CEHS* || quod — uocant *add. Foer. ex Mo* || uoracem *LA* : *om. CEHS* || irae linguaeque *L* : ire lingue *A* lingua iracundum *E* iracundiae atque linguae *CHS* || denuntiat *Foer.* : -ciat *LAE* nuntiat C^{2} -tiant C^{1} -ciat *S* significat *H* || tranquille et moderate rubeus *LA* : -llus et moderatus *CEHS* || docile ingenium ueloxque (uelox *A*) *LA* : boni ingenii uirum *CEHS* || extant *Le* : exstant *A* existunt *CEHS* || oculi *codd.* : coloris *Foer.* || animum et *LAS* : animum *E* hominem *He*, *om. C* || uehementem *LA* : -ter *CEHSe* || uinolentum *LCEH* : uiol- *AS* || hunc *LA* : *om. CEHS* || nam — rubeant *LA* : oculi si rubent *CEHS* || cum *LA* : *om. CEHS* || sint *Rose* : sunt *codd.*

80 nunc $LC^{2}EHS$: tunc *A* non C^{1} || proposuimus *L* : posui- *A* dixi- *CEHS*.

l'avons annoncé ci-dessus, ce que Loxus ou Aristote ont personnellement exposé ou interprété différemment, bien que nous l'ayons indiqué aussi parfois en son lieu. Nous avons en effet à peu près suivi ⟨jusqu'ici⟩ les indications de Polémon qui s'accordent avec celles des autres auteurs.

81 *Indications de Loxus.* Loxus établit trois couleurs des yeux comme les meilleures. Comme première espèce d'yeux il donne les χαροποί (gris), qu'il veut voir situer entre les noirs et les bleu clair; comme deuxième, il place les αἰγωποί (jaunes comme les yeux de chèvres), qu'il définit comme tout proches des bleu clair, mais plus pâles, et comme troisième, il donne ceux qui sont presque noirs[1]. Il dit aussi que les yeux brillants sont paisibles, mais portés à la volupté et aux larmes; il déclare effrontés les yeux secs; aux yeux d'un bleu très clair il refuse le courage et laisse l'effronterie. Il dit encore que les pupilles excentrées et tournées vers les oreilles indiquent un esprit plaisant et paisible et une âme craintive, mais que, tournées vers le nez, elles montrent la démesure en toutes choses. Il dit aussi que, lorsqu'une grande partie de la pupille est cachée par la paupière inférieure, c'est la marque d'un esprit assez indolent, vain, compatissant et d'une âme mesquine, et il établit ainsi que la pupille doit être au centre de l'œil. La paupière supérieure, si

1. Sur la couleur des yeux, cf. p. 71, n. 3.

proprie Loxus seu Aristot*e*les posuerunt uel aliter interpretati sunt, quamuis etiam locis suis aliqua adiunxerimus. Quae enim P*o*lemon dixit et consentanea sunt reliquis auctoribus propemodum prosecuti sumus.

Loxus tres oculorum colores optimos constituit. **81**
Et primam speciem ponit oculorum ⟨χαροπούς⟩, quos inter nigros et glaucos uult uideri, secundam constituit ⟨αἰγωπούς⟩, quos magis glaucis proximos, albidiores tamen constituit, tertiamque ponit nigris proximos. Idem pingues oculos dicit mansuetos quidem esse, uerum ad libidinem et ad lacrimas faciles. Idem siccos impudentes pronun*t*iat; glaucis nimium adimit fortitudinem, impudentiam relinquit. Idem dicit quod pupillae, quotiens foris sunt et ad aures conuersae, iocundum animum et mansuetum mentemque timidam indicent, conuersas autem pupillas ad nares nimietatem in omnibus rebus ostendere. Idem dicit, cum pupillae pars magna palpebra inferiore contegitur, mollioris animi esse, inanis, misericordis, angustae mentis, atque ita constituit medietatem oculi debere pupillam obtinere. Idem dicit palpebram superiorem, si parua sit, tardum ingenium ostendere, si prolixior et deorsum summissa,

adiunxerimus *L* : -ximus *A* iunxerimus *CHe* -ximus *S* dixerimus *E* || prosecuti *LC* : perse- *EH* conse- *S* consuti *A* || *post* sumus *def. CEHS* || Explicit phisiognomiae secundum tres philosophos liber *C* Explicit *E.*

81 χαροπούς *add. Foer. ex Mo* || αἰγωπούς *add. Foer. ex* ἀρτώπους *Mo* || glaucis *L* : -cos *A* || tertiamque *L* : -ciam *A* || ponit *L* : constituit *A* || nigris *L* : -gros *A* -gro *Mo* || quidem *L* : que *A* || ad libidinem *L* : albedi- *A* || pronunciat *LA* || nimium adimit *L* : si nimium *A* || idem *L* : idem loxus *A* || mentemque *A* : -tem *M, Mo* || indicent *L* : -cant *A* || nares *ego* : anr̃s *A* aures *L* || rebus *L* : *om. A* || ostendere *L* : -re dicunt *A* || dicit *L* : *om. A* || mollioris animi esse *L* : -res anime est *A*.

elle est petite, montre un esprit lent ; assez allongée et abaissée, un esprit faible et sans caractère. Le tour des paupières arrondi indique un esprit plus ardent que posé ; une fente allongée et étroite montre un esprit injuste ; large, un esprit sans mesure. Les angles aigus des yeux ne montrent pas une âme honnête ou loyale, à moins que la caroncule ne soit couleur de sang. Tous ceux dont les yeux sont atteints de strabisme congénital sont enclins à la déraison. Les paupières épaisses ne vont pas avec un corps en bonne santé et ne sont pas l'indice d'un esprit sincère. Les paupières minces sont les meilleures quant à la santé et indiquent un esprit presque
82 divin.

Les poils assez drus, épais et très longs à l'intérieur des oreilles indiquent un esprit ardent qui recherche la volupté. Quand les oreilles ne manquent pas de poils, c'est signe de vigueur des sens et d'intelligence ; cependant ces personnes deviennent généralement sourdes. Il dit aussi que les poils qui poussent dans les narines, s'ils sont drus, nombreux et épais, indiquent un esprit insensible et dur ; rares et mous, ils annoncent un esprit sociable et porté à s'instruire. Il dit encore que les bègues, ⟨que les Grecs appellent τραυλοί⟩, sont tous fiers, orgueilleux et ont le cœur dur.

83 ***Indications d'Aristote*** [1]. Aristote dit que ceux dont le front est resserré vers le crâne — ⟨en grec ἀναστεῖλος⟩ — et le nez camus presque

1. Les paragraphes 83-88 groupent des indications empruntées au Ps.-Aristote, dont certaines seulement figurent dans le texte grec transmis. On peut toutefois reconnaître un certain classement dans ce développement : 1. la tête (front, sourcils, nez, yeux, joues), §§ 83-84 ; — 2. la voix et l'expression du visage, § 84 ; — 3. le teint, les mouvements, la sexualité, § 85 ; — 4. les jambes, § 86 ; — 5. les caractères établis d'après un ensemble de signes, § 86 ; — 6. les médisants, § 87 ; — 7. la passion du jeu, § 88 ; — 8. le teint, § 88.

infirmum atque imbecillem. Idem dicit circumcisionem palpebrarum, si rotunda fuerit, animosum magis quam sapientem indicare ; si longa incisio fuerit et angusta, iniustum animum ostendere, si lata, immoderatum. Idem dicit, cum anguli oculorum in acutum incisi sunt, non integram uel fidelem mentem ostendere, nisi sanguinolenta sit oculorum caro. Idem dicit omnes qui cum prauis oculis nascuntur ad insaniam uergere. Idem dicit palpebras crassas nec sanitati corporis conuenire nec uer*a*e mentis indices esse. Tenues palpebras et in sanitate optimas et mentem deo proximam indicare.

Capill*os* qui intra a*u*res sunt, ⟨si plures sunt⟩ et 82
spissi longique multum, calidum animum, libidinis appetentem indicare. Cum autem aures pilis non carent, uigorem sensuum et mentis indicant, uerum tamen surdi tales plerumque efficiuntur. Idem dicit capillos qui intra nares hominis nascuntur, si quidem densi, multi crassique s*i*nt, immobilem animum durumque ostendere, si pauci mollesque sint, facilem ac docilem animum nun*t*iare. Idem dicit balbos, ⟨quos Graeci τραυλούς uocant⟩, omnes esse elatos, superbos et corde rigidos existere.

Aristot*e*les dicit, cum frons compressior fuerit 83

alt. si *L* : sed *A* || longa *L* : *om.* *A* || et *L* : *om.* *A* || animum *L, Mo, Foer.* : -mosum *A, Rose* || ostendere *L* : -dit *A* || dicit *L* : *om.* *A* || ostendere *L* : -dunt *A* || qui cum *A* : quicumque *L, Mo* || prauis *Foer. ex Mo* : paruis *LA* || uerae *Foer.* : uere *A* uero *L, Rose.*

82 capillos *ego* : capilli *L* loxus capilli *A* idem dicit. Capilli *Mo* idem dicit capillos *Foer.* || aures *Foer. ex Mo* : nares *LA* || si plures sunt *add. Foer. ex Mo* || et *L* : *om.* *A* || sint *Foer.* : sunt *LA, Rose* || mollesque *L* : molles *A* || ac docilem animum *L* : animum ac docilem *A* || nuntiare : nunciare *L* annunciare *A* || balbos *L* : blandos *A* || quos — uocant *Foer. ex Mo qui post* superbos *pos. et* uocant *del.* || omnes *L* : homines *A* || corde *A* : corpore *L, Mo.*

83 *tit.* De fronte *L* || fuerit *L* : fuit *A.*

à sa naissance sont nobles et que c'est le type du lion[1]. Selon Aristote encore, ceux qui abaissent les sourcils, mais dirigent leurs pupilles vers le haut, tandis que tout le visage est baissé, sont ⟨des κόλακες⟩, c'est-à-dire des flatteurs malhonnêtes, et c'est le type des chiens[2]. Aristote dit encore que ceux dont le visage est paisible dans son ensemble sont également des flatteurs et qu'ils sont du type des chiens[3]. ⟨Celui dont le nez est fin et pointu aime critiquer — en grec μεμψίμοιρος⟩[4]; ceux dont le nez est fin à sa naissance sont effrontés : c'est le type des corbeaux[5]. Les yeux très saillants, dit encore Aristote, sont sans ressort : c'est le type des ânes[6]. Les yeux caprins sont tout entiers à la débauche : c'est le type du bouc[7]. Ceux qui ont des yeux ronds et brillants ⟨— en grec στίλβοντες —⟩ sont insatiables en amour, comme les coqs ⟨— en grec ἀλεκτρυόνες⟩[8].
84 Sont courageux, dit-il, ceux dont les joues, après la prime jeunesse, sont comme assez dures et imberbes, tandis que l'extrémité du menton est couverte de barbe[9]. Ceux dont la voix est tendue au point d'être criarde presque comme un bêlement de chèvre sont enragés en amour : c'est le type des chèvres[10]. Sont insidieux ceux dont le cou est court, comme enfoncé dans le reste

1. Ps.-Arist., 69, οἱ τοῦ μετώπου τὸ πρὸς τῇ κεφαλῇ ἀναστεῖλον ἔχοντες ἐλευθέριοι « ceux dont la partie du front touchant à la tête (i.e. au crâne) est retroussée sont nobles. »

2. Cette indication est absente de notre Ps.-Aristote.

3. Même remarque.

4. Μεμψίμοιρος, s'il n'est pas dans le Ps.-Aristote, est au moins dans Aristote, *H. A.*, 608 a 10.

5. Manque dans notre Ps.-Aristote.

6. Cf. Ps.-Arist., 63, ὅσοι ἐξόφθαλμοι, ἀβέλτεροι · ἀναφέρεται ἐπὶ τὴν ἐπιπρέπειάν τε καὶ τοὺς ὄνους. — Sur la leçon *promptos* « saillants », cf. p. 88, n. 2.

7. *oculos caprinos* : il semble, d'après la correspondance de *caprinus* de Pline et αἰγωπός « aux yeux de chèvre » d'Aristote (cf. p. 71, n. 3), qu'il s'agisse bien des yeux de couleur jaune. — Sur les mœurs des boucs, cf. Servius, *ad Buc.*, 3, 8, *hircos id est capros libidinosa constat esse animalia* ; Galien, *De temp.* 2, 6, ὁ δέ τράγος ἀφροδισιαστικός.

ad caput, ⟨quod graece ἀναστεῖλον dicitur⟩, et nares in origine sua prope simae sunt, liberales esse et referri ad leonem. Idem Aristoteles dicit eos qui supercilia obducunt ⟨deorsum⟩, pupillas autem superius tendunt atque omni uultu summisso sunt, ⟨κόλακας⟩ esse, id e*st* inhoneste blandos, et referri hoc ad canes. Idem Aristot*e*les dicit eos qui uultu omni tranquillo ⟨sunt⟩, pari modo blandos esse et hos ad canes referri. ⟨Idem dicit qui tenuem et acutam habet narem querulum esse, qui graece μεμψίμοιρος dicitur⟩. Idem dicit quibus origo narium tenuis est impudentes esse : referri ad speciem coruorum. Idem Aristot*e*les dicit promptos satis oculos inertes esse : referri hoc ad asinos. Idem dicit oculos caprinos libidini esse deditos : referri hoc ad caprum. Idem dicit, qui rotundiores oculos splendidosque gerunt, ⟨quos Graeci στίλβοντας dicunt⟩, insa*t*iabiles esse ueneris, ut galli,
⟨quos ἀλεκτρυόνας Graeci uocant⟩. Idem dicit ani- 84
mosos esse eos quorum post primam iuuentutem genae quodammodo duriores et nudae sunt, extimum autem mentum barba est obsitum. Idem dicit eos qui uoce*m* ita intendunt ut proxime caprino balatu eam exasperent, furiosos ⟨esse⟩ in uenerem : referri hoc ad capras. Idem dicit insidiosos esse qui breuem habent ceruicem, tamquam si infulciat*ur* cetero cor-

quod — dicitur *add. Foer. ex Mo* || deorsum *add. Foer. ex Mo* || omni uultu *L* : uultu omni *A* || κόλακας *add. Foer. ex Mo* || id est *Foer.* : quidem *L* qui *A* quod est *Mo* || referri *L* : refer *A* || sunt *add. Foer. ex Mo* || hos *LA, Mo, Rose* : hoc *Foer.* || idem — dicitur *add. Foer. ex Mo* || habet *Foer.* : habent *Mo* || promptos *LA* : prominentes *Foer.* || referri *L* : refer *A* || caprinos *L* : rapi- *A* || referri hoc *L* : referunt *A* || quos — dicunt *add. Foer. ex Mo* || insaciabiles *LA* || ueneris *A* : -ri *L, Mo* || quos — uocant *add. Foer. ex Mo.*

84 esse eos *L* : eos esse *A* || autem *L* : aut *A* || uocem *Mo* : uoce *LA* || ita *L* : *om. A* || eam *L* : *om. A* || exasperent *L* : exalperetur *A* || referri hoc *L* : refertur hos *A* || esse *add. Rose, Foer. ex Mo* || infulciatur *Mo* : -ciat *LA.*

du corps[1]. ⟨Le μυκτηρισμός⟩[2] consiste en une grimace ou un reniflement, un tremblement considérable du visage et une bouche en retrait, comme quand on se moque ou du moins quand l'indignation fait parler ironiquement, ainsi dans ce passage des *Bucoliques* de Virgile[3] :

Mopsus, taille des torches neuves; on t'amène l'épousée.
Répands des noix, nouveau marié; pour toi Vesper quitte
[l'Oeta.

⟨Celui qui prononçait ces mots[4]... Il y a lieu de considérer à propos de quelle⟩ conformation ou de quel mouvement de la bouche on parle de σαρκασμός[5]. Σαρκάζειν se dit de ceux qui présentent cette expression du visage sans être indignés. Aristote mentionne les attouchements des σαρκάζοντες sur les endroits qui ne doivent pas être touchés[6].

85 Tous ceux, dit-il encore[7], qui ont une barre sur le front au-dessus des sourcils sont agités et furieux ⟨ἄνοι καὶ φρενιτικοὶ καὶ μωροί (irréfléchis, furieux et sots)⟩, selon sa formule. Ceux dont le teint est tacheté, comme saupoudré de lentilles ⟨— les Grecs les nomment φακώδεις (lentilleux) —⟩, mènent une vie honteuse et commettent des actes honteux, aussi bien les femmes que les hommes. Malhabiles et gauches sont ceux qui, en marchant, avancent les bras, les agitent exagérément et s'appuient sur les talons. Ceux dont la verge est petite et sèche

1. Notre Ps.-Aristote, 59, a seulement οἷς δὲ βραχὺς ἄγαν (sc. ὁ τράχηλος), ἐπίβουλοι.

pori. ⟨Μυκτηρισμὸς⟩ subsannatio uel aspiratio est narium et concussio p*lu*rima uultus ac reducti*o* oris, ut in risu solet fieri uel certe cum indignatione concepta ⟨εἰρωνικῶς⟩ sermone utimur, ut est ille sermo in Bucolicis Vergili*i* :

Mopse, nouas incide faces, tibi ducitur uxor.
Sparge, marite, nuces, tibi deserit Hesperus Oetam.

⟨Qui haec ita dicebat... Considerandum in quo⟩ statu oris uel motu σαρκασμὸς dic*a*tur. Hoc uultu qui frequente*r* sunt absque indignatione ⟨σαρκάζειν dicuntur. Σαρκάζοντας⟩ igitur Aristot*e*les dicit contingere ea loca quae non oportet.

Idem dicit, quotiens torus in fronte est superpo- **85**
situs superciliis, inquietos esse ac furiosos, ut ipse nominat, ⟨ἄνους καὶ φρενιτικοὺς καὶ μωρούς⟩. Idem dicit eos qui colorem uarium habent tamquam lente aspersum, ⟨quos φακώδεις Graeci appellant⟩, uitam turpem, facta turpia exercere tam mulieres quam mares. Idem dicit imperitos ac rusticos esse qui cum incedunt brachia inferunt et immoderate commouent et qui calcaneis innituntur. Idem dicit eos quibus paruum est ueretrum atque siccum mulieribus esse

μυκτηρισμός *Mo* : et quibus *L*, *om. A* || plurima *ego* : prima *LA*, *Mo* || reductio oris *Mo* : -cti oris *L* reductoris *A* || εἰρωνικῶς *add. Foer. ex Mo* || est ille sermo *L*, *Mo* : *om. A* || in bucolicis uergilii (uirg-) *Mo* : uergilius in bucolicis *A* in bucolicis *L* || incide *A* : incende *L* || ducitur *L* : dic- *A* || oetam *L* : octam *A* || qui haec — in quo *add. Foer. ex Mo* || *lacunam ego ind.* || statu *Mo* : status *LA* || motu *ego* : motus *LA*, *Foer.* || dicatur *ego* : dicitur *LA* || frequenter *Mo* : -tes *LA* || σαρκάζειν — σαρκάζοντας *add. Foer. ex Mo* || dicit *A*, *Foer.* : prohibet *L*, *Rose* || ea *L* : eo *A*.

85 superpositus *A* super positis *L* || superciliis *L* : ciliis qui *A* || ut *LA*, *Rose* : et ut *Mo*, uelut *Foer.* || nominat *A*, *Rose* : -nauit *Mo*, *Foer.*, *om. L* || ἄνους — μωρούς *add. Foer. ex Mo* (φρενήτους) || aspersum *L* : asperum *A* || quos — appellant *add. Foer. ex Mo* || cum incedunt *L* : intendunt *A* || paruum est ueretrum atque *L* : ueretrum paruum est et *A*.

sont des coureurs de femmes, ainsi que ceux qui l'ont droite même sans érection et dont le visage est très féminin comme tout le reste du corps ; en revanche, recherchent les hommes ceux dont le corps et le visage sont d'aspect viril et qui ont l'un des yeux bleu clair. Il en va de même aussi pour les femmes : couchent avec les femmes celles dont l'aspect est féminin, mais recherchent plutôt les hommes celles qui correspondent plutôt au type viril ⟨et qu'on nomme ἀρρενικαί (masculines)⟩. Ceux dont les organes sexuels sont volumineux et comme une chiffe sont stupides. Ceux qui marchent les talons en dedans et les pieds en dehors sont des sodomites [1]. On cède facilement aux avances si on se conduit honteusement avec autrui, si on a le visage efféminé, l'iris assez luisant et l'œil gauche bleu clair.

86 Ceux qui ont les jambes torses ⟨— en grec ῥοικά —⟩, dit encore Aristote, ont les sens émoussés ; on sait qu'ils ont plutôt du plaisir à médire. Les ἀδόλεσχοι (bavards) sont des oisifs qui se réunissent en un lieu déterminé et se plaisent à des récits sots et niais. Sont ⟨ἀδόλεσχοι⟩ ceux qui ont de grandes oreilles tournées vers le visage, des pieds courbés en forme de serpe, la voix nasillarde,

1. Cf. la glose supralinéaire de *L* à *posteriora* : *canino more.*

deditos et quibus etiam cum non intenditur rectum est et qui feminis proximos habent uultus et ceteram corporis speciem, masculis autem esse deditos qui corpore et uultu sunt uirili et qui alterum ex oculis habent glaucum. Ita et de mulieribus dicit mulieres coire cum mulieribus quarum species est muliebris, masculis autem magis deditas quae magis ad uirilem speciem respondent, ⟨quae ἀρρενικαὶ dicuntur⟩. Qui uirilia habent magna laneaque, stolidi sunt. Idem dicit eos qui cum ambulant calcaneis introrsum, pedibus autem forinsecus conuersis incedunt, posteriora sectari. Idem dicit attemptantibus se facilem esse qui in alios turpis est, qui uultum gerat femininum et qui nigrum quod est intra oculum aliquanto pinguius habeat et qui l*ae*uum oculum glaucum gerat.

Idem Aristot*e*les dicit sensibus esse eos tardiores **86**
quorum crura incurua sunt, ⟨quae graece ῥοικὰ dicuntur⟩; quos certum est detrectatione potius delectari. Ἀδόλεσχοι uero sunt otiosi homines conuenientes ad locum certum ineptisque narrationibus studentes et stolidis. ⟨Ἀδολέσχους⟩ Aristot*e*les dicit esse quibus aures magnae et ad uultum conuersae sunt pedesque in modum falcium recurui ⟨et⟩ quo-

non *L* : *om.* *A* || feminis *L* : -nalibus *A* || masculis *L* : -linis *A* || autem *L* : etiam *A* || et qui *L* : equi *A* || masculis *L* : -linis *A* || deditas *L* : -tos *A* || quae *Mo* : uel quae *L* qui *A* || speciem *L* : *om.* *A* || quae — dicuntur *add. Foer. ex Mo* || laneaque stolidi sunt *L* : *om.* *A* || cum *L* : *om.* *A* || autem *L* : uero *A* || attemptantibus : atempt- *L* autem tempt- *A* || laeuum : leuum *L* lenum *A*.

86 esse eos tardiores *L* : eos tardiores esse *A* || quae — dicuntur *add. Foer. ex Mo* || ῥοικά *Foer.* : ῥοιή *Mo* || detrectatione *Mo*, *Foer.* : detractione *L* detractorem *A* || ἀδολέσχοι *Foer. ex* ἀδολέσχεις *Mo* : per hos *A*, *om.* *L* || uero sunt otiosi *Foer.* : sunt enim otiosi *L* enim occisi sunt *A* || stolidis *Mo* : -di sunt *A* -dos *L* || ἀδολέσχους *Mo* : *om.* *LA* || esse *L* : *om.* *A* || magnae *L* : -nas *A* || pedesque *L* : pedes *A* || et *Mo* : *om.* *LA*.

les flancs rebondis et galbés et les genoux ramenés en dedans. Un teint plombé et marqué de taches rondes — qu'il appelle ⟨μολύβδινος⟩ —, une couleur générale terne, une peau épaisse et ridée, un ventre arrondi et proéminent, une chair assez ferme, de gros mollets musclés, un visage et un nez épais, tous ces signes dénotent la stupidité. Sont jaloux, dit ensuite Aristote, ceux dont le côté gauche est plus fort et dont les sourcils descendent sur les yeux.

87 Voici ce qu'il dit encore des médisants : si la partie au-dessus des gencives et du bord de la lèvre supérieure — c'est-à-dire le milieu de l'espace compris entre le nez et le bord de la lèvre supérieure — est proéminente, c'est signe de médisance. De même, est médisant qui a la lèvre supérieure relevée, le visage penché en avant, poilu, rougeaud ou, comme il le dit lui-même, ⟨ὑπέρυθρος⟩. Les mollets remontant aux genoux ou aux jarrets indiquent un homme disposé et prompt au coït. Une cuisse très enveloppée de chair paraît plutôt féminine ; plus

rum uoci insonant nares et quorum latera tumida sunt ac recurua et quorum genua introrsum retracta sunt. Idem dicit colorem plumbo similem et qui distinctus est maculis rotundis, quem ipse ⟨μολύβδινον⟩ appellat, omnemque sordidum colorem cutemque crassam ac rugosam, rotundum uentrem et prominentem quibusque caro durior est et quibus surae crassae atque neruosae sunt et quibus uultus naresque crassae sunt, stoliditatis omnia haec esse indicia. Deinde Aristot*e*les dicit inuidos esse qui sinistras partes maiores habent et quibus supercilia ad oculos detracta sunt.

De maledicis idem dicit, ubi ea pars quae super 87
gingiuas et oram labii superioris est eminet, id est medietas eius spa*t*ii qu*od* inter nares est oramque labii superioris, maledicum designari. Idem dicit maledicos esse quibus labium superius altum est, uultus pronior, hispidus, subrubeus, *u*el, u*t* ipse dixit, ⟨ὑπέρυθρος⟩. Idem dicit suras cum retractae sunt ad genua uel suffragines, indicare hominem qui ad coitum facilis sit et uelox. Idem dicit femur cum nimia carne circumdatum est, femininum po-

latera tumida *L* : lacerta timida *A* ‖ quorum genua *L*, ***Rose*** : quorum ἰσχία ***Foer. ex Mo***, ***om.*** *A* ‖ sunt *L* : ***om.*** *A* ‖ et *L* : ***om.*** *A* ‖ est *L* : *om.* *A* ‖ quem — appellat ***om.*** *L* ‖ μολύβδινον ***Foer. ex Mo*** (-βδειον) : *om.* *A* ‖ ac *L* : et *A* ‖ prominentem *L* : pronitentem *A* ‖ naresque *L* : naris *A* ‖ omnia haec esse indicia *L* : haec omnia indicia sunt *A* ‖ detracta *L* : retracta *A*.

87 est *L* : *om. A*, ***Mo*** ‖ eminet *L* : imi- *A* ‖ id est — superioris *L* : *om.* *A* ‖ spacii *L* ‖ quod ***Foer.*** : quae *L*, ***Mo***, ***Rose*** ‖ maledicum *L* : -dictum *A* ‖ maledicos *L* : -dictos *A* ‖ superius altum ***Foer.*** : altum (alterum *A*) superius *AL* ‖ uel ut ipse dixit ***Foer.*** : et ubi dixit ipse *A*, ***om.*** *L* ‖ ὑπέρυθρος ***Foer.*** : -θρον ***Mo*** gerere *A*, ***om.*** *L* ‖ ***post*** ὑπέρυθρος ***add.*** accipitur autem ἐρυθρόν in aliis rebus et ceteris animalibus magis de salacibus ***Foer. ex Mo***, ***secl. ego ut glossema*** ‖ indicare *L* : -cat *A* ‖ femur *L* : femur tamen *A*.

sèche, avec un os solide, elle est signe d'énergie[1]. Les cuisses et les jambes très velues montrent un homme porté à l'amour : c'est le type des boucs[2]. Les fesses sèches sont viriles ; charnues, elles révèlent une personne efféminée : ⟨cela concerne le type général⟩. Les fesses comme taillées sont signe de méchanceté : c'est le type de l'ours et du singe[3].

88 Ont la passion des pantomimes et des jeux de hasard[4], dit-il encore, ceux dont le bras, de l'épaule au coude, est inférieur à la distance de l'épaule au sommet de la tête. Ceux qui ont les cuisses courtes, mais les jambes assez longues, ont les mêmes défauts. Les personnes dont tout le visage est ridé sont tristes, ⟨c'est à-dire δύσθυμοι⟩. Les petits corps sont agiles. Une chair sèche dans un petit corps et un teint chaud montrent un homme inefficace[5]. Si, dans un grand corps, la chair est molle ⟨— en grec ὑγρά —⟩ ou le teint froid, ces personnes sont inefficaces[6]. On tient pour chaud un teint noir, basané, rouge-feu ou rouge ; pour froid, un teint blanc ; pour intermédiaire, un teint entre le noir et le jaune ⟨— en grec μελάγχλωρος —⟩. La marque du teint chaud, comme il a été dit ci-dessus, appartient aux régions méridionales ;

1. Cf. Ps.-Arist., 48 : « Ceux dont les cuisses sont osseuses (ὀστώδεις) et nerveuses sont vigoureux ; c'est le type masculin. Ceux qui ont les cuisses osseuses et larges sont efféminés (μαλακοί) ; c'est le type féminin. » Le pl. *ossibus* est là pour rendre le pl. ὀστώδεις.

2. Ps.-Arist., 69 : « Ceux qui ont les cuisses velues sont des débauchés (λάγνοι) ; c'est le type des boucs. »

3. Cf. Ps.-Arist., 49 : « Ceux qui ont les fesses pointues et osseuses sont vigoureux ; ceux qui les ont charnues et grasses sont efféminés ; ceux qui ont peu de chair et comme rabotée, sont des méchants ; c'est le type des singes. »

4. Cf. Ps.-Arist., 27, Φιλόκυβοι καὶ ὀρχησταὶ γαλιάγκωνες.

5. Cf. Ps.-Arist., 72 (p. 86, 9-11).

6. *Ibid.*, p. 86, 13-15.

tius uideri, siccius solidisque ossibus uirtuti assignari. Idem dicit, cum hispida nimium sunt femina et crura, pronos in uenerem ostendere : refertur hoc ad capros. Idem dicit nates sicciores uiriles esse, nates amplis carnibus effeminatum ostendere : ⟨referri hoc ad ἐπιπρέπειαν⟩. Nates autem tamquam abscisas malignitatis esse signa : refertur hoc ad ursum et simiam.

Idem dicit pantomimis et aleae deditos esse qui **88**
brachium ab humero usque ad cubitum breuius habent quam est spa*t*ium ab humero usque ad caput summum. I*s*dem uitiis attineri dicit eum qui femina parua, crura autem habet longiora. Idem dicit tristes, ⟨id est δυσθύμους⟩, esse quibus uultus omnis rugosus est. Idem dicit parua corpora uelocia. Cum igitur sicca caro est in paruo corpore colorque ca*li*dus, inefficacem hominem ostendit. Cum uero magno corpori caro mollis est, ⟨quae ὑγρὰ graece dicitur⟩, uel color est frigidus, inefficaces sunt. Color autem calidus niger est, subniger, ignitus, rubeus, color frigidus albus est, medius in*ter* nigrum et pallidum, ⟨quem Graeci μελάγχλωρον uocant⟩, habetur. Et calidi coloris signum, ut supra dictum est, meridianae

siccius *Mo* : siccis *L* similis *A* || femina *L* : femora *A* || crura *A* : curua *L* || refertur *L* : refer *A* || idem *A* : *om.* *L* || referri hoc ad ἐπιπρέπειαν *add. Foer. ex Mo* || nates *L* : nate *A* || malignitatis esse *L* : esse malignitatis *A* || refertur *L* : referuntur autem *A*.

88 deditos esse *L* : esse deditos *A* || qui *L* : quia *A* || brachium *L* : -chia *A* || cubitum *A* : caput *L* manum *Mo* || breuius *L* : -uiora *A* || quam *A* : cum *L* || spacium *LA* || isdem *Rose* : idem *LA*, *Mo* || femina *L* : femora *A* || habet longiora *L* : longiora habent *A* || id est δυσθύμους *add. Foer. ex Mo* || idem *L* : AR *A* || igitur *LA*, *Mo* : autem *Foer.* || colorque *L* : color *A* || calidus *Rose* : candidus *LA* || ostendit *A* : esse *L*, *Mo* || quae — dicitur *add. Foer. ex Mo* || est frigidus *L* : frigidus est *A* || inter *Mo* : in *LA* || quem — uocant *add. Foer. ex Mo* || signum *L* : *om.* *A*, *Mo*.

celle du teint froid, aux régions septentrionales. Inversement, un petit corps enveloppé d'une chair molle et doué d'un des teints froids réalise aisément ses entreprises et se montre efficace [1]. En revanche, un grand corps enveloppé d'une chair sèche avec un des teints chauds est efficace et ses sens sont développés [2].

Signes correspondant à différents types de caractères.

89 Telles sont les indications que nous avons cru devoir noter chez Loxus et Aristote, et dont, en outre, nous avons vu qu'elles manquent chez Polémon ou y sont exposées autrement. Sur presque tous les autres points ces trois auteurs sont en effet d'accord. Puisque nous avons donc à peu près exposé et énuméré les signes tirés des parties du corps et les significations mêmes de ces signes, comme les premiers éléments de l'alphabet, ainsi que nous l'avons dit ci-dessus [3], nous allons maintenant définir et établir quelques types avec plusieurs signes, tout comme on forme des syllabes avec des lettres. Ainsi, une fois instruits, nous serons capables, d'après un petit nombre de modèles tant d'Aristote que de Polémon, d'interpréter et d'associer aussi par nous-mêmes les signes, et nous pourrons être au fait des caractères humains, quoiqu'il y ait aussi dans ce qui précède des exemples de ce genre.

90 Définissons l'homme courageux [4]. Il doit avoir le corps droit, les flancs, les articulations, les extrémités des pieds et des mains solides, les os gros, le cheveu assez raide, le ventre large, un peu creux, les épaules fortes, les omoplates séparées, la poitrine et le haut du dos solides, ⟨la hanche dure⟩, les mollets fermes, les jambes

1. Cf. Ps.-Arist., p. 86, 19-21.
2. *Ibid.*, p. 87, 2-4.
3. Cf. § 3.

plagae, frigidi septentrionali attributum est. Rursum cum corpus paruum molli carne circumdatum est et colorem ex frigidioribus sortitum est, facile perficit *co*epta et est efficax. Corpus autem magnum cum sicca carne circumdatum est et colorem ex calidioribus sumpsit, efficax est uigetque sensibus.

Haec sunt quae apud Loxum et Aristot*e*lem no- **89**
tanda esse credidimus, quae etiam a Polemone uel non dicta uel aliter dicta esse perspeximus. In ceteris enim propemodum omnibus hi tres auctores sibimet consentiunt. Quoniam igitur et signa membrorum et significationes ipsae signorum propemodum expositae atque enumeratae sunt tamquam prima elementa, ut supra diximus, litterarum, nunc concipiamus atque constituamus species aliquas ex pluribus, sicut ex litteris syllabae constituuntur, ut informati a paucis exemplis tam Aristot*e*lis quam P*o*lemonis etiam per nosmet ipsos interpretari ac sociare signa ualeamus et de moribus hominum instructi esse possimus, quamquam et superius nonnulla huiusmodi habeantur exempla.

Constituamus uirum fortem. Recto corpore debet **90**
esse, latera, articuli, ima pedum manuumque solida, ossa grandia, capillus durior, uenter latus, aliquanto cauus, humeri fortes, scapulae seiunctae, pectus et metaphrena solida, ⟨ἰσχίον durum⟩, sur*a*e solidae,

rursum *L* : -sus *A* || paruum *A* : parum *L* || cepta *LA* || est efficax *L* : efficax est *A* || sicca carne *L* : carne sicca *A* || *pr.* est *L* : *om. A.*

89 haec sunt quae *L* : que *A* || notanda esse credidimus *L* : esse credimus notand' supra dicta sunt *A* || polemone *A* : pal- *L* || uel *L* : *om. A* || dicta esse *L* : esse dicta *A* || propemodum *L* : prope modis *A* || hi *L* : hiis *A* || sibimet *L* : sibi *A* || quoniam *L* : quia *A* || expositae *L* : *om. A* || enumeratae *L* : connumerate *A* || concipiamus *L* : incip- *A* || exemplis *L* : extem- *A* || ualeamus *L* : uole- *A* || et de *L* : ut de *A*.

90 *tit.* De fortibus *L* || metaphrena *L* : -frena *A* || ἰσχίον durum *add. Foer. ex Mo* || sure *LA*.

assez charnues, les articulations de l'extrémité des pieds nettes, un teint plus coloré que foncé, le regard vif et humide [1], les yeux pas très grands, ni très ouverts ni très fermés, les sourcils étroits, le front ni très lisse ni très rugueux, la voix assez dure, assez forte et d'une grande noblesse [2] et aussi une respiration calme. A ce type d'homme on attribuera énergie et courage.

91 L'homme pusillanime et faible [3] a le cheveu assez souple, le maintien assez relâché dans son ensemble, le cou assez allongé, le teint foncé, jaune ou blanc, mais aussi d'un blanc jaunâtre, les yeux secs et troubles, les paupières rapides et mobiles, la respiration haletante, les jambes minces, l'extrémité de l'épine dorsale <— en grec ὀσφύς —> longue, la poitrine faible, les mains très longues, la voix molle et claire. Ces indices, ainsi que nous l'avons dit [4], dénoncent l'homme pusillanime.

92 L'homme naturellement doué [5] ne doit être ni très grand ni très petit ; il doit avoir le teint blanc mêlé aussi de rouge, le cheveu blond ni trop frisé ni plat, le corps droit, de grands membres, les articulations bien nettes, la chair sans excès et un peu plus molle ; il a les jambes et les cuisses modérément épaisses, les mollets fermes, les articulations des mains et des pieds fortes, les doigts naturels [6], moyennement longs et bien écartés, le visage

1. Cf. Adamant., 409, 5, χρῶμα ὀξύτερον, βλέμμα ὑγρὸν γοργόν.

2. *magnanimitate praecellens* correspond à μεγάλη des épitomés, qui donnent aussi trois qualificatifs à la voix ; cf. Adamant., 410, 1-2, φωνὴ ἀπηνεστέρα, ἰσχυρά, μεγάλη « dure, forte, ample » ; Ps.-Polémon, 410, 15-16.

3. Ps.-Arist., 14 (tit. Δειλοῦ σημεῖα) ; Version arabe, 270, 12-18 ; Adamant., II, 45 (410, 3 sq.) ; Matrit., 31 (410, 10 sq.) ; Ps.-Polémon, 56 (410, 15 sq.).

crura non indigentia carnis, imi pedes discreti articulis, color acrior magis quam pressior, acies oculi uelox, humida, oculi non satis grandes, non nimium patentes nec nimium conclusi, supercilia non extenta, frons nec leuis nimium nec nimium aspera, uox durior ac uehementior, magnanimitate praecellens, anhelitus quoque tranquillus. Huiusmodi uiro uirtus et fortitudo assignanda est.

Timidus et imbecillis capillo est molliore omnique **91**
figura remissiore, collo longiore, colore nigro uel pallido uel albo, sed et cum pallore albo, oculis siccis perturbatis, palpebris citis atque mobilibus, anhelitu pauid*o*, cruribus tenuibus, ima parte spinae, ⟨quae graece ὀσφύς dicitur⟩, longa, pectore imbecilli, manibus longissimis, uoce molli ac sonora. His timidus, ut diximus, indiciis declaratur.

Ingeniosus esse debet non satis procerus nec **92**
breuis, coloris albi, cui sit permixtus etiam rubor, capillo flauo non adeo crispo sed nec extenso, corpore recto, membris magnis, articulis discretis, carne moderata, aliquanto molliore, crura feminaque habens modice pleniora, suras robustas, manuum pedumque articulos fortes, dig*i*tos simplices, moderate prolixos a se separatos, ⟨uultus⟩ non refert*o*s carnibus nec

carnis *LA*[2] : -nes *A*[1] || imi *L* : ima *A* || color acrior *Rose* : color arcior *A* coloratior *L* || humida *L* : *om.* *A* || nec *L* : non *A* || nec *L* : non *A* || leuis *A* : lenis *L* || *alt.* nimium *L* : *om.* *A* || uox *L* : noto *A* || magnanimitate *L* : insignanitate *A* || anhelitus : -tu *L* anelitus *A*.

91 *tit.* De timidis *L* || capillo *L* : -llus *A* || molliore *Rose* : mellino ore *LA* || *pr.* uel *L* : *om.* *A* || et *L* : etiam *A* || anhelitu *L* : anelitus *A* || pauido *Foer.* : -dus *L*, *Mo*, *Rose* auidus *A* || tenuibus *A* : tenuis *L* || quae — dicitur *add. Foer. ex Mo* || longa *L* : -go *A* || imbecilli *A* : -llo *L*, *Mo* || indiciis *L* : *om.* *A*.

92 *tit.* De ingeniosis *L* || sit permixtus etiam *L* : permixtus est et *A* || sed *L* : *om.* *A* || feminaque *L* : famora que *A* || digitos *Mo* : digestos *LA* || uultus *add. Rose* || refertos *Rose* : -tis *L*, *Mo* refectis *A* || nec *A* : non *L*, *Mo*.

ni trop charnu ni trop maigre[1], les yeux humides, brillants, ⟨et gris⟩.

93 Le sot[2] doit être ainsi : très blanc ou très noir, très enveloppé de chair, le ventre proéminent avec excès, les jambes épaisses, de petites articulations étroitement liées, les clavicules bien jointes et resserrées[3], le cou gros et court ; ⟨il doit avoir⟩ les extrémités des mains et des pieds imparfaites, les mâchoires et les joues très charnues, le front bombé ; son regard ne sera ni pénétrant ni assuré, mais grand ouvert[4].

94 L'impudent doit être ainsi[5] : les yeux grands ouverts et brillants, les paupières très écartées, les pieds et les mains épais, regardant en face, redressant la taille, le teint rouge, la voix aiguë. Tel est l'homme impudent et outrageant.

95 Définissons l'homme modéré et pondéré[6] : il a la voix assez grave, la démarche lente, les mouvements des paupières modérés, ni fréquents ⟨ni trop espacés, les yeux gris bleu⟩, moins étincelants qu'humides, le visage coloré d'une noble rougeur.

96 L'homme exempt de soucis se reconnaît ainsi[7] : il a le front recouvert non d'une peau fine, mais d'une chair assez abondante, lisse et bas, l'ensemble du visage plutôt

1. *uultus non refertos... nec... exiles* : l'insertion de *uultus* est imposée par la Version arabe et par les épitomés. D'autre part, le pluriel insolite est l'exacte et sotte traduction du texte reproduit par Adamantius, 411, 7, πρόσωπα οὐ πάνυ σαρκώδη οὐδὲ μὴν λεπτά (et Matrit., 411, 13 ; Ps.-Polémon, 411, 19). L'Anonyme ignorait, semble-t-il, que le pluriel πρόσωπα était fréquent en parlant d'une seule personne (cf. Adamant., 425, 3, etc.).

2. Ps.-Arist., 16 (tit. Ἀναισθήτου σημεῖα) ; Version arabe, 272, 14 sq.) ; Adamant., II, 47 (412, 3 sq.) ; Matrit., 33 (412, 11 sq.) ; Ps.-Polémon, 58 (412, 18 sq.).

3. *coniunctis atque conclusis* : cf. § 57, *Si iuguli conclusi sunt et compressi ad humeros et pectus, tarditatem sensuum et stoliditatem animi indicant.* C'est un signe d'après lequel le physiognomoniste Zopyre taxait Socrate de stupidité ; cf. p. 95, n. 5.

nimium exiles, oculos humidos, splendidos, ⟨χαροπούς⟩.

Qui sine sensu est ita esse debet : albus nimis uel nimis niger, carne ambiri nimia, uentre ultra modum prominente, crassis cruribus, paruis articulis obligatis atque constrictis, iugulis nimium coniunctis atque conclusis, ceruice uasta breuique ; ima manuum pedumque ⟨habere debet⟩ imperfecta, malas et genas congestas carnibus, frontem rotundam, aciem oculorum non penetrabilem nec efficacem, sed patulam. 93

Impudens homo ita esse debet : oculis patentibus, lucidis, palpebris plurimum separatis, crassis pedibus et manibus, contra intuens, altius se erigens, rubicundus colore, uocis acutae. Huiusmodi impudens, iniuriosus homo est. 94

Constituamus hominem temperatum atque moderatum : uox est in eo grauior, tardus incessus, motus palpebrarum temperatus nec spissus ⟨nec per longum interuallum, χαροπός⟩, cuius non tam perluceant oculi quam humorem proferant, uultus rubori honesto permixtus. 95

Homo securus ita intelligitur : frontem habet non tenui cute, sed pleniore *carn*e contectam, eandem le*u*em et humilem atque omnem uultum in plenitu- 96

humidos splendidos *L* : s.h. *A* ‖ χαροπούς *add. Foer. ex Mo.*

93 *tit.* De insensatis *L* ‖ ambiri nimia *L* : nimia ambiri *A* ‖ prominente *A* : -nere *L* ‖ obligatis *L* : -tus *A* ‖ constrictis *L* : -tus *A* ‖ habere debet *add. Foer. ex Mo* ‖ malas *L* : *om. A.*

94 *tit.* De inpudentibus *L* ‖ separatis *LA*, *Mo* : reseratis *Foer.* ‖ crassis *L* : crassi *A* ‖ contra intuens *Foer.* -tra intuentes *L* contrahentuentes *A* ‖ altius *L* : *om. A* ‖ uocis acutae *L* : acute uocis *A* ‖ homo *A* : *om. L*, *Mo.*

95 *tit.* De temperatis *L* ‖ nec per — χαροπός *add. Foer. ex Mo* ‖ perluceant *L* : -cent *A* ‖ proferant *L* : perficiantur *A* praeferant *Mo.*

96 *tit.* De securis *L* ‖ pleniore — uultum in *L* : *om. A* (*tantum* in *rest.* A^2) ‖ carne *Foer. ex Mo* : cute *L* ‖ leuem *Rose* : lenem *L*, *Mo.*

plein que maigre et aussi comme sortant du sommeil ou ensommeillé, les yeux humides, étincelants, une vue sans défaut, et de plus des mouvements calmes et une voix posée.

97 L'homme triste se reconnaît ainsi [1] : un visage mince, un front plissé, des sourcils retournés en dedans, des paupières raides [2].

98 Celui qui tient de l'homme et de la femme [3] ⟨et que les Grecs appellent ἀνδρόγυνος (androgyne)⟩ se reconnaît ainsi [4] : il a les yeux humides au regard effronté, ⟨les pupilles agitées et papillotantes⟩, le front et les mâchoires tirés, les sourcils jamais en repos, le cou penché, ⟨l'ὀσφύς⟩, c'est-à-dire l'extrémité de l'épine dorsale, jamais immobile, tous les membres agités ; il saute fréquemment sur la pointe des pieds et se dresse souvent sur les talons, entrechoque les genoux, agite souvent les mains en en présentant la paume, et s'observe ; sa voix est grêle, comme venant de la gorge, presque gazouillante, sans être toujours désagréable, qu'elle soit très lente ou précipitée.

99 L'homme acariâtre et querelleur [5] se montrera à ces

1. Ps.-Arist., 20 (tit. 'Αθύμου σημεῖα) ; Version arabe, 276, 8-12 ; Adamant., II, 51 (415, 1-3) ; Matrit., 37 (415, 7-8) ; Ps.-Polémon, 62 (415, 12-14).

2. *Cilia* = ici encore βλέφαρα des textes grecs.

3. La correspondance n'est pas tout à fait exacte : Ps.-Arist., 21 (tit. Κιναίδου σημεῖα) ; Version arabe, 276, 14-19 ; Adamant., II, 52 (ἀνδρόγυνος) (415, 4 sq.) ; Matrit., 38 (415, 9 sq. ; Ps.-Polémon, 63 (415, 15 sq.).

4. Sur les androgynes dans l'Antiquité, cf. Pline, *H. N.*, 7, 34, *Gignuntur et utriusque sexus quos hermaphroditos uocamus, olim androgynos uocatos et in prodigiis habitos, nunc uero in deliciis* ; Gell., 9, 4, 16 ; Aug., *C. D.*, 16, 8, 136. Sur cette singularité physiologique, cf. C. A. Paglia, *Sexual personae. The androgyne in litterature and art*, Diss. Yale Univ., New Haven, Conn., 1974 ; G. Busquet-C. Beaune, *Les hermaphrodites*, Paris, Éd. Simoen, 1978.

5. Ps.-Arist., 22 (tit. Πικροῦ σημεῖα) ; Version arabe, 280, 16-282, 4 ; Adamant., II, 52 (416, 5 sq.) ; Matrit., 39 (416, 10 sq.) ; Ps.-Polémon, 64 (416, 15 sq.).

dine magis quam in macie constitutum eundemque uultum tamquam ex somno uel somno proximum, oculos humidos, perlucidos sine uitio intuentes, qui etiam tranquille moueatur et mansueta uoce sit.

Tristis homo ita intelligitur : uultus tenuis, frons 97
rugosa, supercilia introrsus conuersa, cilia intenta.

[De androgyno.] Qui in*ter* uirum est et feminam, 98
quem Graeci ἀνδρόγυνον uocant, ita intelligitur : oculos habet humidos, qui impudenter intuentur, ⟨cuius quatiuntur et circumuolant pupillae⟩, cuius frons contrahitur et malae, cuius non stant supercilia, cuius inclinata est ceruix, cuius ⟨ὀσφύς⟩, id est ima pars spinae, non quiescit, cuius omnes artus incerti status sunt, qui insilit frequenter imis pedibus et calcaneis saepius insurgit, qui genua collidit, qui resupinat*a*s plerumque manus praemouet, qui se circumspicit, qui uoce est tenui et tamquam qu*ae* insonet gutturi, cuius uox prope garrula nec ingrata interdum est nec interest an nimium tarda uox sit an praeceps.

Qui amarus est et litigiosus his indiciis apparebit : 99

ex somno uel somno *L* : a sompno uel sompno *A* || etiam *L* : et *A* || moueatur *L* : -antur *A*.

97 *tit.* De tristibus *L* || intelligitur *L* : esse debet *A* || introrsus *L* : -sum *A*.

98 *tit.* De androgenis *L* || De androgyno *Mo* : -gino *A* -geno *L*, *secl. Foer.* || inter *Mo* : in *LA* || quem graeci ἀνδρόγυνον uocant *Mo* : quem greci HPMaΦPωΔγθω)- uocant *L*, *om. A* || ita *L* : *om. A* || habet *L* : habent *A* || humidos *L* : lucidos *A* || cuius — pupillae *add. Foer. ex Mo* || supercilia *L* : et super- *A* || ὀσφύς *Mo* : *om. LA* || id est *Mo* : idem *A* quidem *L* || spinae *om. A* || non quiescit *L* : inquiescit *A* || omnes artus *L* : omnis actus *A* || qui (*ante* genua) *L* : et qui *A* || collidit *L* : -igit *A* || resupinatas *Mo* : -pinatus *L* -ppinatus *A* || quae *Foer.* : quis *L* quidem *A* qui *Mo* || uox prope *L* : prope est *A* || interest *L* : inest *A* || an *L* : autem *A* || an *L* : *om. A*.

99 *tit.* De amaris *L* || qui amarus est et *L* : *om. A* || his indiciis *L* : hiis signis *A*.

signes : il doit grimacer, ⟨ce que les Grecs appellent σεσηρέναι⟩, effet ordinaire de la colère sur le visage de ces personnes ; il sera un peu pâle ; ses paupières seront bombées et il regardera avec des yeux secs ; il aura le front plissé, la voix très forte[1], la respiration haletante ; il battra souvent des mains ou les croisera, et frappera souvent le sol des pieds.

100 Voici quel est le caractère facile[2] : l'ensemble des traits est plaisant ; le corps est enveloppé de chair molle — en grec ὑγρά — avec un notable embonpoint ; les membres sont bien proportionnés, les yeux calmes et sans vivacité ; les mouvements du corps dans son ensemble sont lents, la voix assez grave ; le tour des cheveux remonte assez haut.

101 Les Grecs appellent εἴρωνες[3] les hommes très dissimulés et secrets, qui parlent un langage faux et simulé et rabaissent pour eux-mêmes ce qu'ils trouvent bien chez les autres jusqu'à ce qu'⟨ils obtiennent ce qu'ils se proposaient d'obtenir⟩. On les reconnaîtra à des signes et des indices particuliers : est donc εἴρων celui dont la peau est relâchée autour des yeux, dont les yeux offrent l'apparence de la bienveillance, dont la voix est basse, la parole aisée et rapide, dont la démarche et la diction

1. La correction judicieuse que Foerster a proposée dans son apparat sans l'adopter dans le texte : *uocem uiolentam*, repose sur φθέγγεσθαι σφοδρόν des trois épitomés, dans aucun desquels, en revanche, ne se trouve l'équivalent du *faciem uiolentam* (ou *uinolentam*) des manuscrits. Du reste, *faciem uinolentam* serait en contradiction avec *prope pallebit* (ὕπωχρον).

2. Ps.-Arist., 24 (tit. Πραέος σημεῖα) ; Version arabe, 278, 2-6 ; Adamant., II, 54 (417, 4 sq.) ; Matrit., 40 (417, 9 sq.) ; Ps.-Polémon, 65 (417, 15 sq.) ; La notice, qui vient de Polémon, est reprise avec quelques différences au paragraphe 109.

3. Ps.-Arist., 25 (tit. Εἴρωνος σημεῖα) ; Version arabe, 278, 7-11 ; Adamant., II, 55 (418, 3-6), εἴρων καὶ παλίμβουλος ; Matrit., 41 (418, 9-11) et Ps.-Polémon, 66 (418, 14-16), εἴρων καὶ ἐναντιόβουλος.

subrideat necesse est, ⟨quod Graeci σεσηρέναι dicunt⟩, quod talium uultibus [habent] iracundia facere consueuit, prope pallebit, ouatis palpebris et siccis oculis intuebitur, frontem habebit rugosam, *uo*cem uiolentam, anhelitum spissum, manus saepe collidet uel in*ter* se complicabit, solum pedibus s*ae*pius tundet.

100 Mansuetum ingenium tale est : uultus omnis iocundus, carne molli, quam Graeci ὑγρὰν uocant, et aliquanto pleniore circumdatus, membra moderata, oculi tranquilli, tardi, motus omnis corporis tardus, uox grauior, ultima linea capillorum capitis superius erecta.

101 Εἴρωνας Graeci dicunt occultos aliquanto et obscurae mentis homines, quorum os tamdiu fictum atque simulatum est et qui sibimet derogant *id* quod in aliis praeferunt, quoadusque ⟨obtineant quod proposuerunt obtinere⟩. Certis signis atque indiciis detegantur. Εἴρων ergo est qui circa oculos cutem habet relaxatam, oculos instructos ad speciem bonitatis, uocem summissam, facilem ac uolubilem, cuius

est *L* : est esse *A* || quod — dicunt *add. Foer. ex Mo* || quod talium—consueuit *A* : *om. L* || habent *A* : hunc *Mo*, *secl. ego* || pallebit quam integram *A* || uocem uiolentam *ego ex Foer. in app.* : faciem uiolentam *A* faciem uinolentam *L* || inter *Mo* : in *LA* || sepius *L*, *om. A*.

100 *tit.* De mansuetis *L* || tale *L* : talis *A* || uultus omnis *L* : hominis uultus *A* || quam — moderata *L* : *om. A* || ὑγράν : IPPAN *L* (*qui* irran *superscr.*) || omnis corporis *L* : omni corpore *A* || *post* grauior *add.* remissa *Foer. ex Mo* || capillorum capitis *A* : capitis capillorum *L*.

101 *tit.* De yronicis *L* || εἴρωνας : YPONAC *L* Dronas *A* || et *L* : *om. A* || quorum *L* : corum *A* || os *A* : cor *Mo*, *om. L* || est *L* : *om. A* || qui *A* : quod *L* quidem *Mo* || id *Mo* : et *LA* || quod *L* : qui *A* || obtineant — obtinere *add. Foer. ex Mo* || certis — detegantur *L* : *om. A*, *Mo* || εἴρων : yPon *L* iron *A* || *alt.* oculos *L* : *om. A*.

sont réglées de façon à être très proches d'un ῥυθμός, c'est-à-dire d'une cadence.

102 Les avares sont ainsi[1] : de petits membres, de petits yeux, un petit visage, la marche rapide, le corps penché[2], la voix précipitée et aiguë[3], le visage comme saupoudré de rougeur.

103 Un homme velu[4], aux cheveux noirs et raides, avec de longs poils sur la lèvre, au menton et aux tempes, aux yeux luisants, étincelants et fous, sera porté à la débauche, amateur de pantomimes et médisant[5].

104 Certains hommes, que les Grecs appellent ⟨μωροϐλάπται⟩[6], sont malfaisants et sots à la fois. Il n'existe pas un type unique de signes pour les reconnaître. Les animaux, en effet, présentent parfois des signes dont la découverte et l'examen feront comprendre la coexistence de ces deux défauts dans une personne unique. Certains hommes montrent bien les signes de la sottise, mais exarcerbés et déchaînés. Pour plus de clarté et de certitude, considérons donc les animaux : appartenant à une même espèce et portant un même nom, ils ont un caractère et un physique divers et différents. En effet, d'autres

1. Version arabe, 278, 13-16 ; Adamant., II, 56 (419, 1-4) ; Matrit., 42 (419, 7-10) ; Ps.-Polémon, 67 (419, 13-16).

2. *incurui* : correction d'après ἐγκεκυφότα des trois épitomés.

3. *celeri uoce et acuta* : correction d'après Adamantius, ταχύφωνον, ὀξυϐόην (ὀξύφωνον Matrit. et Ps.-Polémon) ; cf. § 78, *infracta uox et tenuis ac lugubris tristem, auarum ac suspicacem indicat.*

4. Ps.-Arist., 31 (tit. Λάγνου σημεῖα) ; Version arabe, 278, 16-280, 3) ; Adamant., II, 57 (419, 5 sq.) ; Matrit., 43 (419, 11 sq.) ; Ps.-Polémon, 67 (419, 17 sq.).

5. *maledicus* : Foerster conjecturait *aleae deditus* d'après φιλόκυϐος d'Adamantius, inutilement. Celui-ci a également φιλορχηστής et φίλοινος (φιλόκωμος Matrit.), qui manquent dans le Ps.-Polémon et l'Anonyme. Pourquoi choisir l'un plutôt que l'autre? Ajoutons que, dans le portrait du *maledicus* du paragraphe 87, figure aussi un *uultus hispidus* qui répond exactement au *hirsutus* du texte.

incessus et sermo ita moderatus est ut ῥυθμῷ, id est numero, proximus esse possit.

Qui pecunia*e* cupidi sunt ita sunt : paruis mem- 102
bris, paruis oculis, paruis uultibus, celeri incessu, in*cur*u*i*, cele*r*i uo*ce* et *ac*uta et *qu*orum *uul*tus tamquam rubore superfusus esse uideatur.

Homo h*i*rsutus capillis nigris directis, h*i*rsuto 103
ore ac mento et temporibus, oculis pinguibus, relucentibus, furios*i*s erit pronus in libidinem, studiosus pantomimorum et maledicus.

Sunt quid*a*m homines cum stultitia nocentes, 104
qui graece ⟨μωροβλάπται⟩ dicuntur. Hi signorum non una ratione noscuntur. Nam interdum *anim*alia signa gerunt, quae explorata atque perspecta dabunt etiam in uno homine utriusque rei intellectum. In quibusdam autem hominibus signa quidem sunt stultitiae, uerum eadem exasperata atque efferata. Quo igitur magis hoc clarum atque certum sit, respiciamus ad ea animalia quorum unum quidem genus est atque unum nomen, animus autem et corporis qualitas diuersa atque discreta. Nam quemadmodum

ῥυθμῷ : ΡΥΘΜω *L* rithmo *A*.

102 *tit.* De cupidis *L* || pecuniae *Mo* : -nia *LA* || membris paruis oculis *L* : o.p.m. *A* || celeri *L* : celsi *A* || incurui *Foer. ex Adam.* : iniuriosi *LA*, *Mo* || celeri uoce et acuta *Foer. ex Adam.* : scelesti ut et uita *L*, *Mo* celesti ut in uita *A* || et quorum uultus *Foer. ex Adam.* : eorum et actus *L*, *Mo* eorum iactus *A* || superfusus *L* : perfusus *A*.

103 *Post 104 habent LA, huc retul. Foer. Adamantium secutus* || *tit.* De furiosis *L* || hirsutus *Mo* : hyr- *LA* || hirsuto *A* : hyr- *L* || mento *L* : mente *A* || temporibus *Mo* : timp- *L* temperantibus *A* || furiosis *Foer.* : -sus *LA*, *Mo* || in *L* : ad *A* || maledicus *LA*, *Mo* : aleae deditus *Foer. ex Adam.*

104 quidam *Mo* : quidem *LA* || qui graece dicuntur *A* : *om.* *L* || μωροβλάπται *add. Foer. ex Mo*, μωροπόνηροι *Rose ex Adam.* || animalia *Foer.* : alia *LA*, *Mo* || quae *L* : *om.* *A* || perspecta *L* : perfecta *A* || quibusdam *L* : quibus *A* || igitur *L* : ergo *A* || certum *A* : incertum *L* || unum quidem *L* : quidem unum *A* || animus *L* : alius *A*.

animaux que le mouton sont domestiqués, comme l'âne, la chèvre, le cheval, le porc et bien d'autres. Mais les animaux domestiqués sont aussi plus souples, plus doux[1] et plus calmes, tandis que les animaux sauvages sont plus rudes, plus farouches et plus violents. Ainsi donc, chez les hommes, la sottise même est parfois plus sauvage, plus farouche et plus rude, parfois plus traitable et plus douce. N'allons pas croire que cette distinction vaut pour la seule sottise ou pour les seuls signes de la sottise : il y a encore d'autres défauts que l'on remarque dans les sentiments de l'âme ; ils sont tantôt plus malfaisants, ⟨tantôt plus modérés⟩[2] ; on les distingue et on les reconnaît à la force ou à la faiblesse des signes et à une simplicité ou naturelle ⟨ou recherchée et artificielle⟩. Prenons, en effet, le cas de deux hommes injustes : l'un l'est avec plus de mollesse et d'affabilité, l'autre avec plus de dureté et de violence. Le manque de retenue aussi peut être plus doux, mais aussi plus violent. Même parmi les invertis, les uns sont traitables, les autres grossiers et déchaînés[3].

105 Si donc aux indices qui dénoncent la sottise s'ajoutent, comme nous l'avons dit ci-dessus, des traits plus sauvages ou plus âpres ou plus violents ou plus rudes ou intenses, on considèrera encore que la méchanceté n'est pas inférieure à la sottise. Revenons maintenant au type précédent. De l'indice, donc, qui nous permet de saisir

1. *leuiora* = λειότερα (Matrit., 421, 11 ; Ps.-Polémon, 421, 17 ; om. Adamant.).

2. Addition d'après Adamant., 422, 7 sq. οἱ μὲν ἀγριώτερα τὰ ἤθη ἔχουσιν, οἱ δὲ ἡμερώτερα.

3. Rose et Foerster ont conjecturé une lacune à la fin du paragraphe 104, dans laquelle auraient trouvé place les signes de la sottise auxquels fait allusion le début du paragraphe 105. Mais ces signes ont été indiqués au paragraphe 93 et n'ont donc pas besoin d'être repris.

ouis mansueta est, ita et alia animalia, ut asinus et capra et equus et sus et multa alia. Sed quae mansueta magis sunt, et molliora sunt ac leuiora et tranquilliora, quae uero ferociora, sicciora sunt et asperiora et uehementiora. Ita in hominibus ergo interdum stultitia ipsa ferocior, asperior, horridior est, interdum facil*i*or ac lenior. Nec solam stultitiam putemus uel stultitiae signa hanc habere discretionem : sunt et alia uitia, quae in animi motibus denotantur ; interdum nocentiora, ⟨interdum leniora⟩ sunt et signorum duritia uel mollitia atque uel inaffectata ⟨uel exquisita et elaborata⟩ simplicitate discernuntur atque noscuntur. Nam et hominibus duobus iniustis propositis alter mollius et affabilius, alter atrocius ac uiolentius iniust*u*s exist*i*t. Et intemperantia est quaedam mollior, est et uehementior. Et qui molles sunt, pars mansueti, pars bruti atque effrenati sunt.

His igitur indiciis quibus stoliditas denotatur si **105**
acced*an*t, ut supra diximus, quae f*ero*ciora sunt aut asperiora aut uehementiora aut sicciora aut intenta, etiam malitia non inferior quam stultitia adiudicanda est. Redeamus nunc ad superiorem speciem. Quo

ita et *L* : et ita *A* || et *L* : *om.* *A* || et *L* : *om.* *A* || et sus *L* : sus *A* || sunt ac *L* : *om.* *A* || leuiora *A* : leni- *L*, *Mo* || ferociora *A* : -cia *L* || et *A* : *om.* *L* || et *A* : *om.* *L* || ita *A* : Vt *L* et *Mo* || stultitia : -ticia *L* -tiora *A* || facilior *Mo* : fallacior *LA*, *Rose* affabilior *Foer.* || hanc *L* : *om.* *A* || interdum leniora *add.* *Foer* || sunt *LA*, *secl.* *Rose*, *Foer.* || atque *Foer.* : quae *L*, *Mo* quasi *A* || uel inaffectata *L*, *Mo* : affectata *A* || uel — elaborata *ego add.* : simplicitate uel — elaborata *add.* *Foer.* *ex* *Mo* || et hominibus duobus *L* : *om.* *A* || mollius *L* : melius *A* || iniustus *Mo*, *Rose* : -tis *L* ex iniustis *A* || existit *Mo* : ex istis *L* istis *A* || *alt.* pars *L* : *om.* *A* || bruti *A* : abrupti *L*, *Mo* || effrenati *A*, *Mo* : effeminati *L* efferati *Foer.* || *post* sunt *excidere signa stoliditatis susp.* *Rose.*

105 *Ab* his igitur *denuo inc.* *B* || indiciis *A* : -tiis *L* induciis *B* || denotatur *LB* : inno- *A* || accedant *Rose* : -dat *LB* accidat *A* || ferociora *Mo* : facinora *LB* -norosa *A* || asperiora *LB* : -riosa *A* || adiudicanda *LA* : adindi- *B* || redeamus — speciem *AB* : *om.* *L* || superiorem *B* : priorem *A*, *Mo.*

la sottise malfaisante dans un corps présentant les signes, partie de la méchanceté, partie de la sottise, donnons l'exemple que Polémon, notre source, a établi de ce type d'après un contemporain qu'il assura avoir été le pire des scélérats. Voici ce qu'il dit de l'homme dont la sottise était criminelle[1] : il avait les cheveux drus et aussi raidis comme par le froid, la tête étroite et penchée, de grandes oreilles pendantes et presque rabattues, un cou raide, des tempes arrondies et non lisses, mais ⟨γλαφυρά (délicates)⟩, pour user du terme de Polémon lui-même[2] ; il avait le front étroit et rugueux, de petits yeux sombres, secs, enfoncés, coulant un peu et fixes, des joues étroites et allongées, des lèvres très étirées, une bouche largement fendue, toujours ouverte comme si le visage était coupé en deux, avec toute l'ouverture de la bouche béante ; il était voûté, ventru, avait les jambes épaisses, les articulations des mains et des pieds énormes et dures, ce qui est le propre des sots, le teint jaunâtre, le bord des paupières gonflé au point qu'on l'eût dit toujours sous l'empire de l'ivresse ou du sommeil, la voix bêlante, effrontée, désagréable et détestable. Un tic lui faisait en outre contracter très souvent les épaules et les paupières. La perversion du goût et la nervosité lui faisaient sans cesse prendre sa moustache avec les dents et la mâcher et il tordait avec la main les poils de sa barbe ou d'autres plus éloignés

1. A partir de là jusqu'à *Praeterea humeros eidem...*, cf. Adamant., II, 60 (424, 4 sq.) ; Ps.-Polémon, 69 (424, 14 sq.).

2. Le terme manque dans les deux épitomés de Polémon (l. 6 et 16), où il a été rétabli par Foerster d'après l'Anonyme latin *ap.* Du Moulin.

igitur indicio in eo corpore nocentem stultitiam deprehendamus, in quo partim malitiae, partim stultitiae signa sunt, exemplum quod temporibus suis P*o*lemon auctor huius speciei ex homine posuit quem sceleratissimum fuisse asseuerauit prosequamur. De homine uero dicit cuius erat nocens stultitia capillo fuisse denso eodemque horrido tamquam ex frigore, capite angusto, obliquo, auribus ingentibus inclinatis ac propemodum infractis, ceruice dura, temporibus rotundis, non leuibus, sed ut ipse P*o*lemon nominat ⟨γλαφυροῖς⟩ ; frons in eo fuit angusta et aspera, oculi parui, tenebrosi, sicci, caui, subd*if*fluentes, rigidi, genae angustae, prolixae, labia longissima, os longe rescissum, patens semper ac si incisus uultus esset, omne interuallum oris eius apertum, incuruus ipse, utero prominente, cruribus crassis, articulis manuum et pedum uastis atque duris, quod est proprium stultorum, colore subpallido, tumentibus ciliis ita ut semper eum ⟨crapula⟩ uel somno pressum esse diceres, uox ouium similis, impudens, deformis, detestabilis. Praeterea humeros eidem et palpebras spasmus frequentissime contrahebat; qui ita taedio et intemperantia agebatur, ut dentibus barbam assumeret semper atque ederet, ex

indicio *B* : -tio *L* iudicio *A* || in eo *LA* : *om.* *B* || nocentem *LB* : -te *A* || huius — posuit *L* : *om.* *AB*, *Mo* || quem — asseuerauit *L* : *om.* *AB* || uero *L* : *om.* *AB* || denso *LAB* : tenso *Foer.* || horrido *LA* : calido *B* || angusto *LB* : aug- *A* || inclinatis *LB* : obcimātis *A* || propemodum infractis *LB* : prope infractis modis *A* || leuibus *A* : leni- *LB* || sed *LA* : si *B* || γλαφυροῖς *add. Foer. ex Mo* || eo *LA* : ea *B* || subdifflluentes *Mo* (*cf. cap. 31* diffluentes) : -defluentes *L* subride de fluentes *B* que defluentes *A* || labia *LAB* : barba *Foer.* || rescissum *L* : recisum *AB* || omne *LB* : omnem *A* || oris eius *LB* : eius oris *A* || et *LA* : ac *B* || est proprium *L* : proprium est *B* est proprie *A* || crapula *add. Foer. coll. Adam.* || uel *B*, *Mo* : *om.* *LA* || pressum *LB* : oppr- *A* || esse *L* : *om.* *AB* || diceres *LB* : dicens *A* || eidem *L* : idem *B* eiusdem *A* || assumeret *AB* : absum- *L*.

et les amenait à sa bouche pour les avaler. Selon le point de vue de Polémon, cet homme dépassait toutes les bêtes sauvages, et en méchanceté tous les méchants de son temps, en sottise tous les sots ; il donnait à lui seul des indices abondants et clairs de l'un et l'autre type.

106 Il faut parler maintenant d'abord des impudents[1]. L'impudent doit être ainsi : il a de grands yeux brillants, les paupières épaisses et injectées de sang ; il est un peu voûté ; ses épaules saillent en pointe ; il n'est pas très droit, mais assez penché ; ses mouvements sont vifs ; il a le corps parsemé de rouge, un teint d'un rouge sang qui brille par en-dessous, le visage rond, le haut de la poitrine rentré, la paupière inférieure très épaisse. Ceux dont la tête est allongée en forme de maillet[2], avançant devant et derrière, et ceux dont la peau des lèvres est tendue sont aussi des impudents[3].

107 L'honnêteté de mœurs[4] et la tranquillité d'âme de l'homme que les Grecs disent ⟨κόσμιος (convenable)⟩ doivent ressortir des indices suivants : mouvements assez lents, parole assez grave, voix au souffle faible plutôt que distincte et claire — c'est ce que les Grecs appellent ⟨la κοιλοστομία (prononciation sourde)⟩[5] ; il aura des yeux peu brillants, plus foncés, ni très fermés

1. Ps.-Arist., 17 (tit. Ἀναιδοῦς σημεῖα) ; Version arabe, 274, 5-12 ; Adamant., II, 48 (413, 1-5) ; Matrit., 34 (413, 8-11) ; Ps.-Polémon, 59 (413, 13-16). La notice vient de Polémon. Une première notice, sans doute empruntée à Loxos avait dépeint au paragraphe 94 l'*impudens homo*.

2. Cf. § 16, *Caput malleo simile ante et retro impudentem demonstrat.*

3. *cutis oris tensa* : pas de correspondant grec, mais il s'agit bien de la bouche, c'est-à-dire des lèvres ; cf. § 40 : *os laxum* ; c'est *uultus* qui désigne le visage dans l'Anonyme.

4. Une notice avait déjà été consacrée à ce caractère au paragraphe 95 (cf. p. 123, n. 6 pour les références).

5. κοιλοστομία : hapax ; cf. Quint., *I. O.*, 1, 5, 32, à propos des créations verbales du grec : *coelostomian, cum uox quasi in recessu oris auditur.*

mento autem uel alios longe positos capillos manu intorquens ori deuorandos applicabat. Hi*c* autem homo omnes feras secundum P*o*lemonis sententiam et omnes homines sui temporis malitia malos, stultitia stultos supergressus est et utriusque speciei larga et clara indicia homo unus hic edidit.

Nunc autem primo dicendum est de inuerecundis. **106**
Qui inuerecundus est ita esse debet : patulis oculis lucidis, palpebris crassis et sanguinolentis, aliquanto incuruus, scapulis in acutum eminentibus, non tam erectus, ⟨sed⟩ pronior, mobilis, aspersus rubore, sublucente intrinsecus sanguinolento colore, uultu rotundo, pectore superius retracto, inferiore palpebra magis crassa. Et quibus caput in modum mallei prolixum est et prominet ante ac retro, et quibus cutis oris tensa est, inuerecundi sunt.

Honestas morum et tranquillitas hominis qui **107**
graece ⟨κόσμιος⟩ dicitur his indiciis colligenda est : mouetur tardius, loquitur grauius, uocem infirmi potius spiritus quam expressam et clar*a*m *h*ab*e*t, quod Graeci ⟨κοιλοστομίαν⟩ uocant ; oculis erit non perlu-

mento *LB*[2] : merito *AB*[1] || alios *LB* : alias *A* || hic *Rose* : his *LB* hiis *A* || malos — indicia *LA* : *om. B* || homo unus hic edidit *LB* : nimis hic edidit homo *A*.

106 *Tit.* De inuerecundis *LB* || esse debet *LA* : debet esse *B* || lucidis *LA* : lucis *B* || incuruus *LA* : bicuruis *B* || scapulis *LA* : spatu- *B* || acutum *LB* : -tis *A* || tam *ego* : tamen *LAB*, *Mo* || erectus *LA* : eretis *B* || sed *add. ego*, uerum *Foer.* || ac *L* a.ac *B* et *A* || et *LB* : ac *A*.

107 *Tit.* De honestate MORVM *L* || qui — dicitur *om. L* || κόσμιος *Rose* : λόις *Mo*, *om. AB* (*post* dicitur *lacuna quinque litter. in B*) || indiciis *B* : -tiis *L* -sciis *A* || tardius *LA* : -dus *B* || loquitur *LA* : -quetur *B* || expressam *B*, *Mo* : -ssum *LA* || claram *Mo* : -rum *LAB* || habet *Foer.* : subit *LA*, *Mo* subiit *B* || quod — uocant *om. L* || quod *B*, *Rose* : que *A* quam *Mo*, *Foer.* || κοιλοστομίαν *add. Foer. ex Mo*.

ni ⟨très ouverts, des paupières⟩[1] aux mouvements lents ; nous avons dit en effet que les paupières rapides indiquaient tantôt un homme pusillanime, tantôt un homme bouillant[2].

108 L'homme irascible[3] — en grec ⟨θυμοειδής⟩ — sera ainsi : le corps droit, les flancs bien faits, tous les membres ajustés et proportionnés, le teint presque rouge, les omoplates grandes, écartées et larges, les extrémités des pieds et des mains grandes et vigoureuses, la poitrine lisse, les aînes lisses, la barbe fournie, le tour des cheveux descendant bas, le front bombé, les cheveux non pas plats, mais droits. Il aura les sourcils menaçants et dressés, et le nez ⟨assez camus à sa naissance, c'est-à-dire au-dessus des paupières⟩.

109 L'homme doux se reconnaît ainsi[4] : il aura les traits solides et forts, la chair abondante et molle, c'est-à-dire ⟨ὑγρά⟩, une corpulence plutôt forte que menue, avec des mensurations bien proportionnées ; il sera un peu penché en arrière ; le tour des cheveux remontera assez haut, les extrémités des mains et des pieds seront ⟨γλαφυραί⟩[5] — il faut entendre ⟨par γλαφυρός⟩ ce qui n'est ni d'un bloc ni massif, mais dont les éléments sont distincts, pour ainsi dire ciselé ou gravé.

1. Lacune comblée par Foerster d'après le Ps.-Arist., 18, ὀμμάτιον... μήτε λίαν ἀνεπτυγμένον μήτε παντάπασι συμμεμυκός, σκαρδαμυκτικὸν βραδέως.

2. Le sens d'*imbellem* est précisé par δειλόν du Ps.-Aristote. — *diximus* : cf. pour l'*imbellis*, § 91, *timidus et imbecillis... palpebris citis atque mobilibus* ; 23, *nam quibus palpebrae tam uelociter quam pupillae mouentur, timidi ac sine uirtute sunt.* L'Anonyme ne fournit aucune référence pour *calidum*, mais le Ps.-Aristote a bien θερμόν.

3. Ps.-Arist., 23 (tit. Θυμώδους σημεῖα ; Ps.-Polémon, 70 (427, 1-7). Le sens de « violent, irascible » (et non « courageux ») est assuré par l'opposition avec *mansuetus* du paragraphe 109.

cidis, magis nigris, non satis clausis nec ⟨patulis, palpebris⟩ tardis; palpebras enim celeres diximus alias imbellem, alias calidum indicare.

Homo animosus, qui graece ⟨θυμοειδής⟩ dicitur, ita erit : corpore rectus, lateribus idoneus, artus omnibus membris atque concinnus, prope rubicundus; huius scapulae grandes, separatae, latae, extremitates pedum et manuum grandes, tenaces, leue pectus, leuia inguina, barba facile increscens, ultima linea capillorum capitis deorsum demissa, frons rotunda, capillus non planus, sed assurgens. Supercilia trucia atque subrecta habebit et nares ⟨in origine sua, id est super cilia, aliquanto inferiores⟩. **108**

Mansuetus homo ita intelligitur : erit solido ac forti uultu, carne ampliore ac molli, id e*st* ⟨ὑγρᾷ⟩, corpore maiore magis quam minore, mensuris corporis in*ter* se congruentibus, aliquanto resupinus, ultima linea capillorum capitis superius reducta, imae manus ac pedes ⟨γλαφυραί — γλαφυρὸν⟩ aut*em* intelligendum est quod non uniforme est nec congestum, sed discretum tamquam interrasum uel insculptum. **109**

magis *LB* : *om. A* || patulis palpebris *add. Foer.* apertis palp- *Rose* || calidum *AB* : calli- *L.*

108 *Tit.* De animosis *L* || qui — dicitur *om. L* || θυμοειδής *add. Foer. ex Mo* || idoneus *B, Mo* : -neis *LA* || concinnus *B* : -nnis *L* continuis *A* || *post* rubicundus *des. B* || inguina *L* : nigra *A* || demissa *A* : dim- *L* || in origine — inferiores *add. Foer. ex Mo.*

109 *Tit.* De mansuetis *L* || solido *L* : *om. A* || ac *L* : et *A* || carne *L* : et carne *A* || id est *Mo* : idem *L, om. A* || ὑγρᾷ *add. Foer. ex Mo* || maiore *L* : *om. A* || inter *Mo* : in *LA* || resupinus *L* : -nis *A* || imae *L* : sine *A* || pedes L^2 : pedes L^1A || γλαφυραὶ γλαφυρόν *add. Foer. ex Mo* || autem *Mo* : aut *A, om. L* || uniforme *L* : -mi *A* || interrasum *L* : interra *A* || uel *L* : *om. A* || insculptum *L* : -scultum *A.*

110 On reconnaîtra à ces signes l'homme compatissant[1] : il doit avoir des membres ⟨γλαφυρά⟩ — terme dont nous avons donné ci-dessus[2] la signification —, le teint blanc, les yeux noirs[3], le haut du nez assez fin. Les hommes de ce type pleurent facilement, aiment les femmes, engendrent plutôt des filles, et ont des caractères très divers[4].

111 L'homme de complexion amoureuse[5] se reconnaît ainsi : il doit avoir de la mémoire, de l'intelligence, être ardent et avoir les yeux presque larmoyants et jaunâtres[6].

112 Les débauchés[7], c'est-à-dire ceux qui se livrent sans mesure à leurs instincts sexuels, sont ainsi : le teint blanc, le corps velu aux poils raides, la moustache droite, ferme et noire, les tempes aussi couvertes de poils du même genre. Ils auront les yeux plus alanguis et humides[8], les jambes fines, nerveuses et poilues, le ventre gros, le menton ramené vers le nez au point qu'entre le nez et le menton existe une sorte de creux[9] ; de même ceux qui ont la veine aux bras[10] et ceux dont les cils sont rares et sujets à tomber.

113 Les bavards[11] ont le haut du corps beaucoup plus long que le bas à partir de l'aîne, les traits ⟨γλαφυροί⟩ — ce

1. Ps.-Arist., 29 (tit. Ελεήμονες).
2. Cf. la définition du γλαφυρός donnée au paragraphe 109.
3. Le Ps.-Aristote a λιπαρόμματοι « aux yeux luisants », d'où la correction *nitidis* de Foerster, qui ne semble pas nécessaire. Les yeux noirs sont en effet ceux du κόσμιος (cf. § 107), dont le Ps.-Aristote, 30, nous dit qu'il est compatissant.
4. *moribus-multiformes* est issu d'une mécoupure du Ps.-Aristote, φιλογύναιοι καὶ θηλυγόνοι καὶ περὶ τὰ ἤθη ἐρωτικοὶ καὶ... « aimant les femmes, ayant des filles et, en ce qui concerne les mœurs, portés à l'amour ». La coupure a été opérée après περὶ τὰ ἤθη, comme le montre le paragraphe 111.

Misericordem ex his intelliges : ⟨γλαφυροῖς⟩ mem- 110
bris esse debet, cuius nominis significationem supra insinuauimus, coloris albi, nigris oculis, naribus ex superiori parte tenuioribus. Huiusmodi homines et ad lacrimas sunt faciles, mulieribus dediti et edunt facilius sobolem femininam, moribus autem propemodum multiformes.

Qui *a*moribus est deditus ita intelligitur : memor 111
esse debet, ingeniosus, calidus, oculos habere prope lacrimantes et prope pallidos.

Libidinosi, id est intemperantes libidinum, ita 112
sunt : color albus, corpus hispidum recti*s* capilli*s*, partes oris hispidae directis et solidis capillis et nigris, it*em* tempora hispida similibus capillis. Oculos habebunt pigriores, humidos, crura tenuia, neruis intenta atque hispida, uentrem pinguem, mentum reflexum ⟨ad⟩ nares ita ut inter nares et mentum caua sit quaedam planities, et quibus uena in brachiis est, et qui in palpebris capillos raros et defluentes habent.

Loquaces sunt qui superiores partes corporis 113
multo maiores habent quam inferiores ab inguine, qui uultus habent ⟨γλαφυρούς⟩ — supra autem expo-

110 *Tit.* De misericordibus *L* || γλαφυροῖς *add. Foer. ex Mo* || membris esse *L* : esse membris *A* || debet *Rose* : debet misericors *L*, *om. A* || nigris *LA*, *Mo* : nitidis *Foer.* || et ad *L* : ad *A* || femininam *L* : femineam *A*.

111 *Tit.* De multiformibus moribus deditis *L* || amoribus *Rose* : moribus *A*, *Mo* diuersis moribus *L* || calidus *A* : calli- *L*.

112 libidinosi *A* : et lib- *L* || id est *L*, *Mo*, *Rose* : et *A*, *Foer.* || ita sunt *L* : sunt ita *A* || rectis capillis *Foer.* : recti capilli *LA*, *Mo* || item *Rose* : ita *LA*, *Mo* || habebunt *L* : habent *A* || pigriores *LA*, *Mo* : pingui- *Foer.* || ad *add. Foer.*

113 corporis *A* : *om. L*, *Mo* || qui uultus habent *A* : *om. L* || γλαφυρούς *add. Foer. ex Mo* || supra *L* : superius *A* || autem *L* : *om. A*.

terme a été expliqué plus haut — et le ventre velu.

114 Ceux qui ont une excellente mémoire[1] ont le haut du corps plus petit, et aussi ⟨γλαφυρός⟩ et plus sec.

115 Les hommes efféminés[2], ceux du moins qu'on appelle ⟨κιναίδοι (invertis)⟩, sont ainsi : la tête penchée sur le côté, les omoplates jointes ; ils lèvent les talons, ont généralement les pieds joints, parlent en bêlant à peu près comme les moutons, louchent sur leur nez, l'orientent et le façonnent avec leurs doigts[3], piétinent avec soin leurs crachats ou ceux des autres et les écrasent, contemplent souvent les parties de leur corps qu'ils trouvent les plus belles, et sourient souvent en parlant ; ils ont la voix comme brisée, les sourcils séparés, la paupière supérieure si basse qu'elle chevauche l'inférieure ; quand ils sautent, leurs omoplates saillent aussi ; ils se remuent comme des femmes, tiennent les bras de travers, tendent leur tunique sur les reins, ont le rire bruyant et serrent souvent les mains des autres personnes.

Les extrêmes et le juste milieu.

116 Nous avons dit à de nombreuses reprises[4] que les extrêmes sont mauvais et que le juste milieu est ce qu'il y a de mieux. Mais maintenant

1. Ps.-Arist., 34 (tit. Μνήμονες) ; mais son σαρκωδέστερα est en contradiction avec *sicciora*.

2. Ps.-Arist., 21 (κιναίδου σημεῖα) ; cf. aussi § 55 ci-dessus, et le portrait de l'*impudicus* dans Sén., *Epist.*, 52, 12, *Impudicum et incessus ostendit et manus mota et unum interdum responsum et relatus ad caput digitus et flexus oculorum.*

3. *qui narem suam respiciunt* : la version arabe, 124, 3-5, donne la même indication pour ceux qui aiment les femmes : *Oculus obtutum distorquens qui circumuertitur quemque quasi limis uides aspicientem nasum, is mulierum amorem, multum coitum et stuprum designat.* — Quintilien, *I. O.*, 11, 3, 80, est particulièrement sévère pour les orateurs qui triturent leur nez : *Nam et corrugare nares, ut Horatius ait, et inflare et mouere et digito inquietare et pulso subito spiritu excutere et diducere saepius et plana manu resupinare indecorum est.*

situm est hoc nomen —, qui uentrem hispidum habent.

Quibus memoria uiget, superiores partes corporis minores habent, easdem etiam ⟨γλαφυρὰς⟩ et sicciores. 114

Molles autem, quos quidem ⟨κιναίδους⟩ dicunt, ita sunt : inclinato ad latus capite, coniunctis scapulis, qui extollunt calcanea, qui plerumque iunctos habent pedes, cum loquuntur, qui glauciunt aliquatenus ut oues, qui narem suam respiciunt et qui narem digitis suis dirigunt atque fingunt, qui quod aut ipsi sputant aut alii sollicite calcant et obterunt, qui saepe inspiciunt partes eas sui corporis quas pulchriores sibi habere uidentur, qui frequenter subrident loquentes, qui uocem tamquam perfractam habent, qui supercilia seiuncta, qui demissum superius cilium ita ut inferius occupetur, quibus salientibus etiam scapulae prosiliunt, qui mouent corpus ut mulieres, qui brachia peruersa habent et qui tunicam circa lumbos tendunt, qui cum rident clamant et qui frequenter manus aliorum apprehendunt. 115

Multis locis dictum est nimietates esse uitiosas et optimam esse medietatem. Sed nunc repetimus non sinceram esse medietatem nec summo examine 116

114 γλαφυράς *add. Foer. ex Mo* || et *L* : *om. A*.

115 molles *L*[2], *Foer.* : cinedi *L*[1] inedi *A* cinaedi *Mo* || autem *L*, *Mo* : aut *A*, *Rose* || quos quidem κιναίδους dicunt *Mo* : quos quidem dicunt *A*, *om. L* || ad *L* : ab *A* || latus *LA*, *Mo* : dextrum latus *Foer.* || capite *L* : -te erunt *A* || scapulis *A* : spatu- *L*, *Mo* || calcanea *L*, *Mo* : -neum *A* || cum loquuntur (locun- *A*) qui *LA*, *Rose* : qui cum loquuntur *Foer.* || aliquatenus *L* : aquatius *A* || suis *L* : *om. A* || fingunt *L* : fig- *A* || sollicite *L* : soliciti *A* || quas *L* : quis *A* || demissum *L* : dim- *A* || superius *L* : *om. A* || mouent corpus *L* : corpus mouent *A* || qui cum *L* : et qui cum *A* || frequenter *A* : -tes *L*.

nous rappelons qu'il n'y a pas de vrai juste milieu : l'examen le plus minutieux n'a pas permis de découvrir ce qu'est le milieu ; il ne l'emporte ni toujours ni chez tous, et on juge parfois que la meilleure juste proportion n'est pas le milieu entre les deux extrêmes, mais quand la balance penche d'un côté. On verra donc plus clairement par deux ou trois exemples quels sont les meilleurs signes. Nous avons dit en effet que ⟨les yeux saillants et⟩ les yeux enfoncés étaient mauvais[1]. Si donc nous considérons le juste milieu, les yeux affleurant seront les meilleurs, mais nous déclarons les meilleurs les yeux un peu plus enfoncés que les yeux affleurant : c'est le type du lion[2]. Nous avons dit encore qu'une trop grosse tête aussi bien qu'une petite étaient mauvaises[3] ; donc, selon cette définition, une tête de grosseur moyenne devrait être jugée la meilleure, mais on juge la meilleure une tête un peu plus grosse que la moyenne. De même, avons-nous dit[4], une petite bouche et une bouche immense sont mauvaises ; donc, d'après cela, une bouche de grandeur moyenne devrait être la meilleure, mais il n'en va pas ainsi : la bouche la meilleure alors est celle qui est un peu plus grande que ne l'établit la moyenne : c'est encore le type du lion. Donc, d'après ces exemples, il ne faut pas déterminer strictement la moyenne d'après la dimension ou la mesure, ni ⟨à proportion⟩ de mouvements opposés, mais selon qu'elle aura été dictée par l'ἐπιπρέπεια (la convenance) ; car c'est elle qui doit fixer le juste milieu et la juste proportion.

1. Pour les yeux saillants, cf. § 32 ; pour les yeux enfoncés, § 31.
2. Cette indication n'a pas été reprise dans le type du lion, § 122.
3. Cf. § 16.
4. Cf. § 48. Pour le lion, § 122, *ore scisso*.

exploratum id quod medium est nec semper atque in omnibus pr*a*eualere, sed interdum temperamentum tunc optimum iudicari, cum non medium in*ter* duas *nim*ietates constituitur, sed cum magis ad partem alteram uergit. Exemplis igitur duobus uel tribus propositis erit hoc manifestius quae signa sint optima. Diximus etenim ⟨et altos et⟩ cauos oculos esse uitiosos. Si igitur ad certam medietatem respiciamus, plani oculi erunt optimi ; sed constituimus eos oculos esse optimos qui aliquanto inferiores sunt quam plani : refertur enim hoc ad leonem. Diximus etiam enorme et nimium caput nec non et breue esse uitiosum : secundum hanc igitur diffinitionem mediae magnitudinis caput optimum debuit iudicari, sed iudicatur optimum caput quod aliquanto sit medio maius. Item diximus os et cum breue est et cum enorme, esse uitiosum : secundum h*a*ec igitur mediae magnitudinis os optimum esse debuit, sed non ita est : os enim tunc optimum est, cum aliquanto est maius quam medietas constituit : refertur enim etiam hoc ad leonem. Secundum haec igitur exempla medietas non ex mensura nec modo neque ⟨pro ratione⟩ cum in*ter* diuersos motus fuerit certa capienda est, sed prout eam ἐπιπρέπεια dictauerit ; haec enim medietatis et temperaminis auctor esse debet.

116 exploratum *L* : *om. A* || nec *L* : non *A* || atque *L* : eq̄ *A* || preualere *L, om. A* || interdum *L* : dum in *A* || inter *Mo* : in *LA* || nimietates *Rose* : medietates *LA, Mo* || partem alteram *L* : alteram partem *A* || quae *L* : quem *A* || etenim *Mo* : et enim *L* enim *A* || et altos et *add. Foer. ex Mo* || respiciamus *L* : -cimus *A* -ciatur *Rose* || erunt optimi *L* : optimi erunt *A* || refertur *L* : defer- *A, Mo* || hoc *L* : hos *A* || iudicatur *L* : -cant *A* || et *L* : que *A* || est et cum *Mo* : esset et cum *L* esset et est *A* || esse *L* : esset *A* || hec *L, om. A* || nec *L* : neque *A* || pro ratione *add. Foer. ex Mo* || inter *Foer. in app.* : in *LA, Mo* || motus *L* : *om. A, Mo* || eam *L* : ea *A* || ἐπιπρέπεια *Mo* : ratio *L, om. A* || haec *Mo* : nec *LA* || medietatis *L* : medit- *A* || temperaminis *L* : -animis *A*.

117 L'importance ⟨de l'ἐπιπρέπεια⟩ a été exposée ci-dessus[1]. Elle conduit l'esprit de celui qui examine et observe à découvrir rapidement l'analogie d'un type déterminé en se représentant le caractère d'une femme ou d'un homme ou d'un animal. Mais, pour aider au groupement des traits spécifiques des animaux, nous proposerons quelques exemples empruntés à Loxus. En effet si Polémon a traité cette partie avec beaucoup de soin, et Aristote moins clairement qu'à l'ordinaire[2], Loxus a traité brièvement, certes, mais plus exactement la question des analogies des hommes et des animaux.

Analogies des hommes et des animaux.

118 Le cheval[3] est un animal fier et fringant, courageux dans la lutte, aimant vaincre, dur à la fatigue. Les hommes répondant au type de cet animal auront donc les cheveux raides et rouges, d'assez grosses joues, un cou assez long, des narines plus larges, la lèvre inférieure pendante ; ils seront chauds en amour, vantards, très chicaneurs et privés de sagesse.

119 L'âne[4] est un animal sans énergie, sans chaleur, indocile, lent, effronté, au cri désagréable. Les hommes répondant au type de cet animal doivent avoir de grosses jambes, une tête allongée, des oreilles épaisses et longues, des lèvres pendantes, une voix affreuse ; ils sont lents, sans chaleur, méprisent les privations et les outrages.

1. Cf. §§ 45 et 116.

2. La version arabe, p. 190, 23-198, 10, témoigne que Polémon avait traité longuement du problème des analogies de l'homme et des animaux. Le Ps.-Aristote, très succinct (39-43), ne décrit que deux types : le lion et le léopard.

3. Version arabe, 182, 4-7.

4. Version arabe, 182, 10-11.

Quae sit autem uis ⟨ἐπιπρεπείας⟩ superius expo- **117**
situm est. Quae animum intuentis atque considerantis *ad* certae speciei similitudinem mox trahit, cum aut feminini aut masculini aut alicuius animalis ingenium imaginatur. Vt autem proprietates possit animalium colligere, pauca ex Loxo exempla proponemus. Nam P*o*lemon partem hanc operosius, Aristot*e*les s*oli*to obscurius, Loxus autem breuiter quidem locum hunc, sed planius est exsecutus, quod homines sint animalibus similes.

Equus animal erectum est atque exultans, in cer- **118**
tando animosum, uictoriae cupidum, non impatiens laboris. Homines ergo qui ad huius animalis speciem referuntur, capillo erunt tenso, rubeo, genas habebunt maiores, collum longius, nares magis patulas, labium inferius demissum, erunt calidi in uenerem, iactantes sui, contentiosi nimium, sapientes minus.

Asinus animal est iners, frigidum, indocile, tardum, **119**
insolens, uocis ingratae. Qui ad huius animalis speciem referuntur homines necesse est sint cruribus crassis, longo capite, auribus crassis, longis, labiis demissis, uoce deformi ; qui sunt tardi, frigidi, penuriae atque iniuriae contemptores.

117 ἐπιπρεπείας *Mo* : artis huius *L* phisiognoĩe *A* || ad *Mo* : et *LA* || imaginatur *L* : immachi- *A* || possit animalium *L*, *Rose* : a.p. *A* possis animalium *Mo*, *Foer.* || ex loxo exempla *L* : exempla ex (de A^1) loxo *A* || solito *Rose* : secundo *LA*, *Mo* || quidem *L* : quam *A* || similes LA^2 : -les et cetera de equo per exemplum A^1.

118 erectum est *L* : rectum est (*bis*) *A* || tenso *L* : tonso *A* || contentiosi L^2 : coten- L^1 optent si *A* || nimium *L* : nimis *A* || sapientes minus *L* : minus sapientes *A*.

119 sint *L* : ut sint *A* || longo *L* : longis labiis longo *A* || longis labiis *L* : *om.* *A* || demissis *L* : remissi *A* -ssis *Mo* || deformi *L* : -mes *A* || qui *L* : quidem *A* || contemptores *L* : content- *A*.

120 Le bœuf[1] est un animal à grosse tête, front large, gros yeux, bouche large, naseaux larges, gros flancs, panse assez rebondie. Les hommes répondant au type de cet animal[2] seront ignares, sans jugement, indolents dans la parole et dans l'action, assez lents, plus propres à être dirigés qu'à diriger ; ils ne seront pas cependant dépourvus d'honneur et de justice, et seront courageux.

121 Le cerf[3] est un animal peureux, rapide, irascible et sans méfiance. Les hommes répondant au type de cet animal seront grands, aux membres assez grêles, aux joues assez grosses et à la démarche rapide ; on les mettra facilement aussi en colère ; ils auront l'esprit mesquin, seront instables, emportés, très subtils et peu actifs.

122 Le lion[4] est un animal plus avide de nourriture que de boisson, cruel quand on l'irrite, calme quand on ne le bouscule pas, furieux quand il a faim, tranquille quand il est rassasié, courageux et invincible quand il se bat. Les hommes répondant au type de cet animal auront une tête assez grosse, des yeux étincelants, une bouche fendue, de larges narines, un cou massif, des épaules et une poitrine vastes, des hanches assez étroites, des cuisses assez maigres, les extrémités des pieds et des mains distinctes et séparées ; ils seront un peu rougeauds, avec des cheveux retombant en crinière. Ces esprits ne font montre d'aucun sentiment, d'aucune fidélité dans l'amitié, d'aucun scrupule[5].

1. Version arabe, 178, 21-22. Sur le caractère du bœuf, cf. Arist., *H. A.*, 488 b 13 : « Les uns (parmi les animaux) sont doux, nonchalants, sans obstination, comme le bœuf. »

2. L'analogie de l'homme et du bœuf a déjà été indiquée au paragraphe 16.

3. Version arabe, 180, 5 ; cf. Arist., *H. A.*, 488 b 15 : « d'autres sont prudents et timides, comme le cerf, le lièvre ».

4. Ps.-Arist., 41 ; Version arabe, 172, 5-7 ; cf. Arist., *H. A.*, 488 b 17 : « d'autres sont nobles, braves et généreux, comme le lion » ; mais cf. surtout caractère et description dans *H. A.*, 629 a 8-630 a 10.

120 Bos animal est habens caput grande, frontem latam, oculos grandes, os latum, nares latas, latera grandia, uentrem pleniorem. Ad huius animalis speciem homines qui referuntur erunt indociles, consilii egentes, loquendi et agendi ignaui, tardiores, regi magis quam regere apti, non tamen sine honestate nec iniusti, sed fortes.

121 Ceruus animal est timidum, uelox, iracundum, incautum. Qui ad huius animalis speciem referuntur homines erunt longi, angustioribus membris, habentes genas maiores, uelociter ambulantes ; qui etiam facile ad iracundiam prouocantur, paruum animum gerentes, instabiles, ⟨calidi⟩ et acuti nimium et inefficaces erunt.

122 Leo animal est edendi auidum magis quam bibendi, s*a*euum cum irritatur, quietum cum non impellitur, uehemens cum cibo indiget, tranquillum cum satiatum est, forte ⟨et⟩ inuictum cum dimicat. Qui ad huius animalis speciem referuntur homines erunt capite grandiore, oculis perlucidis, scisso ore, naribus capacibus, ceruice solida, humeris et pectore ingentibus, ilibus angustioribus, femoribus siccioribus, pedes imos et manus habebunt discretas atque seiunctas, rubei aliquantum, refracto capillo. In his ingenii*s* affectus nullus, nulla fides amicitiae, nulla religio.

120 uentrem *L* : uentre *A* || apti *L* : *om. A*.

121 erunt *L* : *om. A* || angustioribus *L* : aug- *A* || *post* instabiles *add.* calidi *Foer. ex* callidi *Mo.*

122 saeuum *Mo* : seuum *L* : senum *A* || irritatur *L* : iratur *A* || forte *L* : *om. A* || et *add. Foer. ex Mo* || perlucidis *Mo* : -di *L* superlucidis *A* || scisso *ego* : scissi *L* sicco *A* rescisso *Foer.* || femoribus *Mo* : faem- *L, om. A* || imos *L* : imolis *A* || aliquantum *L* : -tulum *A* || ingeniis *Mo* : -nii *LA.*

123 Le chien[1] est un animal facilement irascible, facilement caressant, aimant la bonne chère — les Grecs disent ⟨λίχνος (gourmand)⟩ —, s'offensant facilement — en grec ⟨φιλεγκλήμων (aimant critiquer)⟩ — et volontiers vigilant. Ceux qui répondent au type de cet animal auront le visage pointu, la bouche fendue, le corps allongé, le nez pointu, les yeux proéminents ; ils seront médisants, emportés, légers et facilement irascibles.

124 Le singe est un animal méchant, grotesque et laid[2]. Ceux qui répondent au type de cet animal seront petits, auront les yeux enfoncés, une vilaine barbe, un cou court, de petits yeux, un visage ridé ; ils imiteront les dispositions naturelles des autres, les leurs étant imparfaites.

125 L'oie[3] est un animal hardi, paresseux, vaniteux et criard. Les hommes répondant à ce type d'animal auront les pieds larges, les jambes courtes, de gros talons, le nez long et droit, la tête presque ronde, les yeux ronds et brillants et le dos large. A de tels hommes on ne doit rien confier, car ils ne rendront pas ce qu'ils auront reçu, et ne montrent pas de loyauté, plus par cupidité que par déloyauté. Ils négligent aussi eux-mêmes de réclamer ce qu'ils ont donné.

126 Le loup[4] est un animal ravisseur, irascible, insidieux, audacieux et violent. Ceux qui répondent au type de

1. Version arabe, 174, 4-9 ; cf. Arist., *H. A.*, 488 b 21 : « d'autres ont du cœur, sont faciles à apprivoiser, comme le chien. »

2. Version arabe, 174, 15-16. Chapitre composite formé d'éléments divers, comme le prouvent le mélange des génitifs et des ablatifs et la juxtaposition de *cauis oculis* et *paruorum oculorum* (pour les petits yeux et les yeux enfoncés, cf. Ps.-Arist., 63). — Sur la méchanceté du singe, cf. §§ 68, 87, 132, et Ps.-Arist., 49.

3. Version arabe, 184, 30-31 ; cf. Arist., *H. A.*, 488 b 18 : « d'autres sont pudiques et toujours sur leur garde, comme l'oie. » Il est étonnant que l'Anonyme n'ait pas fait allusion à sa vigilance, mentionnée dans la Version arabe.

4. Version arabe, 172, 21-23 ; cf. Arist., *H. A.*, 488 b 18 : « d'autres sont racés, perfides et féroces, comme le loup. »

Canis animal est quod facile irascitur, facile blanditur, cibis suauibus deditum, quod Graeci ⟨λίχνον⟩ uocant, offenditur facile, quod graece ⟨φιλεγκλῆμον⟩ dicitur, uigilat facile. Qui ad huius animalis speciem referuntur erunt acuti uultus, proscissi oris, longi corporis, acut*ae na*ris, oculorum eminentium, maledici, calidi, leues, facile irascentes. **123**

Simia est animal malignum, ridiculum, turpe. Qui ad huius animalis speciem referuntur erunt parui, cauis oculis, mal*a*e barbae, breuibus ceruicibus, paruorum oculorum, rugosi uultus, imitatores ingeniorum alienorum, ipsi imperfectum ingenium habentes. **124**

Anser animal est audax, pigrum, inane, clamosum. Qui ad huius animalis speciem referuntur homines erunt latis pedibus, cruribus breuibus, grandibus calcaneis, naribus longis et directis, capite propemodum rotundo, oculis rotundis, splendidis, dorso lato. Huiusmodi hominibus nihil est commendandum : non enim reddent quod acceperint, fidem autem minus repraesentant ex eo magis quod edaces sint ⟨quam⟩ quod parum fideles. Idem ipsi et quod dederunt reposcere negligunt. **125**

Lupus animal est rapax, iracundum, insidiosum, audax, uiolentum. Qui ad huius animalis speciem **126**

123 irascitur *A* : -catur *L* || blanditur *A* : -diatur *L* || deditum *L* : -tus *A* || quod — uocant *A* : *om. L* || λίχνον *add. Foer. ex Mo* || *lacunam septem uel octo litt. ind. A* || quod — dicitur *A* : *om. L* || φιλεγκλῆμον *add. Foer. ex Mo* : *lacunam decem litt. ind. A* || uigilat facile *ante* offenditur facile *pos. A* || proscissi oris *L* : procisioris A || acutae naris *Mo* : -ti moris *LA* || calidi *A* : calli- *L, Mo* || leues *L, Mo* : lenes *A* || facile *L, Mo* : -les *A*.

124 malae *Mo* : male *LA*.

125 est *L* : *om. A* || homines *L* : *om. A* || grandibus *L* : -dis *A* || quod acceperint *A* : *om. L, Mo* || ex *L* : *om. A* || magis quod *L* : quod magis *A* || edaces *A* : aed- *L* || quam *Mo* : *om. LA*.

126 animal est *A* : est animal *L* || iracundum *L* : -dis *A*.

cet animal seront ainsi : nez crochu, sourcils tirés vers le bas, joints et hérissés, petits yeux fermés, un peu enfoncés, petite tête ronde, corps velu, cheveux longs, jambes en retrait et serrées [1]. Les hommes de ce type sont rusés, impies, aiment le sang, sont facilement irascibles, de mœurs si malhonnêtes qu'ils refusent ce qu'on leur donne ou ce qu'on leur offre, mais volent ce qu'on ne leur donne pas.

127 La tortue [2] est un animal paresseux, stupide et vorace, qui n'est bon à rien ni pour lui-même ni pour tout autre. La femme répondant au type de cet animal est ainsi : le cou court, le dos large, les pieds larges, le visage ridé, les joues surtout. La femme de ce type est stupide, inefficace et déplaisante.

128 Le serpent [3] est un animal cruel, nuisible, insidieux, redoutable quand il est décidé, fuyant quand il a peur, et gourmand. Ceux qui répondent au type de cet animal seront ainsi : petite tête, fluette et ronde, petits yeux ronds et brillants, cou long et fluet, bouche tranchée, corps élancé, poitrine étroite ; ils remueront rapidement et facilement la tête. Les hommes de ce type seront aussi des meurtriers, audacieux, peureux, aimant faire le mal.

129 La chouette [4], dite en grec ⟨γλαῦξ⟩, est un animal

1. Notation exacte : l'arrière-train du loup est bas, avec les jarrets bas et serrés ; cf. R. Hainard, *Mammifères sauvages d'Europe*, I, p. 165.

2. Version arabe, 182, 27-28.

3. Version arabe, 188, 21-22 ; cf. Arist., *H. A.*, 488 b 16 : « d'autres sont vils et perfides, comme les serpents. »

4. Les textes grecs ne donnent pas de notice sur la chouette-chevêche (γλαῦξ).

referuntur ita erunt : naribus obuncis, deorsum detractis superciliis, coniunctis, hispidis, oculis paruis, clausis, subcauis, capite paruo, rotundo, hispido corpore, protensis capillis, reductis ac restrictis cruribus. Huiusmodi homines callidi, impii, gaudentes sanguine, ad iracundiam faciles, moribus praui usque adeo sunt ut quod datur uel offertur non accipiant, quod non datur rapiant.

Testudo animal est iners, stultum, uorax, quod **127**
neque sibi aliquid neque cuiquam alteri prodest. Mulier quaecunque ad huius animalis speciem refertur ita est : collo breui, dorso lato, pedibus latis, rugoso uultu et maxime malis. Huiusmodi mulier inepta, inefficax, ingrata.

Coluber animal est saeuum, nocens, insidiosum, **128**
cum constit*u*erit animum terribile, cum timuerit fug*ax*, gulae deditum. Qui ad huius animalis speciem referuntur ita erunt : capite paruo, tenui, rotundo, oculis paruis, rotundis, lucidis, collo longo, tenui, ore praeciso, prolixo corpore, pectore a*n*gu*s*to, caput uelociter et facile commouebunt. Homicidae quoque huiusmodi homines erunt, audaces, timidi, studentes malitiae.

Noctua, quae graece ⟨γλαῦξ⟩ dicitur, animal est **129**

ita *L* : *om. A* || deorsum *L* : dorsum *A* || coniunctis *L* : contectis *A* || hispido corpore *L* : c.h. *A* || homines *L* : *om. A* || callidi *L* : cali- *A* || praui *L* : parui *A* || quod datur uel offertur *L* : quae dant uel offerunt *A* || datur rapiant *L* : dant recipiant *A*.

127 cuiquam *L* : *om. A* || inefficax ingrata *L* : ingrata inefficax *A*.

128 constituerit *Mo* : -stiterit *LA* || terribile *Mo* : -lem *LA* || fugax *Mo* : fugit *A* fingit *L* || huius *L* : huiusmodi *A* || ita *L* : *om. A* || angusto *ego* : astuto *LA*, *Mo* acuto *Pitra* || huiusmodi homines *L* : homines huiusmodi *A* || timidi *LA* : tum- *Rose*.

129 quae — dicitur *om. L* || γλαῦξ *add. Foer. ex Mo* || est *L* : *om. A* || *post* est *add.* loquax *Foer. ex Mo*.

paresseux, inconstant, qui ne reste jamais au même endroit, à ce point privée de sentiments qu'elle n'élève pas elle-même ses petits — c'est en effet le mâle qui les élève. Elle s'accouple avec eux[1], demeure en des lieux divers et vit au creux des murailles, tant elle est paresseuse[2]. La femme présentant une analogie avec elle sera ainsi : nez crochu, grosses joues, grands yeux ronds, épaules fortes, dos large et épais. Une femme de ce type n'est fidèle ni à ses enfants ni à son mari, ignore l'économie, ne sait rien faire et aime parler.

130 Le paon[3] est animal aimant la beauté[4], sot, déployant l'arrière de son corps, criard, avec une voix de femme. Tous ceux qui répondent au type de cet animal seront maigres ; leur corps ne sera pas sans beauté ; ils auront la tête presque ronde, de beaux yeux, un long cou, une noble démarche ; ils feront volontiers des largesses et seront adultères et invertis.

131 Le coq[5] — en grec ⟨ἀλεκτρυών⟩ — est un animal stupide, chaud en amour, très sûr de sa beauté et de sa voix. Ceux qui répondent au type de cet animal seront ainsi : l'œil rond et brillant, la tête petite et mobile, le cou un peu dressé, les épaules légères, en qui réside toute leur force et toute leur chaleur. Ils se glorifieront parfois

1. *cum pullis conuenit* : pour le sens de « s'accoupler avec », cf. § 28, *turpiter cum mulieribus conuenientem* = Adamant., I, 11 (323, 1), γυναιξὶν αἰσχρῶς ὁμιλοῦντα.

2. L'Anonyme veut dire qu'elle ne bâtit pas de nid comme les autres oiseaux.

3. Version arabe, 186, 9-10 ; cf. Aristote, *H. A.*, 488 b 25 : « d'autres sont jaloux et aiment l'élégance (φιλόκαλοι), comme le paon ». Cf. aussi Pline, *H. N.*, 10, 44, sur son caractère : *non gloriosum tantum animal, ... sed et maliuolum.*

4. *pulchritudini studens* : faut-il entendre « admirant sa beauté » en suivant la Version arabe, *sui admirator*? Mais cf. φιλόκαλος d'Aristote (n. 3 ci-dessus).

5. Version arabe, 186, 12-14, dont le texte est peu clair.

ignauum, mutabile, nunquam in isdem permanens locis, sine affectu adeo ut pullos non ipsa educ*e*t, masculus enim educat filios, cum pullis conuenit, uariis locis habitat, mediis in muris commoratur : adeo pigra est. Mulier quae ad huius similitudinem refertur, ita erit : obuncis naribus, genas magnas habebit, oculos magnos, rotundos, humeros fortes, dorsum latum, crassum. Huiusmodi mulier nec filiis fidelis nec marito, parsimonia*e* ignara, manu iners, linguae indulgens.

Pauus animal est pulchritudini studens, stultum, **130**
posteriores partes sui corporis referens, clamosum, femininae uocis. Quicunque ad huius animalis speciem referuntur erunt graciles, non indecori corpore, capite prope rotundo, speciosis oculis, ceruice procera, incessu pulchri. Idem ipsi erunt faciles ad largiendum, moechi, cinaedi.

Gallus, qui graece ⟨ἀλεκτρυών⟩ dicitur, animal est **131**
ineptum, in uenerem calidum, speciei ac uocis suae gerens fiduciam magnam. Qui ad huius animalis speciem referuntur ita erunt : oculo rotundo, nitenti, capite paruo, mobili, subrecti collo, le*u*ibus humeris, in quibus uis et calor eorum omnis constitutus est.

ignauum *L* : -uium *A* || isdem *Foer.* : hisdem *LA*, *Mo* || sine *L* : cum *A* || educet *Mo* : -cat *L* -cat suos *A* || mediis *Mo*, *Foer.* : *om.* *LA* || ita *L* : *om.* *A* || mulier *L* : -lieres *A* || filiis fidelis *Foer.* : fidelis (-les *A*) filiis *LA* || parsimoniae *Rose* : -nia et *LA* || linguae : -gue *A* -gua *L*.

130 animal est *L* : est animal *A* || partes sui corporis *L* : sui corporis partes *A* || femininae *L* : feminee *A* || erunt *L* : *om.* *A* || non indecori *L* : nec indeceri *A* || pulchri *L* : pulcro sunt homines huiusmodi *A*.

131 qui — dicitur *om.* *L* || ἀλεκτρυών *add. Foer. ex Mo* : *lacunam quinque uel sex litt. ind.* *A* || animal est *L* : est animal *A* || ac *L* : et *A* || referuntur *L* : refertur *A* || ita *L* : *om.* *A* || nitenti *L* : intenti *A* || mobili *L* : -les *A* || leuibus *Mo* : leni- *LA* || calor *A* : color *L*.

de leur chevelure, se dresseront sur leurs jambes, auront une belle barbe et de la voix, et se décerneront maints honneurs. Ils sont inévitablement remplis d'orgueil en célébrant leurs combats, s'approprient volontiers ceux des autres et ne se contentent pas de leur propre mariage ; ils sont sans dignité, sans réflexion et sans pudeur.

132 D'après ces exemples, en considérant les parties du corps les plus petites comme les plus importantes, on rapportera aussi les particularités de tous les autres animaux aux types des caractères humains, selon l'animal avec lequel chacun a le plus d'analogie. Il ne faut cependant pas oublier que les signes de différents animaux que nous venons d'examiner sont rassemblés parfois dans un même individu ; cela rend en vérité l'observation difficile, mais il faut rapporter chaque signe à son type et ne pas hésiter à reconnaître l'analogie d'une personne unique avec plusieurs animaux. Si, par exemple, les signes conviennent et au cheval et au singe, on n'hésitera pas à attribuer à un même homme et la fierté du cheval et la méchanceté du singe, ou, si quelqu'un présente une très grande analogie avec trois animaux, on lui attribuera sans crainte les caractères des trois animaux. Il est, d'autre part, bien certain que l'étude des hommes est rendue difficile par l'effort que fait chacun pour dissimuler son défaut. Mais aussi la culture et la vie en société masquent souvent les caractères humains, et le cas dont

Interdum coma capitis gloriabuntur, erecta habebunt crura, barbam honestam, uocales, honorem sibi plurimum deferentes, quos necesse est et certamina celebrando superbos esse, aliena libenter assumere, non esse contentos matrimoniis propriis, sine grauitate, sine consilio, sine reuerentia esse.

Iuxta haec exempla etiam ceterorum animalium 132
proprietates tam minimas quam maiores corporis partes considera*n*s ad species humanorum morum, prout cuique animali quisque proximus fuerit, instrues. Retinendum autem quod interdum ex diuersis animalibus de quibus iudicauimus signa conueniant in unum hominem, quae res difficilis quidem ad considerationem, sed tamen ad speciem suam singula referenda sunt nec dubitandum pluribus animalibus unum hominem similem pronuntiare. Si enim ita euenerit ut et equi et simiae signa conueniant, non dubitabis eidem et equi insolentiam et simiae malignitatem assignare, uel si tribus animalibus proximus quis fuerit, trium animalium mores illi confidenter ascribe. Certum autem est inspectionem hominum ex eo difficilem esse quod homo unusquisque uitium suum celare nitatur. Sed et studia et conuersationes satis humana ingenia obscurant, idque ip-

reuerentia esse *L* : -tia esse conantur *A*.

132 animalium *L* : -lis et *A* || minimas *A* : -mi *L* || quam maiores *A* : *om.* *L* || corporis *L* : compositionis *A* || partes *A* : *om.* *L* || considerans *Rose* : -ratas *LA*, *Mo* || instrues *ego* : -trueris *LA*, *Mo* -truxeris *Rose* referes *Foer.* || ex *L* : est *A* || conueniant in unum *L* : in unum conueniant *A* || quae *L* : quam *A* || singula *L* : signa *A* || animalibus *L* : -lis *A* || et *L* : *om.* *A* || equi *Mo* : aequi *L* eque *A* || non dubitabis *L* : indubitandum *A* || equi *Mo* : aequi *L* eque *A* || insolentiam *L* : -cia *A* || mores illi confidenter ascribe *L* : a.m.i.c. *A* || autem est *L* : est autem *A* || inspectionem *L* : -num *A* || celare *Mo* : cael- *L* clare *A* || nitatur *L* : uita- *A*.

il s'agit maintenant se produit fréquemment : le caractère d'un individu présente plusieurs aspects, tandis que les animaux sont simples, sans artifice et sans méfiance et que chacun montre sa vraie nature.

L'avenir dévoilé par la physiognomonie.

133 Polémon et Loxus vantent cette science au point d'affirmer qu'elle prédit même parfois l'avenir[1]. Des nombreuses prédictions que Polémon dit avoir faites, nous donnerons deux ou trois exemples[2], pour ne rien omettre. Il dit avoir observé à Samos, dans un banquet, les traits d'un homme dont les pensées changeaient, dont les yeux en ⟨trahissaient⟩ l'altération, et dont les pupilles avaient, dit-il, perdu la vivacité de leur éclat[3]. A cette vue, donc, Polémon, par un pressentiment presque divin, prédit ce qui devait arriver à cette personne, et c'est depuis lors surtout qu'il commença à connaître la vérité d'après des indices de ce genre...

1. La Version arabe (290, 16-20) est plus explicite : Polémon jugeait la physiognomonie utile à la fois pour l'interprétation des événements passés et en fonction prophétique : *Scias physiognomoniae scientiam non ad scientiam ullam tibi a me nominatam peruenire maiorem quam rerum praeteritarum et futurarum scientiam, adeo ut ea quae facta dicuntur quanquam non sunt, tanquam falsa detegat ac dissoluat.* Certains physiognomonistes ne se contentaient donc pas d'analyser l'état présent des sujets qu'ils observaient. La connaissance des particularités de leurs caractères (fourberie, cruauté ou, au contraire, sincérité, loyauté, douceur, etc.) permettait de prévoir en quel sens ils agiraient et de régler par suite son propre comportement selon qu'ils inspiraient, par exemple, la confiance ou la méfiance. Un pas de plus permettait de passer d'une appréciation générale à la prévision d'événements particuliers et d'élargir le champ d'efficacité de cette science. Artémidore, au IIe siècle p. C., dans une longue liste de procédés divinatoires (2, 69), cite pêle-mêle la physiognomonie, la divination par les osselets, le fromage, le crible, les figures, le bassin de cuivre, la chiromancie et la nécromancie comme autant de pratiques « mensongères et sans consistance ». Cette conception prophétique de la physiognomonie était celle de Loxos au IIIe siècle a. C., au dire de l'Anonyme, et plus tard de Polémon. Sur les rapports entre la physiognomonie et la mantique, cf. *Introduction*, p. 10-12. — A titre de comparaison, signalons, sur ce type de mantique, les traités chinois composés dès le VIIe siècle a. C. Cf. Hou Ching-Lang, *Physiognomonie d'après le teint sous la dynastie des T'ang*, in *Contributions aux études sur Touen-Houang*, Genève-Paris, Droz, 1979, p. 55-70

sum de quo nunc agitur frequenter euenit, ut multiforme sit unius hominis ingenium, animalia autem simplicia, nuda atque incauta sunt et naturam suam singula in promptu habent.

Vsque adeo autem P*o*lemon et Loxus doctrinam hanc praeferunt ut etiam futurorum quaedam praedicere eam confirment. Ex pluribus igitur quae P*o*lemon se praedixisse retulit duo uel tria ponemus exempla, ne uel hoc omissum sit. Apud Samum in conuiuio hominis uultum se considerasse dicit qui mutaret interius cuiusque oculi differentiam ⟨......⟩ et splendorem uiuacitatis suae pupillae, inquit, eius amiserant. Haec igitur intuens P*o*lemon diuino etiam pr*a*esagio praedixit quid ei futurum esset, et tunc maxime c*o*epit ex his indiciis cognoscere ueritatem... **133**

sunt et *L* : et secundum *A*.

133 praeferunt *Mo* : pref- *L* praefertur *A* proferunt *Foer.* || ut *L* : *om.* *A* || futurorum quaedam *L* : q.f. *A* || praedicere *L* : praedicte *A* || omissum *L* : postmissum *A* || conuiuio *L* : continuo *A* || interius *L* : *om.* *A* || *lacunam ind. Foer.* || splendorem *L* : -rum *A* || amiserant *L* : -runt *A* || etiam *L* : et *A* || praesagio : pres- *L* istificato spiritu *A* instinctu *Mo* || coepit : caepit *L* cepit *A*.

NOTES COMPLÉMENTAIRES

Page 50.

4. Aristote avait insisté sur ces qualités diverses du sang et sur leur rapport avec la sensibilité et l'intelligence chez l'animal, cf. *P. A.*, 647 b 19-648 a 4 ; Pline, *N. H.*, 11, 221.

Page 56.

4. L'Antiquité a unanimement reconnu l'influence du climat sur le caractère des nations ; cf. Ps.-Arist., 2 ; Cic., *Diu.*, 2, 96, *Quid? dissimilitudo locorum nonne dissimiles hominum procreationes habet? Quas quidem percurrere oratione facile est, quid inter Indos et Persas, Aethiopas et Syros differat corporibus, animis, ut incredibilis uarietas dissimilitudoque sit* ; Servius, *Ad Aen.*, 6, 724 (repris par Isidore, *Orig.*, 9, 2, 105) ; Firm. Mat., *Math.*, 1, 2-4. Sur l'homme tributaire du climat dans la géographie antique, cf. G. Aujac, *Strabon et la science de son temps*, Paris, Belles Lettres, 1968, p. 270-274.

5. Sur les Égyptiens comme type physico-caractériel, cf. Ps.-Arist., 2 ; Adamant., I, 2 (300, 4) ; Version arabe, 236, 19 et 244, 7, et surtout Ammien Marcellin, 22, 16, 23.

6. Les qualités et défauts des Gaulois, en particulier leur intrépidité et leur vantardise, étaient proverbiaux ; cf. Aristote, *Eth. Nic.*, 115 b 28, et les développements bien connus de Strabon, 4, 4, 2 et d'Ammien Marcellin, 15, 12, 1-4 ; — *id est Germano* : sur la ressemblance admise des Germains et des Gaulois, cf. Strabon, *l. c.* ; même association des Celtes et des Germains dans Julien, *Contra Galileos*, p. 180, 8, Neumann, Κελτούς... εἶναι καὶ Γερμανοὺς θρασεῖς, et Galien, *De temp.*, 2, 6 ; cf. R. Asmus, *Vergessene Physiognomonika*, in *Rh. Mus.*, 65 (1906), p. 423. — La forme *Celtus* (gr. Κελτός), extrêmement rare (cf. *Thes. L. L.*, *Onomast.*, II, 309, 30), pour *Celta* ou *Gallus*, trahit la dépendance à l'égard du modèle.

7. Pour les Thraces, cf. Ps.-Arist., 2 ; Adamant., II, 31 (383, 1-2, avec une confusion) ; Ps.-Polémon, 5 (383, 11-12). Sur leur ivrognerie proverbiale, cf. en particulier Horace, *Od.*, 1, 18, 9-11 ; 1, 27, 1-4 ; 1, 36, 14.

Page 60.

2. Anecdote rapportée au philosophe stoïcien Cléanthe (IIIe siècle a. C.), disciple de Zénon, par Diogène Laërce, 7, 173 : « On dit qu'alors que Cléanthe prétendait, selon Zénon deviner les mœurs d'après

l'apparence, de jeunes facétieux lui amenèrent un κίναιδος élevé à la dure à la campagne, et lui demandèrent d'indiquer son caractère et qu'embarrassé, il dit à l'homme de s'en aller. Mais, comme celui-ci éternua en partant : « Je le tiens, dit Cléanthe, c'est un μαλακός. » On la trouve aussi dans Dion Chrys., *Orat. Tars.*, 1 : « ... ils lui amenèrent un homme au corps rude, dont les sourcils se rejoignaient, sale, mal tenu, aux mains calleuses, enveloppé d'un grossier vêtement gris, les chevilles velues, mal rasé, et lui demandèrent de dire qui il était. Après l'avoir longuement examiné, à la fin, hésitant, me semble-t-il, à caractériser l'homme, il dit qu'il ne trouvait pas et lui demanda de marcher : celui-ci éternua en s'en allant et aussitôt il s'écria que c'était un κίναιδος. »

3. Cf. p. 50, note 3.

Page 65.

4. La correction de *malum* en *mollem* par Foerster repose sur Aristote, *H. A.*, 491 b 15, μαλακοῦ ἤθους σημεῖον, et Trogue Pompée *ap.* Pline, *H. N.*, 11, 275, *supercilia quibus porriguntur in rectum molles significant.*

Page 66.

3. Sur le pouvoir expressif des yeux, cf. Cic., *Leg.*, 1, 27, *Nam et oculi nimis argute quem ad modum animo affecti simus, loquuntur et is qui appellatur uultus, qui nullo in animante esse praeter hominem potest, indicat mores* ; Pline, *H. N.*, 11, 145, *Neque ulla ex parte maiora animi indicia cunctis animalibus, sed homini maxime, id est moderationis, clementiae, misericordiae, odii, amoris, tristitiae, laetitiae* ; Quint., *I. O.*, 11, 3, 75-76, *Sed in ipso uultu plurimum ualent oculi, per quos maxime animus emanat, ut citra motum quoque et hilaritate enitescant et tristitiae quoddam nubilum ducant. Quin etiam lacrimas iis natura mentis indices dedit, quae aut erumpunt dolore aut laetitia manant...* ; Lactance, *Op. dei*, 8, 12, *mens ac uoluntas ex oculis saepe dinoscitur.* Les historiens ont trouvé dans le regard la symbolique des sentiments éprouvés par les hommes politiques et les militaires : pour Ammien Marcellin, cf. G. Sabbah, *La méthode d'Ammien Marcellin*, Paris, Belles Lettres, 1978, p. 423, les empereurs Julien et Gratien ; p. 563, les barbares.

Page 67.

3. Mêmes animaux dans Adamant., I, 5 (306, 2-4) et Ps.-Polémon, 9 (306, 12-13).

4. La Version arabe (110, 7-10) fait seulement mention du « fils de Pélops qui dévora son fils » et d' « Œdipe, fils de Laïus ». Le Ps.-Polémon est plus précis, 5 (307, 10 sq.) : « Des hommes aux unions et aux nourritures horribles et impies, comme Thyeste, fils de Pélops, dans la ville de Mycènes, Œdipe, fils de Laïos, à Thèbes, et Térée le Thrace. » Adamantius ne les mentionne pas. — Thyeste, à qui Atrée donna ses enfants à dévorer ; Œdipe, époux de sa mère Jocaste ; Térée, à qui Procné fit manger la chair de leur fils Itys.

Page 71.

4. *In pupillis* : ces gouttelettes n'apparaissent évidemment pas dans la pupille, mais dans l'iris, et c'est sans doute pourquoi Rose a supprimé les deux mots. Adamantius, I, 8 (313, 11) a περὶ τὰς κόρας, et Ps.-Polémon (313, 21) περὶ ταῖς κόραις, confirmé par la Version arabe, 118, 12, *puncta coloris hyacinthini pupillae circumiecta.* L'Anonyme ignore *iris* qu'il n'emploie qu'une fois comme un terme grec (§ 28) pour comparer des cercles colorés à l'arc-en-ciel : *circuli tam uarii quam est arcus in nubibus quem Graeci irim uocant.* On pourrait imaginer qu'il a mal compris περὶ rendu par *in*, mais il doit plutôt entendre ici par *pupilla* l'ensemble formé par la pupille et l'iris, comme en fin de paragraphe, *glaucae et uariae... pupillae*, et au § 6, *pupillae... subnigrae uel euidenter nigrae.*

5. *turbidum et inuidiosum* : Foerster corrige en *subdolum et insidiosum* d'après le grec δολερὰ ἤθη καὶ ἐπίκλοπα (Adamant., 314, 3 ; Ps.-Polémon, 314, 13 ; le passage manque dans la version arabe). Seule sa première correction, *subdolum*, fait difficulté, et je conjecture une confusion de copiste entre δολερά « rusé » et θολερά « trouble ». Mon collègue Jean Irigoin m'a obligeamment signalé qu'elle s'expliquerait bien dans une cursive pré-minuscule du VIe-VIIIe siècle. Il est donc exclu qu'elle ait été réalisée avant la date de la traduction latine. Or, des manuscrits qui portent δολερά, aucun n'est antérieur au XVe siècle pour Adamantius (cf. Foerster, I, p. CIX-CXVI) et au XVIe pour le Ps.-Polémon (*Ibid.*, p. CXXVII-CXXVIII). Dans cette perspective, il en résulterait que les manuscrits antérieurs au VIe siècle — et par suite l'exemplaire dont disposait l'Anonyme — portaient, selon toute vraisemblance, θολερά, correctement rendu par *turbidum.* Mais, il est possible, quoique à un degré moindre, qu'il s'agisse d'une confusion phonétique (orale) entre deux spirantes δ et θ selon la prononciation de l'époque, et ce pourrait être une faute antérieure à l'Anonyme, ce qui exclut également toute correction.

Page 74.

5. Version arabe, 122, 4 sq. ; Adamant., I, 9 (315, 3 sq.) ; Ps.-Polémon, 13 (315, 12 sq.). Les paragraphes 29-30 traitent des anomalies des muscles oculomoteurs, c'est-à-dire du strabisme, désignées par les termes généraux de *prauitas* et *prauus.* Sans correspondant dans Adamantius et le Ps.-Polémon.

Page 76.

4. Les leçons manuscrites *iunctum, ictum, inoboedientem* ne convenant guère, Foerster propose *inimicum* en s'appuyant sur la Version arabe, qui seule offre un point de comparaison, 138, 8-9, *seditiosus adeo ut contra eum qui potestatem habebat seditionem concitaret.* Il semble que le texte grec devait porter ἐπίβουλος, sans qu'on puisse conjecturer exactement la forme latine correspondante.

Page 77.

4. Nous comblons dans la traduction la lacune des manuscrits grâce à Adamant., 326, 6-327, 1, εἰ δὲ οἰδοῦντες εἶεν ξηροί, πατροφόνται καὶ μητροφόνται παιδοκτόνοι τε καὶ φαρμακεῖς.

5. *docilem* = φιλομαθεῖς des épitomés. — La correction de Foerster *amatorem* (*ammonitorem* codd.) repose sur la version arabe, 142, 20, *amantem... coitus*, et sur Adamant., 327, 4, ἔρωτος πλήρεις (id., Matrit., 327, 11, et Ps.-Polémon, 327, 19).

6. Seule la version arabe, 141, 22 sq., fait mention du jugement d'Apollon Pythien. Adamantius et le Ps.-Polémon se contentent de citer Socrate. Sur la réponse de la Pythie à Chéréphon que « nul n'était plus savant que Socrate » (σοφώτερον), cf. Platon, *Apol.*, 21 a ; Diog. Laert., 1, 37 ; Apul., *De deo Socratis*, 157.

7. Cet exemple est celui d'un Lydien, donné dans la version arabe, 144, 4 sq., *Vidi aliquando uirum praeditum oculis paruis rubicundis prominentibus oculo cancri similibus. E terra is fuit quae Lydia uocatur et Cancer nominabatur ad cancri similitudinem quae in oculis eius erat. De cuius cum audissem forma, eum quaerebam, dum reperirem, scire cupiens quid internae indolis oculorum eius formatio indicaret. Eum cum in domicilio uidissem, non prudentem uel intellegentem inueni, sed uir secantissimae linguae et animi in malum pronissimi erat. Vix enim quidquam conspiciebat, cum sibi cupiebat. Cuius oculi magnopere solebant tremere, parui ambo et ualde rubicundi, ceterorum hominum oculis dissimiles.*

Page 78.

5. Version arabe, 146, 16 sq. ; Adamant., I, 15 (329, 5 sq.) ; Matrit., 5 (329, 12 sq.) ; Ps.-Polémon, 18 (329, 15 sq.).

Page 79.

5. Sur *autem* = *enim*, cf. M. Leumann-A. Szantyr, *Lat. Syntax und Stilistik*, p. 490-491.

6. Version arabe, 152, 1 sq. ; Adamant., I, 16 (332, 3 sq.) ; Matrit., 6 (332, 10 sq.) ; Ps.-Polémon, 19 (332, 16 sq.).

7. γοργόν : pris adverbialement de l'expression γοργὸν βλέπειν « avoir un regard terrible ».

Page 80.

4. *Intrinsecus* rend le ἐφ' ἑαυτῶν du Matrit., 334, 8, τὸ δὲ βλέμμα αὐτῶν ἐφ' ἑαυτῶν πικρόν, et du Ps.-Polémon, 334, 14, τὸ δὲ βλέμμα αὐτῶν τραχὺ καὶ πικρὸν ἀφ' ἑαυτῶν ὑπάρχει... L'expression manque dans Adamantius.

5. Version arabe, 152, 19 sq. ; Adamant., I, 17 (334, 4 sq.) ; Matrit., 7 (334, 10 sq.) ; Ps.-Polémon, 20 (334, 16 sq.).

6. *genae* : le gr. παρειαί d'Adamant., 335, 5, et du Matrit., 335, 12 (lacune dans le Ps.-Polémon) suppose le sens de « joue » et non de « paupière », comme on pourrait l'attendre.

Page 81.

4. *pensum, grauitate praeditum*, conjecture et ponctuation substituées à *pensum grauitate, prudens* de Foerster (*praeditum* codd.). La Version arabe est ici lacunaire. Adamant., 338, 2, πιστὰ τούτων ἤθη, βέβαια, χρηστά, εὔβουλα, πινυτά ; Matrit., 338, 7, πιστὰ... καὶ βέβαια εὔβουλά τε καὶ σώφρονα ; Ps.-Polémon, 338, 13, πιστοῦ ἀνδρὸς... εὐσεβοῦς τε καὶ εὐβούλου καὶ σώφρονος. — *Fidum* rend πιστὰ καὶ βέβαια ; *benignum* = χρηστά (εὐσεβοῦς) ; cf. *C. G. L.*, 3, 491, 38, *cherstos* (χρηστός) *benignus* ; *grauitate* correspond à πινυτά (σώφρονα). *Pensus* correspondrait donc à εὔβουλος « de bon conseil », avec le sens de « réfléchi, attentif ».

Page 82.

4. Version arabe, 158, 16 sq. ; Adamant., I, 20 (342, 1 sq.) ; Matrit., 10 (342, 7 sq.) ; Ps.-Polémon, 23 (342, 13 sq.).

5. *si alti* : le *si caui* des manuscrits ne peut être maintenu : il devrait s'opposer à *si profundi* de la liste précédente, et il correspond à ὑψηλόν des trois textes grecs (et à *elatiorem* de la Version arabe). Les yeux saillants sont dits *alti atque elati* (§ 32 = ἐξέχοντες), *prominentes* (§ 32 = προπετεῖς).

6. Foerster corrige *sin* en *semper* et n'admet pas de lacune, renvoyant : 1) à la Version arabe, 160, 3 : *Vbi uides oculum semper apertum et una tenebrosum et in eo aliquid umiditatis, illius possessor ualde prouidus est* ; 2) à Adamant., 343, 1 : ὅσοι οὖν ὀφθαλμοὶ ἀεὶ ἀνεῳγμένοι εἰσὶ σκότιοι μὲν ὄντες καὶ ὑγροί, φροντισταί. Mais *uanum et attonitum* ne correspond ni à φροντισταί ni au *ualde prouidus est* de la Version arabe, et il y a certainement une lacune.

Page 83.

2. Version arabe, 164, 8 sq. ; Adamant., I, 21 (p. 343, 6) ; Matrit., 11 (343, 13) ; Ps.-Polémon, 24 (343, 20).

Page 84.

1. Mauvaise traduction : les trois textes grecs portent ἄτην καὶ μνήμην κακῶν καὶ μῆνιν καὶ φθόνου προσβολὴν ἢ ἄλλην δή τινα δαιμονίαν κακότητα ἐμφαίνουσιν [La fin de la phrase manque dans la version arabe]. Il ne s'agit donc pas des menaces de la colère divine, mais de la manifestation de « toute autre méchanceté extraordinaire ».

2. *in tempore* n'a pas son sens usuel de « au bon moment, en temps opportun », mais rend le grec ἐν χρόνῳ, qui du reste ne figure pas dans les épitomés. Vient-il de Loxos?

3. Version arabe, 166, 3 sq. ; Adamant., I, 23 (346, 1 sq.) ; Matrit., 13 (346, 7 sq.) ; Ps.-Polémon, 27 (346, 12 sq.). Les trois épitomés ont seulement Οἱ ὀξεῖς ὀφθαλμοὶ ταραχώδεις ἅρπαγες. Mais le Ps.-Aristote, 70, οἱ εὐκινήτους τοὺς ὀφθαλμοὺς ἔχοντες ὀξεῖς ἁρπαστικοί, autorise la correction *citi* (= εὐκίνητος) de Foerster, d'autant

qu'au paragraphe 91, βλέφαρα ταχυκίνητα est rendu par *palpebris citis atque mobilibus.*

4. *affectatores pulchritudinis* : cf. Version arabe, 166, 11 : *pulchrarum uestium indutum*; Adamant., 346, 5 : καλλωπισταί (id. Matr. et Ps.-Polémon).

5. Pas de développement correspondant dans la version arabe et dans les épitomés ; cf. toutefois Aristote, *Probl.*, 878 b 22 « ceux dont les cils tombent sont débauchés » (λάγνοι).

Page 85.

3. *ueteres dixerunt* indique un proverbe ; il est appliqué aux pensées dans Euripide, *Hipp.*, 436, αἱ δεύτεραί πως φροντίδες σοφώτεραι, et Cic., *Phil.*, 12, 5, *Posteriores enim cogitationes, ut aiunt, sapientiores solent esse.*

Page 96.

3. Pour *enim* adversatif, voir note précédente. — *fracti* : le grec dit aussi εἰς τὸ στῆθος ἐπικεκλασμένος (Adamant., II, 16 (363, 9) en parlant des épaules. L'addition d'*inhonesti* (proposée par Foerster dans son apparat comme correction d'*incongruentes*), d'après le Ps.-Aristote, a le mérite de marquer l'opposition avec *honestatem*, comme ἀνελεύθεροι avec ἐλευθεριότης. — Quintilien, *I. O.*, 11, 3, 83, a blâmé cette attitude chez l'orateur : *Vmerorum raro decens adleuatio atque contractio est : breuiatur enim ceruix et gestum quemdam humilem atque seruilem et quasi fraudulentum facit cum se in habitum adulationis, admirationis, metus fingunt.*

4. Version arabe, 218, 2-13 ; Adamant., II, 19-20 (365, 1-366, 9) ; Ps.-Polémon, 40 (365, 10-366, 18).

Page 102.

4. Ps.-Arist., 45 ; Adamant., II, 7 (357, 1-6) ; Matrit., 18 (357, 7-12) ; Ps.-Polémon, 51 (357, 12-19).

Page 116.

8. Ps.-Arist., 68 (p. 78, 3), Οἱ δὲ τοὺς ὀφθαλμοὺς στιλπνοὺς ἔχοντες λάγνοι · ἀναφέρεται ἐπὶ τοὺς ἀλεκτρυόνας καὶ κόρακας.

9. Manque dans notre Ps.-Aristote.

10. Le développement correspondant du Ps.-Aristote, 71, sur la voix est assez différent : ὅσοι δὲ φωνοῦσι ὀξὺ καὶ ἐγκεκραγός, μάργοι · ἀναφέρεται ἐπὶ τὰς αἶγας. — *qui uocem ita intendunt* : expression empruntée à la technique des instruments à cordes ; cf. Quint., *I. O.*, 11, 3, 42, *Nam uox, ut nerui, quo remissior, hoc grauior et plenior, quo tensior, hoc tenuis et acuta magis est.*

Page 117.

2. Μυκτηρισμός (et μυκτήρισμα), de μυκτήρ « narine »; cf. μυκτηρίζω « retrousser le nez, se moquer ». Ce peut être une attitude

naturelle, mais c'est aussi un geste de moquerie, de dérision, cf. Apulée, *Met.*, 8, 26, 3, *nare detorta magistrum suum uarie cauillantur* ; Hor., *Sat.*, 6, 1, 3-7, *Nec... / ut plerique solent, naso suspendis adunco / ignotos* ; *Epist.*, 1, 19, 45, *naribus uti* ; Tert., *Adu. Marc.*, 1, 14, *narem contrahentes.* Le nez était le siège de la raillerie et du dédain, cf. Pline, *H. N.*, 11, 158, *quem noui mores subdolae inrisioni dicauere, nasus.* C'était, d'autre part, un moyen d'expression des orateurs, que le grammairien Tryphon, 3, 205, 22, a défini comme τὸ μετὰ ποῖας κινήσεως καὶ συναγωγῆς τῶν μυκτήρων γινόμενον. Le mot a pris le sens de « raillerie, moquerie non ouverte », cf. Quint. *I. O.*, 8, 6, 59 (au nombre des allégories), *Adicitur his mycterismos, dissimulatus quidem, sed non latens derisus* ; Voir l'excellent commentaire de J. Cousin dans son édition de Quintilien, Paris, Belles Lettres, t. 5 (1978), p. 301.

3. Virg., *Buc.*, 8, 29-30. Le berger Damon raille son heureux rival Mopsus, qui va épouser l'indigne Nysa (cf. les torches et les noix, allusions aux rites du mariage, et Catulle, 61, 98-99 et 135). Cette citation dans un paragraphe rapportant les théories d'Aristote est une évidente addition de l'Anonyme.

4. *qui haec ita dicebat* introduit une explication dont le texte est tombé (*qui* = Damon), destinée à faire comprendre le sens de la raillerie.

5. Σαρκάζειν « retrousser les lèvres en montrant les dents », attitude naturelle comme ici (*sine indignatione*) ou voulue pour exprimer un sentiment, σαρκασμός « rictus » (disposition naturelle) et « sarcasme, rire amer », et moyen d'expression de l'ironie chez les orateurs, cf. Quint., *I. O.*, 8, 6, 57, et commentaire de J. Cousin, t. 5, p. 300-301.

6. La phrase attribuée à Aristote offre deux interprétations possibles suivant le texte adopté : 1. Σαρκάζοντας *igitur Aristoteles dicit* (A) *contingere ea loca quae non oportet.* « Aristote dit donc que les σ. touchent les endroits qu'il ne faut pas toucher ». En ce cas, *igitur* est gênant, puisqu'il ne s'agit ni d'une déduction ni d'une conclusion ; mais, sur le sens affaibli d'*igitur*, en particulier pour rendre gr. δέ, cf. M. Leumann-A. Szantyr, *Lat. Gramm.*, II, 513. — 2. Σαρκάζοντας *igitur Aristoteles prohibet* (L) *contingere...* « Aristote interdit de toucher à ce qu'il ne faut pas toucher ». On pourrait admettre qu'Aristote déconseillait aux sujets σαρκάζοντες par nature de traiter de sujets à propos desquels on pourrait croire qu'ils raillent. Mais il n'est pas dans les usages des traités de physiognomonie d'interdire ou de conseiller. Il suffit aux auteurs d'exposer les faits et d'en tirer des conclusions quant au caractère, ainsi au paragraphe 115 pour ceux qui *narem digitis suis dirigunt atque fingunt.* Une glose supralinéaire à L : *ut culi. cunni. et talium,* comprend *ea loca* au sens d'*obscenae corporis partes* (cf. pour ce sens, *Thes. L. L.*, VII, 2, fasc. X, 1568, 44 sq.). Il semble qu'Aristote ait voulu seulement donner comme signe supplémentaire les attouchements déshonnêtes auxquels se livrent ces individus ; pour l'expression *tangere loca*, cf. Ov., *A. A.*, 2, 719 : *cum loca reppereris quae tangi femina gaudet.*

7. L'ensemble du paragraphe ne se trouve pas dans notre Ps.-Aristote.

Page 121.

4. Ps.-Arist., 13 (tit. Ἀνδρείου σημεῖα) ; Version arabe, 268, 20-269, 10 ; Adamant., II, 44 (408, 7 sq.) ; Matrit., 30 (408, 9 sq.) ; Ps.-Polémon, 55 (408, 14 sq.).

Page 122.

4. *ut diximus* ne renvoie pas à un passage particulier, mais aux différents chapitres traitant des parties du corps : cheveux (§ 14, *capilli crispi... timidum... ostendunt* ; 73, *crispi timidum ostendunt*) ; cou (§ 53, *ceruix longa et tenuis timiditatem declarat*) ; teint (§ 79, *color niger leuem, inbellem, timidum ...declarat*) ; paupières (§§ 23, *quibus palpebrae tam uelociter quam pupillae mouentur, timidi ac sine uirtute sunt* ; 41, *oculi qui frequenter clauduntur ac reserantur, timidum... declarant*) ; respiration (§ 77, *quibusque leuis et spissus est anhelitus, timidi... sunt*) ; jambes (§ 90, *tenuitas timidum... declarat*) ; extrémité de l'épine dorsale (§ 67, *quae prolixa est... timiditatem ostendit*). Mais le texte ne donne aucune indication quant au maintien, aux yeux, à la poitrine, aux mains et à la voix.

5. Ps.-Arist., 15 (tit. Εὐφυοῦς σημεῖα) ; Version arabe, 272, 2-12 ; Adamant., II, 46 (411, 1 sq.) ; Matrit., 32 (411, 8 sq.) ; Ps.-Polémon, 57 (411, 14 sq.).

6. *digitos simplices* traduit manifestement δάκτυλοι ἁπλοῖ du Ps.-Polémon, qui est fautif. Adamantius et le Matritensis ont en effet δάκτυλοι ἁπαλοί « des doigts délicats ». La Version arabe omet l'épithète et le Ps.-Aristote ne fait pas mention des doigts.

Page 123.

4. *aciem oculorum... patulam* : Ps.-Arist., 16, ὄμμα χλωρὸν κωφόν « terne et émoussé ». Les trois épitomés ont βλέμμα κωφὸν ἀχανές. Le texte de la version arabe *obtutu intellegentiae experti et eodem immoderato*, n'apporte rien, sinon qu'*immoderato* correspond à *patulam* et postule l'existence d'une épithète grecque de même sens. Mais gr. ἀχανής, s'il signifie généralement « grand ouvert », paraît ici, d'après le contexte, signifier « fermé, mal ouvert » (avec ἀ- privatif ; cf. H. Frisk, *G. E. W.*, II, 1076, s. u. χάσκω), et la traduction *patulam* de l'Anonyme semble bien être un contresens.

5. Ce même caractère de l'*impudens* sera repris au paragraphe 106 (*inuerecundus*). La comparaison des deux notices montre que la première ne vient ni du Ps.-Aristote ni de Polémon, donc sans doute de Loxos.

6. Ps.-Arist., 18 (tit. Κοσμίου σημεῖα) ; Version arabe, 274, 14-18 ; Adamant., II, 49 (413, 6 sq.) ; Matrit., 35 (413, 12 sq.) ; Ps.-Polémon, 60 (413, 17 sq.). Une seconde notice sera consacrée à ce caractère au paragraphe 107.

7. Ps.-Arist., 19 (tit. Εὐθύμου σημεῖα) ; Version arabe, 276, 2-6 ; Adamant., II, 50 (414, 3-6) ; Matrit., 36 (414, 9-12) ; Ps.-Polémon, 61 (414, 15-18).

Page 126.

6. Version arabe, 280, 5-11 ; Adamant., II, 58 (420, 3 sq.) ; Matrit., 44 (420, 9 sq.) ; Ps.-Polémon, 68 (420, 16 sq.). Les textes grecs ont μωροπόνηροι au lieu de μωροϐλάπται, qui pourrait provenir de Loxos. Les deux termes sont inconnus par ailleurs.

Page 130.

4. Cf. la notice déjà consacrée au *mansuetum ingenium* du paragraphe 100, et les références données à la note 2. Cette seconde notice vient sans doute de Loxos, au moins dans sa seconde partie, qui ne correspond pas au Ps.-Aristote, 24.

5. Plutôt que de corriger γλαφυραί en γλαφυροί pour l'accord, on peut supposer que le féminin a été amené par *imae manus*.

Page 131.

5. Ce paragraphe ne devrait pas décrire un nouveau type de caractère, car il est issu de la mécoupure du texte du Ps.-Aristote, 29, signalée dans la note précédente. Il reprend trois des épithètes qui, chez celui-ci, qualifiaient l'homme compatissant : καὶ περὶ τὰ ἤθη ἐρωτικοὶ καὶ ἀειμνήμονες καὶ εὐφυεῖς καὶ ἔνθερμοι. L'Anonyme a pris ἐρωτικοί pour le caractère type et en a fait le sujet du présent paragraphe.

6. *oculos-pallidos* : texte rattaché artificiellement, dont la source est ignorée, et n'est pas le Ps.-Aristote.

7. Ps.-Arist., 31 (tit. Λαγνοῦ σημεῖα) ; Ps.-Polémon, 72 (427, 11 sq.).

8. *pigriores* : Foerster conjecture *pinguiores* d'après le gr. λιπαρὸν τὸ ὀμμάτιον καὶ μάργον du Ps.-Arist. et du Ps.-Polémon. Mais le reste de leurs notices diffère beaucoup de celle de l'Anonyme.

9. D'après le Ps.-Polémon, ç'aurait été le cas de Socrate.

10. Cf. Ps.-Polémon, 428, 7 : « Ceux qui ont les yeux humides sont débauchés, et aussi ceux qui ont la veine au bras (οἷς ἡ φλέψ ἐν τῷ βραχίονι) et les jambes maigres. » Il s'agit donc d'une veine bien précise, sans doute celle à laquelle fait allusion Hippocrate, *Epid.*, 2, 5 : « Celui dont la veine palpite au coude est fou et irascible », celle que Scribonius Largus, 84, appelle *uena in brachio quae est animalis*, et où se pratiquait la saignée. Il semble que le texte du Ps.-Polémon, ainsi que l'exemplaire utilisé par l'Anonyme, soit lacunaire : οἷς ἡ φλέψ ⟨σφύζῃ « palpite »⟩ ou ⟨εὐρεῖα « large »⟩ ou ⟨οἴδουσα « enflée »⟩.

11. Ps.-Arist., 33 (tit. Λάλοι) ; Ps.-Polémon, 73 (428, 8-9). L'explication de γλαφυρός a été donnée au paragraphe 109.

Page 132.

4. Par exemple, § 57, *medietas erit optima* ; 73, *medietas optima*

sit ; 78, *ut nimietatem ad malam partem accipias, medietatem ac temperamentum optimum iudices.*

Page 135.

5. Si la cruauté du lion est un thème important de la littérature antique, aucun texte ne signale sa mauvaise foi et son absence de scrupule. Au contraire, les auteurs font état de sa clémence et de sa reconnaissance ; cf. l'important et exhaustif article de N. J. Zaganiaris, *Le roi des animaux dans la tradition classique*, in ΠΛΑΤΩΝ, 29 (1977), p. 26-49, et pour ses bons sentiments, p. 44 sq. ; A. Sauvage, *L'idéologie impériale et le thème poétique du leo clemens*, in *ARION*, 1 (1977), p. 45-59, qui cite l'épithète *magnanimus* (Ov., *Trist.*, 3, 5, 33).

Page 140.

2. La Version arabe donne, en effet, trois exemples (286, 1 sq.). Le premier est la prédiction faite au banquet de Samos, que l'Anonyme ne fait que mentionner (cf. note 3 ci-dessous). Le second (288, 13-290, 12) est la prédiction d'un rapt commis à Smyrne. Le troisième (290, 13-292, 24) est celui du navire coulé et du fils noyé dans le naufrage : Polémon devina à l'attitude du père que c'était un mensonge, et le fils reparut en effet.

3. Invité à une noce à Samos, Polémon prévit le rapt de la fiancée ce même jour d'après les traits du ravisseur et ceux de ladite fiancée (286, 1-288, 13) : « Sache qu'étant dans la ville de Smyrne, je fus invité à une noce avec quelques habitants. Voulant conduire la mariée chez son mari, la famille de celle-ci se rendit à la demeure du mari ; après avoir mangé et bu, tous revinrent en le ramenant avec eux. Il avait une couronne sur la tête et ils tenaient à la main des rameaux de basilic, précédés de torches avec des musiciens, et arrivèrent avec la mariée à la maison du mari. Je les accompagnais et, tourné vers ceux qui m'entouraient : « La mariée, dis-je, sera enlevée avant d'arriver à la maison du mari, et cette nuit même elle épousera un autre homme que le fiancé vers qui on la conduit. » J'attendis la confirmation de mes paroles jusqu'à notre arrivée à la porte de la maison du mari. Là nous fûmes assaillis par des gens armés en embuscade à la porte. Se précipitant sur la mariée, ils tuèrent tous ceux qu'ils saisirent. Les groupes se dispersèrent et je m'enfuis après avoir été témoin du drame. Ils s'emparèrent de la mariée et s'enfuirent avec elle. Je compris ensuite d'après les récits de certains que cela avait eu lieu avec son consentement. Je vais exposer les indices sur lesquels j'avais fondé mon jugement. J'ai vu la mariée s'avancer avec une escorte. Ayant aperçu parmi les camarades et les amis accompagnant le marié un jeune homme placé à la gauche de la jeune fille, j'examinai son visage : voici qu'il sourit et lance un regard perçant avec les yeux humides. M'approchant de lui, j'entends sa respiration profonde, je remarque son vêtement humide de sueur, je vois ses narines palpiter et je trouve son teint marqué tantôt de pâleur tantôt de rougeur, certainement parce qu'il tremblait et craignait le déshonneur. J'observai aussi la mariée, dont les yeux étaient humides et le regard perçant. »

INDEX NOMINVM

Les chiffres renvoient aux paragraphes.

INDEX ANALYTIQUE

TABLE DES MATIÈRES

Ce volume,
de la Collection des Universités de France,
publié aux Éditions Les Belles Lettres,
a été achevé d'imprimer
en janvier 2003
sur presse rotative numérique
de Jouve
11, bd de Sébastopol, 75001 Paris

N° d'édition : 4667
Dépôt légal : janvier 2003

Imprimé en France